꼬물꼬물
도꾸I
역사수업

꼬물꼬물
도깨비
역사수업

초판 1쇄 인쇄 2019년 6월 10일
초판 1쇄 발행 2019년 6월 15일

지은이 역모자들
펴낸이 김승희
펴낸곳 도서출판 살림터

기획 정광일
편집 조현주
북디자인 꼬리별

인쇄·제본 (주)현문
종이 월드페이퍼(주)

주소 서울시 양천구 목동동로 293, 22층 2215-1호
전화 02-3141-6553
팩스 02-3141-6555
출판등록 2008년 3월 18일 제313-1990-12호
이메일 gwang80@hanmail.net
블로그 http://blog.naver.com/dkffk1020

ISBN 979-11-5930-105-6 03370

꼬불꼬불
도쿄
역사수업

역모자들 지음

반란을 꿈꾼 역모자들

이 책은 '열 사람의 한 걸음'이 만든 네 번째 기록물이다. 『주제통합수업, 아이들을 수업의 주인공으로!』, 『교과서 너머 교육과정 마주하기』, 『역사수업을 부탁해』에 이어 또 한 권의 수업 발자취가 탄생했다.

그런데 이 책의 저자는 '열 사람의 한 걸음'이 아니다. 아마도 그 이유가 궁금할 것이다. 초등은 그 특성상 학년별로 학습공동체를 만들어 교육과정을 개발·실행하는 것이 효과적이다. 우리 '열 사람의 한 걸음' 구성원들이 2018년에 같은 학년을 맡을 수 있다면 좋았겠지만 각자 근무하는 학교가 다르기에 현실적으로 불가능했다. 그래서 되도록 6학년 담임을 하기로 결정하고, 각 학교의 동학년 교사를 설득해서 학교 밖 동학년 공동체를 만들었다. 이런 과정을 통해 이리동산초, 전주신동초, 전주송천초, 함열초 4개의 학교, 18명의 교사들이 모이게 되었다. 이 중 상당수는 '열 사람의 한 걸음' 구성원이 아니었다. 그래서 2018년 한 해 동안 한시적으로 '역모자들'이란 이름을 사용하게 되었다.

'역모자들'이라는 이름에서 알 수 있듯이 우리는 역사수업 작당 모의를 했다. 고정관념에서 벗어나 창의적인 방식으로 수업 반란을 일으키고 싶었다. 현대사는 꼬리에 꼬리를 잇는 질문을 통해 역逆연대기적 방식으로 공부하고, 조선 후기는 과정 드라마를 도입하여 그 시대의 인물이 되어 활동했으며, 일제강점기는 다양한 주체들의 시선으로 바라보는 활동을 하는 등 마음껏 수업을 상상해 보았다. 그리고 열정적으로 역사를 가르쳤다. 상상력의 크기만큼 활동도 다채로웠다. 그 결과는 대만족이다. 아이들이 역포자(역사 포기자)가 되지 않았다는 것에 우리는 충분히 만족한다.

일 년 동안 격주 화요일마다 만나서 교육과정을 개발·실행하고, 수업을 기록하는 과정은 쉽지 않은 여정이었다. 자칫 게으름을 피우고 싶은 마음이 들기도 했는데, 그럴 때마다 다른 역모자들 선생님들에게 미안한 마음이 서로를 부지런히 움직이게 했다.

함께한다는 것은 늘 어렵지만 그만큼 보람도 크다. 2018년도 그랬다. 18명의 교사들이 함께한 경험은 아마도 오랫동안 마음에 남을 것이다. 이 기록물은 단순한 수업의 기록을 넘어 교사들에게 학교 밖 동학년 공동체의 소중함을 깨닫게 해 준 의미 있는 발걸음이기도 하다. 우리의 발걸음이 또 다른 교사들에게 희망이 되기를 소망한다.

2019년 6월
이윤미

'소신껏 뒤집어 본 역사수업'에 부쳐

역사 교과서가 재미없는 이유는 무엇일까? 바로 논쟁을 허용하지 않기 때문이다. 역사 교과서에는 역사적 사실만 나열되어 있을 뿐, 상상과 해석의 여지가 별로 없다. 우리 역모자들이 역사수업 개발에 시간을 투자한 것도 이 때문이다. 우리는 관점이 있는 역사수업, 논쟁의 여지가 있는 역사수업, 대화가 있는 역사수업을 지향했다.

'꼬물꼬물 거꾸로 현대사'는 무채색의 역사수업, 보수적인 관점의 역사수업에서 벗어나 새로운 관점의 진보적인 수업을 위해 시도한 결과다. 이 수업을 통해 우리는 굴곡진 현대사에서 인물들의 선택에 따라 이후의 역사가 어떻게 바뀌었는지, 그 인물들의 선택에 중대한 영향을 준 그 이전의 역사는 어떤 모습이었는지 알아볼 수 있었다.

'Time in 조선'은 '아이들이 주인공이 되는 역사 연극' 수업이다. 아이들은 역사적 속 인물들이 되어 봄으로써 몰입의 즐거움을 느낄 수 있었다. 현대사 수업과 연결되지 않아 동떨어진 느낌으로 진행되기 쉬운 조선 후기 수업을 재미있고 의미 있게 풀어냈다.

'여섯 개의 시선'은 사건과 연도 중심으로 진행되기 쉬운 일제강점기 수업에서 벗어나, 그 시대를 살았던 다양한 이들의 시선으로 바라보는 경험을 제공했다. 독립운동가의 시선뿐만 아니라 친일파, 제국주의 열강, 민중, 아이의 시선도 함께 살펴봄으로써 역사적 상상력을 자극하는 입체적인 수업을 만들었다. 이 수업을 통해, 선택을 강요받는 위기 상황에서 어떻게 살아야 할지 아이들과 함께 고민해 보는 경험을 가졌다.

교사라면 누구나 좋은 수업이란 어떤 것인지 고민한다. 가끔 외국 영화나 드라마 속의 수업 장면을 보며 활발한 대화와 논쟁이 오고 가는 것이 부러웠고, 우리는 왜 저런 수업을 하지 못할까 자책하기도 했다. 그러나 지금은 수업을 하는 과정에서 교사와 아이들의 마음에 조그마한 울림이라도 있다면 그것만으로도 좋은 수업이 아닐까 생각한다. 수업과정에서 '어?'라는 문제의식, '왜?'라는 작은 궁금증, '아!'라는 짧은 탄식이 생긴다면 그것만으로도 좋은 수업이지 않을까?

2019년 6월
하늘빛

차례

1부

꼬물꼬물 거꾸로 현대사

'꼬물꼬물 거꾸로 현대사' 수업의 '꼬물꼬물'은 꼬리에 꼬리를 무는 물음(질문) 형식이라는 의미를, '거꾸로'는 시간을 거슬러 올라가는 역연대기 접근이라는 의미를 담고 있다. 즉, 질문을 이어 가며 가장 가까운 과거부터 거슬러 올라가며 역사를 배우는 수업이라는 의미이다. 그렇다고 모든 역사를 시간의 역순으로 가르치는 것은 아니다. 이 수업은 광복부터 지금까지의 현대사로만 국한되어 개발되었다.

　현대사를 거꾸로 가르치기로 결정한 이유는 복잡하게만 느껴지는 현대사를 아버지, 할아버지가 옛이야기를 들려주듯 가장 가까운 사건부터 거슬러 올라가 본다면 그 인과관계를 잘 파악할 수 있고, 더 친밀하게 받아들일 수 있을 것 같아서였다. 현대사는 가장 가까운 역사다 보니 아이들이 꼭 알아야 할 사건이 많고 그 인과관계도 매우 복잡하다. 역모자들의 과거 경험에 비추어 보면 대부분의 아이들이 현대사를 포기해 버리기 일쑤였다. 그래서 우리들은 현대사만큼은 다른 방식으로 가르쳐 보고 싶다는 의지를 갖게 되었고, 그 의지에 힘입어 시간과 노력이 많이 드는 역연대기 접근을 시도하게 되었다.

　역연대기적 수업을 하기로 결정한 후 맨 처음 한 일은 아이들이 꼭 배워야 할 현대의 사건을 선정하는 일이었다. 20여 개 안팎의 굵직한 사건들이 선정되었고, 이것들을 연결시키는 고리를 찾아보았다. 이 사건과 고리를 정리하고 나니 큰 흐름은 잡히는데 구체적 연결 방법이 떠오르지 않았다. 계속 브레인스토밍을 이어 가던 중 질문에 질문을 이어 가는 방식으로 사건들을 연결시켜 보자는 아이디어가 나왔다. 좋은 아이디어였다. 수업의 대大제목*들이 질문 형식으로 이어진다면 탐구심이 생겨나고 질문이 살아 있는 역사수업을 만드는 데 도움이 될 것 같았다.

---

*이 글에서는 11개의 질문을 대제목으로, 대제목 아래 만들어진 작은 수업들을 소제목으로 구분해서 사용했다.

20여 개의 사건과 인물을 연결하며 꼭 가르쳐야 할 것들로 맥락적 질문들을 만들었다. 사건과 인물들을 유기적으로 연결하며 만들어진 이 질문들은 역모자들이 오랜 시간 동안 공들여서 만든 결과물이다. 질문 하나하나에 그 수업의 방향과 내용을 담기 위해 노력했기에 애착이 많이 간다.

2009개정교육과정에서 6학년 1학기 역사수업은 조선 후기, 일제강점기, 현대사 세 부분으로 이루어져 있다. 우리는 3월부터 7월까지 한 학기 동안 시간의 역순으로 현대사를 가르치고, 2학기에는 조선 후기와 일제강점기 부분을 시간 순으로 가르치기로 했다. 현대사를 한 학기 동안 가르치는 것은 국정교과서 체제에 비추어 보면 수업시수를 많이 배정한 것이다. 현대사를 더 많이 가르치고 싶은 교사들의 의지가 반영된 결과이다.

우리의 학창 시절을 돌이켜 보면, 현대사는 늘 바쁜 학기말에 허겁지겁 배웠다. 시기적으로 학기말, 학년말에 배우다 보니 시간에 쫓겨 누락되기 일쑤였고, 심지어 시험 범위에도 속하지 않다 보니 관심 없이 지나치며 슬쩍 읽었었다.

다른 나라 교과서와 비교해 보면 우리나라 역사 교과서의 현대사는 지나치게 축소되어 있다. 교과서에는 고대사가 많은 양을 차지하는 반면 현대사는 그 맥락을 이해하기도 힘들 만큼 분량이 적다. 교과서 개발팀이 일부러 의도한 것인지 아닌지는 모르겠으나 현대사를 제대로 가르치고자 하는 의도는 없었던 것으로 보인다.

조금만 생각해 봐도 이런 방식의 역사교육은 합리적이지 못하다. 현대사는 가장 가까운 역사이고 지금 우리가 사는 현재에 지대한 영향을 미치고 있기에 고대사보다 더 자세히 가르쳐야 한다. 사건 하나하나가 어떤 의미를 담고 있는지, 내가 그 장소에 있었다면 어떻게 했을 것인지, 현재에 어떤 시사점을 주는지 등 역사적 사건을 현재와 연결시켜 보는 경험을 많이 해야 한다. 그게 제대로 된 역사교육이다. 사건의 의미를 제대로 알지 못한 채 단편적 지식만을 암기하는 방식은 역사로부터 아이들을 멀어지게 만드는 지름길이다. 이제 그런 역사수업은 그만두어야 한다.

우리가 그동안 현대사를 축소해 가르쳐 온 의도와 배경이 무엇이든지 아이들을 현대사에 무지한 사람으로 자라게 했다. 이에 대한 반성으로 역모자들은 현대사를 제대로 가르쳐 보기로 했다. 이를 위해서 가르치는 기간을 한 학기로 늘렸고, 다른 교과와 통합해서 시수를 확보했다.

또한 현대사는 1학기에 배치된 다양한 계기수업과도 맥을 함께한다. 따라서 1학기에 가르치는 것이 더 효과적이다. 3·15부정선거, 4·19혁명, 5·18민주화운동, 6월 항쟁 등 1학기에는 계기교육을 할 수 있는 날들이 많이 있다. 또한 다른 교과와 통합을 통해 더 풍성한 계기수업을

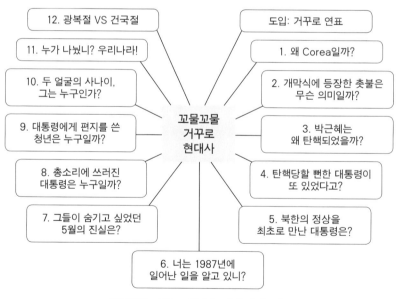

꼬물꼬물 거꾸로 현대사 전체 마인드맵

할 수 있다. 따라서 더더욱 1학기에 사회과, 도덕과, 국어과를 결합한 통합수업을 해야 한다고 생각했다.

우리가 만든 질문들은 위의 수업 개요를 보면 한눈에 들어온다. 개략적인 질문을 만든 후 하위 차시들을 개발하면서 질문의 내용을 지속적으로 수정해 나갔다.

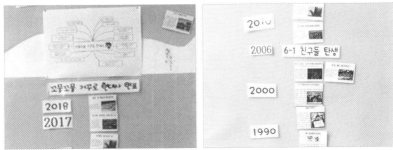

거꾸로 연표

첫 수업은 '거꾸로 연표'를 만들면서 시작했다. 부직포를 교실 한쪽 벽에 붙여 놓고 배우게 될 사건들과 해당 연도를 별도의 공간에 순서 없이 모아 놓는다. 그다음 아이들이 태어난 해, 담임교사가 태어난 해를 기준점으로 붙인 후 한 학기 동안 수업을 진행하면서 해당 시간 배운 사건들을 붙여 나갔다.

11개의 질문으로 수업을 모두 진행하고 난 후, 마무리 활동으로 '광복절 VS 건국절' 논란을 주제로 이야기를 나누며 '꼬물꼬물 거꾸로 현대사 수업'을 마쳤다. 장장 한 학기 동안 진행된 거대한 통합수업이 된 이 수업은 국어, 도덕, 미술, 음악 등 다양한 교과들을 함께 유기적으로 엮어 만들었다. 자세한 이야기는 이어지는 소주제 수업 후기에서 들을 수 있다.

1.
왜 Corea일까?

'왜 Corea일까?'는 꼬물꼬물 거꾸로 현대사수업의 첫 시작이다. 첫 수업의 질문은 매우 중요했다. 첫 단추를 어떻게 꿰어야 할까? 어떤 질문으로 시작해야 현대사를 관통하는 굵직한 사건들을 꼬리를 물며 이어 갈 수 있을까? 이런저런 고민 속에서 탄생한 질문이 바로 '왜 Corea일까?'이다. 이 질문이 만들어진 이유는 2018년 2월 말 당시 아이들에게 큰 영향을 미치고 있는 사건이 바로 평창올림픽이었기 때문이다. 특히 컬링은 온 국민의 관심과 사랑을 받으며 인기 종목으로 떠올랐고, 아이들도 여기저기서 컬링 이야기를 하며 컬링 흉내를 내곤 했다. 우리는 그 열기를 그대로 교실 안으로 가져오고 싶었다. 열기가 달아오르고 있는 가장 최근의 일인 평창올림픽에서 시작한다면 아이들의 흥미를 이끌어 낼 수 있을 것이라 판단했다.

또한 여자 아이스하키 남북 단일팀 문제는 정치권을 비롯해 일반 시민들에게도 논란이 되고 있었기에 이 문제를 수업으로 가져온다면 아이들과 이야기할 거리가 많으리라고 생각했다. 올림픽, 통일, 컬링 등을 결합시켜 여러 교과를 통합한 이 수업은 다양한 소주제를 탄생시켰다. 현재 일어나고 있는 일을 토대로 도덕과의 통일수업까지 함께 할 수 있고, 토론과 체육 수업까지 연결되는 장점이 있었다. 그리고 영화 〈코리아〉를 감상하면서 통일에 관심 없는 아이들의 마음을 녹여 보려 했다.

첫 수업이기도 했고, 주제가 비교적 컸기에 수업량이 상당했지만, 첫 수업인 만큼 시간이 좀 걸리더라도 영화부터 실제 컬링 경기까지 할 수 있는 활동은 다 해 보기로 했다.

첫 소주제 '평창올림픽(재)'에서는 아이들이 잘 모르는 88올림픽을 현재로 소환해서 평창올림픽과 비교해 보기로 했다. (재)는 재방송을 의미한다. 두 올림픽을 비교하려고 보니 과학 기술 발전의 차이를 확연히 느낄 수 있었다. 그리고 개막식, 메달을 따는 순간 등을 편집한 평창올림픽의 주요 장면을 보며 감동의 순간을 다시 떠올려 보았다.

두 번째 소주제 '화제의 단일팀?'에서는 화제가 되고 있는 단일팀 문제를 갖고 찬반토론을 하기로 했다. 각각 아이스하키팀원의 입장과 정부의 입장이 되어 역지사지해 보는 경험을 하게 하는 데 의의를 두고 토론을 짜임새 있게 만들어 보기로 했다.

세 번째 소주제 '평양 올림픽? 평화 올림픽!'에서는 여자 하키 단일팀을 반대하기 위해 통일대교에 눕기까지 했던 자유한국당 의원들을

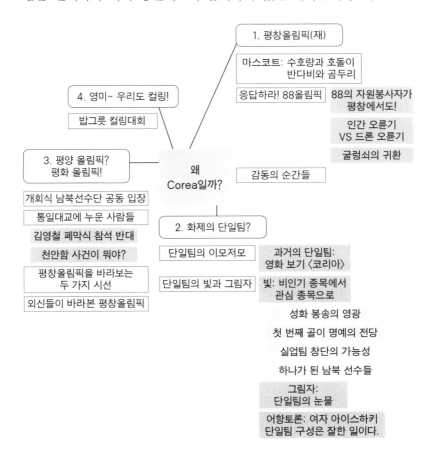

어떻게 볼 것인가를 주요 내용에 넣기로 했다. 그들이 주장하는 것처럼 평양 올림픽인지, 민주당이 주장하는 것처럼 평화 올림픽인지를 아이들의 시선으로도 충분히 판단해 볼 수 있을 것 같았다. 곁들여 외국에서는 어떤 시선으로 바라보고 있는지 외신들의 보도를 통해 객관적으로 판단해 보기로 했다.

마지막 소주제 '영미~ 우리도 컬링!' 수업을 계획하는 과정에서는 예산 문제에 봉착했다. 시중에 나와 있는 컬링 도구 세트는 무척 비쌌던 것이다. 비싼 세트를 사기에는 예산이 충분하지 않아 고민 끝에 허접하더라도 우리가 도구를 만들어 보기로 결정했다. 실제 경기와는 좀 다르더라도 컬링의 규칙을 잘 녹여 낸 경기를 해 보면서 컬링에 대한 관심을 지속시키고자 했다.

수업의 흐름

	소단원 명	소단원 주요 내용	관련 성취기준	차시량
1	평창올림픽(재)	• 올림픽 마스코트 알아보기 • 응답하라 88올림픽 • 감동의 순간들	사회: -주요 사건에 대한 시각 자료를 중심으로 국민들의 자유민주주의를 위한 노력을 이해한다. -대한민국의 미래와 평화통일을 위해 할 수 있는 일들을 알아본다. 도덕: -우리 각자가 추구하는 통일의 모습이 보편적이고 상생적이며 현실적인지를 살펴보고, 더욱 바람직한 통일 한국의 미래상 실현을 위해 노력하는 자세를 기른다. 이를 위해 우리가 추구하는 통일은 우리 민족과 동북아시아 전체가 평화롭고 공동 번영하는 데 기여하기 위한 것임을 제시하고, 통일의 과정과 그 이후 예상되는 문제점을 극복하는 방안을 찾아본다.	1
2	화제의 단일팀?	• 〈코리아〉 영화 보기 • 단일팀의 빛과 그림자 • 단일팀 관련 토론하기		4
3	평양 올림픽? 평화 올림픽!	• 개회식 남북선수단 공동 입장 • 단일팀을 찬성 또는 반대하는 사람들 • 외국의 시선		2
4	영미~ 우리도 컬링!	• 컬링 명장면 다시 보기 • 컬링 규칙 알아보기 • 밥그릇 컬링대회		4

1.
평창올림픽(재)

평창올림픽에 대해 얼마나 알고 있을까?
⇩
서울올림픽과 평창올림픽 비교
⇩
감동의 순간
⇩
단일팀이 화제인 까닭은?

1. 평창올림픽에 대해 얼마나 알고 있을까?
-올림픽 마스코트 알기

2. 서울올림픽과 평창올림픽 비교
-두 올림픽에서 연출한 오륜기 모습 비교 등

3. 감동의 순간
-남북 공동 입장, 성화 봉송 및 점화, 아이스하키 단일팀 첫 골 등

4. 단일팀이 화제인 까닭은?
-남북한 화합을 위한 출발점

　수업을 구성할 당시 최근에 일어난 주요 사건은 평창올림픽이었다. 평창올림픽이 역사수업에 등장한 이유는 개막식에서의 촛불 퍼포먼스나 남북 단일팀 성화 봉송이 다음 주제와 연결되기 때문이다. 평창올림픽에서의 촛불이 어떤 의미를 갖는지 생각해 보고, 그 촛불을 따라

꼬리를 물다 보면 현 정권의 탄생이나 박근혜 탄핵 촛불집회 등 여러 사건들이 연결된다.

평창올림픽은 아이들이 겪었던 가장 가까운 사건이면서 동시에 호기심을 가질 만한 내용들이 많아 역사에 대한 흥미를 갖기에 좋은 주제이기도 하다. 그래서 평창올림픽을 다시 본다는 의미로 '평창올림픽(재)'라고 제목을 붙여 개막식 성화 봉송부터 남북 공동 입장, 올림픽 마스코트, 30년 전 서울올림픽과의 비교, 감동의 순간들을 거쳐 남북 단일팀, 마지막으로 폐막식까지 살펴보았다.

먼저 평창올림픽과 서울올림픽의 마스코트에 대해 알아보았다. 평창올림픽의 마스코트인 수호랑과 서울올림픽의 마스코트인 호돌이의 모습을 살펴보고, 두 이름의 의미에 대해 알아보았다. 수호랑과 호돌이는 모두 호랑이를 캐릭터로 만들었다는 공통점이 있고, 아빠와 아들처럼 가까운 사이라는 점을 다루어 아이들이 흥미를 느낄 수 있도록 했다. 더불어, 곰을 캐릭터화한 평창패럴림픽과 서울패럴림픽 마스코트인 반다비와 곰두리에 대해서도 살펴보면서 호랑이와 곰이 우리나라 올림픽 마스코트인 이유가 단군신화에서 아이디어를 얻었기 때문임을 알 수 있었다.

다음으로 평창올림픽과 서울올림픽의 여러 모습을 비교해 보았다. 각각의 올림픽에 참여한 자원봉사자 수, 두 올림픽에서 연출한 오륜기

왜 COREA일까?

평창올림픽 마스코트

의 모습 등을 비교해서 살펴보았다. 또 평창올림픽이 우리에게 주는 느낌과, 서울올림픽이 당시 국민들에게 주었던 느낌에는 어떤 차이가 있었을지 생각해 보았다.

세 번째로, 평창올림픽의 이모저모에 대해 살펴보았다. 우선 남북 공동 입장이 무슨 의미가 있는지 이야기를 나누어 보았다. 아이들은 분단되어 살고 있는 우리가 같이 손을 잡고 입장을 하면 다른 나라 사람들에게 남북한이 화해하는 평화로운 모습을 보여 줄 수 있어 좋은 것 같다는 이야기를 했다. 마찬가지로 남북한 아이스하키 단일팀 대표 선수들의 성화 봉송 장면에서도 성화를 함께 드는 모습이 남북한의 화합을 나타내는 것 같다고 했다. 아이스하키 단일팀이 첫 골을 넣는 순간에는 우리 민족이 하나가 되어 무언가를 이룬 것 같다는 이야기를 한 아이도 있었다. 마지막으로 우리 대표 선수들이 활약한 장면을 모아 놓은 영상을 보며 올림픽 정신과 감동을 다시 한 번 느낄 수 있었다.

아이들은 이 수업을 통해 올림픽을 단순한 구경거리가 아니라 역사 수업의 소재가 될 수 있다는 것을 알았고, 주변을 다시 볼 수 있는 기회를 가졌다. 동시에 앞으로 공부해야 할 주제들과도 적절한 연결고리를 찾을 수 있었던 의미 있는 수업이었다.

남북 공동 입장

올림픽 명장면

2.
화제의 단일팀?

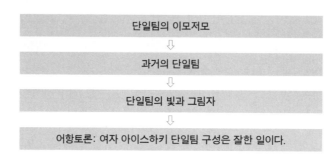

1. 단일팀의 이모저모
- 올림픽의 첫 단일팀 성사
- 단일팀의 호칭, 단가, 단기(한반도기), 선수복

2. 과거의 단일팀
- 1991년 4월 세계탁구선수권대회, 6월 세계청소년축구대회
- 영화 〈코리아〉 감상하기(세계탁구선수권대회 단일팀을 모티브로 한 영화)

3. 단일팀의 빛과 그림자
- 단일팀의 빛(비인기 종목에서 관심 종목으로): 남북 두 선수의 성화 봉송, 명예의 전당에 오르게 된 단일팀의 픽, 실업팀 창단의 가능성, 하나가 된 남북 선수들
- 단일팀의 그림자(단일팀의 눈물): 선수들은 몰랐던 남북 단일팀 구성, 경기 출전 선수 명단과 출전 시간, 불안한 조직력

4. 어항토론: 여자 아이스하키 단일팀 구성은 잘한 일이다.

-어항구조 토론 방법 설명하기

　-어항구조 토론하기

　평창올림픽은 다양한 이야기를 남겼다. 그 중에서도 '단일팀'은 올림픽 개막 전부터 논란이 된 뜨거운 감자였다. 우리는 '화제의 단일팀?'이라는 주제로 단일팀의 빛과 그림자에 대해 알아보며 대립된 두 입장을 이해하는 시간을 갖기로 했다.

　먼저 단일팀이라는 용어 자체가 생소한 아이들을 위해 호칭, 단기, 단가 등 단일팀의 이모저모에 대해 살펴보았다. 단기의 경우, 울릉도와 독도가 그려지지 않은 단기를 사용하는 것이 IOC(국제올림픽위원회)가 제안한 원칙이었지만, 우리 국민들은 계속해서 한반도기의 독도 표기를 주장하고 있다는 사실을 짚어 주었다. 또 과거에 있었던 단일팀에 대해 소개하며, 남북 최초로 단일팀을 구성했던 1991년 세계탁구선수권대회를 주제로 한 영화 〈코리아〉를 보았다. 남북 선수들의 감정적인 부분을 실제보다 과장하여 표현한 점도 있었지만, 단일팀의 장단점을 본격적으로 알아보기 전 단일팀에 대해 이해할 수 있는 좋은 영화였다.

　'단일팀의 빛' 수업에서는 단일팀 구성의 긍정적인 면을 다루었다. 남북을 대표하는 두 선수가 개막식 때 함께 성화 봉송을 했던 장면을 보면서 이 장면이 주는 평화와 화합의 의미를 이야기했다. 다음으로 여자 아이스하키팀이 넣었던 골 장면을 보여 주었다. 남북 단일팀이 첫 골로 넣은 퍽이 명예의 전당에 헌정됐다는 사실을 듣더니 신기해하고 자랑스러워했다. 또한 일본과의 경기가 10%의 시청률을 넘어서면서 남북 단일팀의 경기는 올림픽 흥행에 도움이 되었고, 아이스하키에 대한 국민적 관심을 불러일으켰다는 것을 말해 주었다. 이러한 관심에 힘입어 우리나라에 여자 아이스하키 실업팀이 창단되었다는 것도 알게 되었다. 그리고 단일팀이 헤어지면서 아쉬워하는 영상을 보며 안타까워하였다.

'단일팀의 그림자' 수업에서는 갑작스러운 단일팀 구성으로 인해 선수들이 겪었을 어려움에 대해 생각해 보았다. 올림픽 개막이 한 달도 채 남지 않은 상황에서 선수들과의 협의 없이 단일팀 구성을 결정한 정부에 대한 아쉬움, 탄탄한 조직력이 생명인 스포츠 경기에서 갑자기 북한 선수들과 호흡을 맞춰야 한다는 부담감, 올림픽 경기에서 출전 시간이 줄어들거나 출전 자체를 못 할 수도 있지 않을까 하는 불안함까지. 선수들이 이런 어려움 속에서 올림픽을 준비해 나갔다는 것을 알려 주었다.

단일팀 구성의 논란에 대해 아이들의 생각은 어떨지 궁금해서 토론을 했다. 수업을 통해 단일팀의 긍정적인 면, 부정적인 면을 모두 살펴보았지만 토론하기 전에 좀 더 생각을 확장시키고 의견을 명확히 정리할 시간이 필요하겠다 싶어서, 관련된 기사와 글을 읽어 보기로 했다. 각 입장에 대한 주장과 근거를 중심으로 글을 읽었고, 모둠 내에서 짧게 자신의 생각을 나누게 했다.

그 후 '아이스하키 단일팀 구성은 잘한 일이다'를 주제로 어항구조 토론을 진행했다. 어항구조 토론은 6~8명의 토론자가 둥글게 앉아 토론을 진행하는 방식이며, 항상 빈자리 하나를 남겨 두어야 한다는 특징이 있다. 토론을 지켜보는 청중은 언제든 빈자리에 들어가 토론에 참여할 수 있다. 빈자리가 채워지면 잠시 토론이 중단되고, 이미 어항 내부에서 충분히 발언을 했다고 생각하는 토론자는 어항에서 나가야 한다. 그러면 다시 빈자리가 만들어지고 토론이 재개된다. 수업을 하기 전에는 과연 이 토론 방법이 주제에 적합한지, 아이들의 생각을 활발하게 이끌어 낼 수 있을지 의문이었는데 긍정적인 효과가 있었다.

　우선 아이들이 어항 안에서 말하는 것을 부담스러워하지 않았다. 어항이라는 제한적인 공간 안에서 소수의 상대와 이야기를 나누는 느낌이 들어 부담스럽지 않다고 했다. 그리고 시간이 지날수록 어항 안으로 들어가 참여하고 싶어 하는 청중들이 많아졌다. 토론하는 걸 듣고 있자니 답답한 모양이었다. 제3자의 입장에서 토론을 지켜보는 청중들은 토론자 발언의 논리적 모순도 쉽게 발견하고, 반박 거리도 더 잘 생각해 냈다. 기대보다 훨씬 더 열띤 토론을 했지만 아쉬운 점도 있었다. '반론하기'까지는 익숙하게 하는 편인데, '반론꺾기'를 잘하지 못하다 보니 의견들이 논리적으로 정교하게 다듬어지지 못하는 어려움이 있었다. 추후 이 부분을 보완하기 위해 토론 수업 시 6단 논법 지도를 하기로 하였다.

　이 어항구조 토론을 진행하며 중요하게 생각했던 것 중 하나는 모두가 한 번씩은 어항 안으로 들어가 토론에 참여하는 것이었다. 토론 중에 말 한마디 못하는 아이들이 꽤 많은데, 어항 안에 들어가서 어떤 말이든 한마디씩 하고 나오도록 했다. 누군가가 했던 말을 똑같이 해도 괜찮다고 했다. 그러다 보면 토론 방향이 제자리에 머무를 때도 있고 진행이 더딜 때도 있는데, 그때 교사가 개입하여 적절한 질문을 통해 논의를 이어 가거나 새로운 방향으로 물꼬를 틀 수 있게 하면 된다.

어항구조 토론

이러한 진행 때문에 시간이 오래 걸리긴 했지만 아이들이 아이스하키 단일팀에 대한 생각을 정리하고 표현할 수 있었던 것만으로도 충분히 의미 있는 수업이었다.

3.
평양 올림픽? 평화 올림픽!

평창과 통일대교 모습 비교하기

⇩

왜 통일대교에 누워서 시위하고 있을까?

⇩

평창올림픽을 바라보는 두 가지 입장 알아보기

⇩

외신들이 바라본 평창올림픽

1. 평창과 통일대교 모습 비교하기
-평창올림픽 남북 선수단 공동 입장이 갖는 의미 생각해 보기
-통일대교를 막고 시위하는 사람들의 모습 살펴보기

2. 왜 통일대교에 누워서 시위하고 있을까?
-'김영철'에 대해 알아보기
-천안함 사건 알아보기

3. 평창올림픽을 바라보는 두 가지 입장 알아보기
-대립되는 두 가지 입장의 근거 살펴보기
-내가 생각하는 평창올림픽은 어떤 모습이었는지 떠올려 보기

4. 외신들이 바라본 평창올림픽
-평창올림픽이 세계에 보여 준 평화의 메시지와 경제적인 효과 살펴보기

이번 수업에서 아이들과 이야기 나누고 싶은 주제는 평창올림픽에 대한 두 가지 시선이었다. 단일팀 구성과 남북한 공동 입장을 두고 일각에서는 평창올림픽을 비판적으로 바라보며 '평양 올림픽'이냐는 말을 하기도 했다. 우리는 이러한 말이 나오게 된 배경과 외신들의 평가를 알아보며 아이들에게 평창올림픽의 의미에 대해 생각해 보게 했다.

이번 수업은 교사들이 사전에 제작한 자료를 중심으로 이루어졌다. 수업의 첫 장면은 평창과 통일대교의 모습을 대조하며 시작했다. 평창에서는 남북한이 '코리아'라는 단일팀으로 공동 입장하는 모습을 보여주었고, 통일대교에서는 북한의 정치인 김영철의 방남을 막기 위해 통일대교에 누워서 시위하는 자유한국당 국회의원들의 모습을 제시했다. 아이들은 세계인이 하나가 되는 올림픽에 시위가 있다는 사실에 의아해했다.

전체적인 수업은 질문에 대한 답을 찾고 또 다른 질문을 던지는 방식으로 진행했다.

질문 "왜 그들은 통일대교에 누워 있을까?"
답 "김영철이 남한에 오는 것을 막으려고요."
질문 "김영철은 누구일까?"
답 "천안함 사건의 배후로 지목이 되었어요."
질문 "천안함 사건은 무엇일까?"

위와 같은 흐름으로 수업을 진행했다. 아이들은 그들이 시위를 하게 된 이유는 이해되지만, 정치적 목적 없이 스포츠로 하나 되는 올림픽과는 어울리지 않는다고 말했다. 이번 수업을 계획하며 아이들이 할 수 있는 활동들을 고민해 보았다. 여러 활동들을 생각해 봤지만 이번

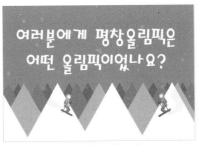

평창올림픽을 바라보는 두 입장　　　　　평창올림픽의 의미

수업은 교사의 설명이 필요하다고 판단해 위의 수업 흐름도에 맞추어 설명식으로 수업을 진행하게 되었다. 대신에 아이들이 지루해하는 것을 방지하기 위한 적절한 영상들을 수업 사이사이에 보여 주었다. 특히 외신들이 평가한 평창올림픽 영상을 보여 주었는데, 아이들은 남북한 공동 입장을 평화의 상징이라고 극찬하는 부분과 평창올림픽의 식단을 칭찬하는 부분이 가장 기억에 남는다고 이야기했다.

　이렇게 두 가지 시선에 대한 수업을 하고, "여러분에게 평창올림픽은 어떤 올림픽이었나요?"라고 질문하자, 대부분의 아이들은 평화 올림픽이었다고 대답했다. 수업을 하기 전 아이들이 참여하는 활동이 적어서 걱정했지만, 의외로 아이들은 평창올림픽에 대한 각자의 생각을 잘 표현한 수업이었다.

4.
영미~ 우리도 컬링!

컬링 명장면 보기
⇩
컬링의 규칙, 득점 방법 알아보기
⇩
컬링대회 규칙 및 방식 이해하기
⇩
밥그릇 컬링대회

1. 컬링 명장면 보기
-올림픽 주요 명장면을 모아 놓은 영상 보기

2. 컬링의 규칙, 득점 방법 알아보기
-컬링의 규칙 알기: 진행 방향, 가장자리 선, 호그라인, 발판 등
-컬링의 득점 방법 알기

3. 컬링대회 규칙 및 방식 이해하기
-규칙: 학급 내 예선과 학급별 본선
-방식: 밥그릇 컬링

4. 밥그릇 컬링대회

이번 평창올림픽의 하이라이트는 컬링이었다. 다소 생소했던 스포츠인 컬링이 국민들에게 친숙해졌고, 컬링 규칙을 궁금해하는 사람들이 많아졌다. 쉬는 시간이면 아이들도 대걸레를 들고 컬링 동작을 흉내

내기 일쑤였고, 컬링대회가 열리는 날을 손꼽아 기다렸다.

우리는 컬링 명장면을 모아 놓은 영상을 보고 다시 감동을 느껴 본 후 컬링 규칙을 알아보는 수업을 했다. 생소한 종목인 만큼 어떻게 해야 점수를 얻는지 잘 모르는 아이들이 많아서 득점 방법에 대해 알아보았다.

직접 컬링을 해 보자는 취지는 좋았으나 컬링대회를 어떻게 구현하는지가 관건이었다. 스톤이나 스틱을 구매하기에는 무척 비쌌고, 경기를 할 만한 장소도 마땅치 않았다. 미끄러운 바닥 공간을 학교에서 찾기란 힘든 일이었다. 보통 바닥에서도 컬링을 할 수는 없을까 고민하다가 유튜브에서 스테인리스 밥그릇으로 컬링을 하는 영상을 보게 되었다. 비교적 저렴한 비용으로 준비할 수 있는 물건들이어서 '밥그릇 컬링대회'를 하기로 결정했다.

준비물을 구비하는 동안 교실에서 예선전을 치렀다. 각 반에서 바둑알 컬링대회를 실시하고, 우승한 팀이 강당에서 실시하는 본선 밥그릇 컬링대회의 출전권을 얻는 방식이었다. 서로 출전하고 싶어서 쉬는 시간마다 바둑알 컬링 연습을 하는 팀이 많았다.

각 반 예선이 끝난 후, 강당에 모여 본선 대회를 치렀다. 컬링 우승을 향한 열기는 아주 뜨거웠다. 각 반 대표들이 밥그릇을 던질 때마다 긴장감이 흘렀다. 밥그릇 뚜껑은 글루건으로 붙여 놓았는데 다른 밥그

바둑알 컬링대회

학급 대항 컬링대회   컬링대회 점수 획득 모습

룻들과 계속 부딪치다 보니 자꾸 뚜껑이 떨어져서 강당 한쪽에서 계속 글루건으로 밥뚜껑을 붙이는 전담 교사들이 있어야 했다.

준비물을 비롯하여 룰 정하기, 판 만들기, 밥그릇 뚜껑 붙이기 등 교사들의 손이 많이 가고 시간도 많이 필요했지만, 아이들과 재미있게 컬링을 하며 올림픽을 기념할 수 있어서 즐거운 수업이었다.

수업을 마치며

이 수업의 성패가 뒤에 이어질 수업에 영향을 많이 미칠 것 같아서 더욱더 많은 정성과 시간을 쏟아 자료를 모으고 수업 시간에 활용할 자료도 열심히 만들었다. 주말 내내 쉬지 않고 자료를 만든 교사도 있었다. 정성을 쏟아서인지 수업 자료의 완성도가 높았고 아이들의 관심도 많이 이끌어 낼 수 있었다. 다만 올림픽과 맞물려 만들어진 수업이라 추후 이 수업 자료의 활용도가 떨어질 것이라는 점이 아쉬웠다.

올림픽 이후에 급속도로 진전되고 있는 남북 관계를 생각해 보면 수업 당시의 남북 단일팀 논란은 너무 먼 옛날의 일인 것처럼, 부질없었던 것처럼 느껴진다. 그러나 남북 관계가 진전되는 연결고리가 되었던 단일팀 창단에 우리도 생각을 보태고 진전시켜 나갔던 주인공이었음을 기억하길 바란다.

2.
개막식에 등장한 촛불은 무슨 의미일까?

'개막식에 등장한 촛불은 무슨 의미일까?' 수업은 박근혜 대통령 탄핵 요구 촛불집회 및 과거의 촛불집회, 그리고 민주화운동의 역사를 돌아보는 내용이다. 이를 통해 촛불에 담긴 의미가 무엇인지 고민해 보고 민주주의 발전을 위해서는 시민들의 참여가 필요함을 생각해 보는 수업으로 계획했다. 이번 주제는 2017년 5학년 당시 '촛불로 일으킨 민주주의' 수업 내용과 중복되는 부분이 많았다. 이리동산초와 전주송천초 학생들은 작년 수업을 통해 이 내용을 공부했기 때문에 각 학교 상황에 맞게 반복되는 부분은 간단하게 다루거나 대체 활동을 제시했고, 아이들이 기억하지 못하거나 중요하다고 생각하는 내용은 다시금 강조하여 수업하도록 했다.

수업의 시작은 '촛불이 뭐길래?'라는 소주제로 지난 시간에 배운 평창 동계 올림픽과 연결 지었다. 올림픽 개막식에 등장한 촛불 퍼포먼스 장면을 시청한 뒤 이 촛불이 의미하는 바가 무엇인지 생각해 보도록 했다. 그리고 이 촛불로부터 최근의 박근혜 대통령 탄핵 요구 촛불집회에 대해 이야기했다. 작년에 공부한 내용이므로 그 당시 다루지 않았던 촛불집회 당시의 소등 퍼포먼스, 외신의 반응, 평화인권상 수상 등의 내용을 추가했다.

다음 소주제인 '우리는 언제부터 촛불을 들었을까?'는 과거의 촛불집회 및 민주화운동의 역사를 돌아보는 내용이다. 이 역시 작년에 다룬 내용이지만 초등학생 수준에는 어려운 내용이기에 되짚어 보기로 했다. 촛불집회에서 멈추지 않고 과거의 민주화운동의 역사를 훑어보고 3·1운동까지 연결지었다.

수업의 마지막 소주제는 '우리가 만드는 촛불'로 내가 바라는 대한민국의 모습을 적어 보는 활동을 했다. 작년 '촛불로 일으킨 민주주의'

수업의 일부 활동과 중복되어 대체 활동으로는 '촛불은 ~다', '참여는 ~다' 등의 모둠 문장을 만들며 내가 생각하는 촛불 또는 참여의 의미를 다시 한 번 정리하는 것으로 계획했다.

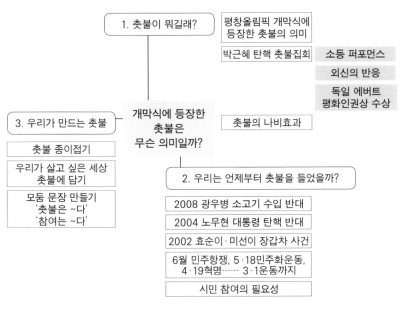

수업의 흐름

	소단원 명	소단원 주요 내용	관련 성취기준	차시량
1	촛불이 뭐길래?	• 평창올림픽 개막식에 등장한 촛불의 의미 알아보기 • 탄핵 요구 촛불집회 • 촛불의 나비효과	사회: –주요 사건에 대한 시각 자료를 중심으로 국민들의 자유민주주의를 위한 노력을 이해한다. 도덕: –지구촌 시대에 인류가 서로 돕고 평화롭게 살아야 하는 이유를 이해하고, 인류를 사랑하고 평화로운 세상을 만들기 위해 노력하는 태도를 지닌다. 이를 위해 인류애 및 평화가 인류의 삶에 얼마나 중요한지를 설명하고, 인류애와 평화를 실현하기 위해 노력하고 있는 사람들의 사례를 찾아본다.	1
2	우리는 언제부터 촛불을 들었을까?	• 과거의 촛불집회 • 민주화운동의 역사		1
3	우리가 만드는 촛불	• 촛불 종이접기 • 내가 바라는 대한민국 촛불에 담기 • '촛불은 ~다' 모둠 문장 만들기		1

1.
촛불이 뭐길래?

이번 올림픽에 촛불이 등장했다고?
⇩
탄핵 요구 촛불집회
⇩
촛불의 나비효과

1. 이번 올림픽에 촛불이 등장했다고?
-올림픽에서 등장한 촛불의 의미 파악

2. 탄핵 요구 촛불집회
-관심 받는 우리의 촛불

3. 촛불의 나비효과
-촛불이 일으킨 나비효과

　첫 번째 소주제인 '촛불이 뭐길래?'는 '개막식에 등장한 촛불은 무슨 의미일까?' 수업 제목에 나오는 '촛불'에 중심을 두었다. 근래 우리나라 정치계에서는 커다란 변화가 일어났는데 여기에는 촛불이 큰 역할을 했다는 점에 누구도 반박하지 못할 것이다. 촛불로 인해 대통령 탄핵이라는 초유의 사태가 일어났으며, 정치권력의 이동이 발생하게 되었다. 이러한 역사적인 현장을 텔레비전이나 신문으로 접한 아이들도 있지만 직접 촛불을 들고 현장에 참여했던 아이들도 있었다.
　이번 수업에서 아이들에게 촛불이 지니는 의미가 무엇이고, 광장에서의 촛불집회가 어떤 결과를 만들어 냈는지에 대해 알려주고 싶었다. 평창올림픽 개막식과 촛불의 결부는 아이들로 하여금 좋은 시너지 효과를 불러일으켰다. 아이들의 높은 관심과 다양한 반응으로 인해 2016년 말의 촛불집회를 언급하는 것은 그리 어렵지 않은 일이었다. 당시 어마어마했던 촛불집회에 대한 각종 언론 및 외신들의 반응을 보며 아이들은 잠시 잊었던 촛불집회의 기억을 다시 떠올리게 되었고, 촛불집회에 대한 생각과 느낌을 서로 나누어 보았다.

또한 카페인(카카오스토리, 페이스북, 인스타그램 등의 소셜 네트워크를 지칭) 등의 온라인 공간이 아닌 광장에서 많은 사람들이 모여 촛불을 들고 한목소리로 외쳤던 이유에 대해 좀 더 고민하고 생각해 보도록 했다. SNS 문화에 익숙한 아이들은 광장 집회라는 것을 생소하고 신기하게 받아들인다. 광장에 모여서 자신의 목소리를 내며 진정한 민주주의를 열망하는 수많은 사람들의 염원을 조금이나마 알게 되었다고 생각한다.

마지막으로 그 노력의 결과를 신문 기사와 뉴스를 통해 알아봄으로써 수많은 시민들의 노력이 결코 헛되지 않음을 직접 확인하고 결국 '주권은 국민으로부터 나온다'는 것을 몸소 깨닫는 소중한 시간이었다.

2.
우리는 언제부터 촛불을 들었을까?

사진 살펴보기
⇩
거리로 나온 사람들
⇩
촛불의 역사_과거의 촛불
⇩
함께 부르는 노래

1. 사진 살펴보기
-2002년 월드컵 거리응원, 3·1운동, 6월 민주항쟁, 2016년 탄핵촛불집회
-언제 찍은 사진일까? 사람들이 무엇을 하고 있을까?
-사진들의 공통점과 차이점 찾기

2. 거리로 나온 사람들
-'왜 거리로 나왔을까?', '왜 촛불을 들었을까?' 생각해 보기

3. 촛불의 역사_과거의 촛불
-사람들이 거리로 나왔던 많은 사건들 되돌아보기
-영상 지식채널e 〈서울시 중구 태평로 1가〉 영상 감상(3분 5초까지)
 (https://www.youtube.com/watch?v=H1DHaPQiMVc)
-현재와 가까운 순서부터 거꾸로: 미국산 쇠고기 수입반대 시위, 노무현
 대통령 탄핵반대(무효) 시위, 미군 장갑차 압사 사건
-〈역사 연표〉에서 찾아보기: 6월 민주항쟁. 5·18민주화운동, 4·19혁명,
 3·1운동 되짚기

4. 함께 부르는 노래-'대한민국은 민주공화국이다' 노래 부르기

　'우리는 언제부터 촛불을 들었을까?' 수업은 촛불의 역사를 알아보고 민주주의를 지키기 위해 사회 참여가 필요함을 알기를 바라는 마음으로 계획했고, 2017년에 만든 '촛불로 일으킨 민주주의' 주제수업에서 자료를 가져와 사진 등 일부분만 수정했다.

　수업은 사람들이 거리로 나왔던 모습을 담은 사진을 살펴보며 시작한다. 2002년 월드컵 거리응원, 1919년 3·1운동, 1987년 6월 민주항쟁, 2016년 탄핵촛불집회 사진을 각각 살피며 '언제, 어떤 모습을 담은 사진인지', '사람들이 무엇을 위해 거리로 나왔을지' 예상해 보며 이야기 나누었다. 아이들이 잘 모를 때는 '축구공이 보인다'(월드컵), '사람들이 이한열 열사의 커다란 영정사진을 들고 있다'(6월 민주항쟁) 등의 힌트를 주었다. 네 가지 사진들의 공통점과 차이점을 찾게 했을 때 아이들은 공통점으로는 '사람들이 넓은 곳에 많이 모였다', '무언가를 외치는 모습이다', 차이점으로는 '기쁜 일 또는 슬프거나 억울한 일로 모였다' 등의 사실을 찾아냈다. 또 왜 사람들이 거리로 나왔을지, 왜 하필 촛불을 들었을지에 대해서도 질문했고, 아이들은 앞서 '촛불이 뭐길래' 소주제 수업에서 이야기 나누었던 광장에서의 의견 표현의 장점이나 평화의 상징이 촛불이기 때문이라는 등의 답을 했다.

　이어서 광장 집회의 역사를 다룬 동영상 한 편을 보았는데, 〈서울시 중구 태평로 1가〉라는 제목의 지식채널e 영상으로 사람들이 거리로 나왔던 많은 사건들을 되돌아보는 내용이다. 동영상 시청 후에는 우리나라 시민들이 민주주의를 위해 촛불을 들고 거리로 나왔던 사건 세 가지를 현재와 가장 가까운 사건부터 과거로 가며 자세히 하나하나 되짚어 보았다.

2016년의 탄핵촛불집회는 앞 시간에서 공부했으니 간단히 언급만 했고, 바로 살펴본 것은 2008년 미국산 쇠고기 수입반대 시위이다. 이는 한-미 쇠고기 수입재개 협상 내용에 대한 반대 의사를 표시하기 위해서 학생과 시민들의 모임으로 출발한 촛불 시위이다. 아이들에게 시위의 결과로 집회와 시위에 관한 법 개정, 가축전염병예방법 개정, 음식점 원산지 표시제 도입 등이 있었음을 알려 주며 사회 문제에 대한 참여가 변화를 이끌 수 있다는 점을 강조했다.

2004년 노무현 대통령 탄핵반대(무효) 시위는 노무현 대통령 탄핵 소추안이 가결되자, 판정이 내려지는 동안 탄핵을 반대하는 국민들이 모여 했던 집회이다. 결국 탄핵심판에서 기각 결정이 되어 대통령에 복귀하게 되었다는 사실만 언급했고, 탄핵소추 배경이나 자세한 내용에 대해서는 네 번째 주제수업인 '탄핵 당할 뻔한 대통령이 또 있었다고?'에서 다룰 것이라고 알려 주었다. 아이들은 최근에 있었던 탄핵촛불집회와 상반된 모습이라는 반응을 보이며 신기해하기도 했다.

2002년 주한미군의 장갑차량에 의해 여중생 미선, 효순 양이 압사당한 사건에 대해서는 아이들이 큰 충격을 받은 듯했다. 이에 대한 추모 집회와 시위 역시 결과적으로 아쉬운 부분이 더 많긴 하지만 시민의 참여가 잘못된 것을 바로잡는 데 일정 부분 기여할 수 있음을 알게 되었다.

촛불의 역사를 되짚어 보는 데서 그치지 않고, 과거 민주화운동의 역사를 되짚어 봤다. 첫 수업에서 만든 역사 연표를 활용하며 시민들이 광장에서 자신의 목소리를 내며 참여한 굵직한 사건들을 다시 살펴보았다.

끝으로 우리는 민주주의를 지키기 위해서 '참여'가 필요함을 공감하며 '대한민국은 민주공화국이다'와 '어둠은 빛을 이길 수 없다'라는 노래를 함께 불러 보며 수업을 마무리했다.

3.
우리가 만드는 촛불

촛불 종이접기
⇩
내가 바라는 대한민국의 모습 촛불에 적기
⇩
'촛불은 ○○이다' 모둠 문장 만들기

1. 촛불 종이접기
- 색종이로 촛불 종이접기

2. 내가 바라는 대한민국의 모습 촛불에 적기

3. '촛불은 ○○이다' 모둠 문장 만들기
- 내가 생각하는 촛불의 의미, 참여의 의미 모둠 문장으로 표현하기

'우리가 만드는 촛불' 소주제는 이번 수업의 마무리 활동으로 촛불의 의미를 되새기며 나의 바람을 촛불에 담아 보는 것이다. 시민들의 외침이 민주주의 발전에 중요한 역할을 했음을 알고 내가 바라는 대한민국의 모습을 담은 나의 외침을 적어 보고자 했다.

색종이로 촛불 접기가 생각보다 쉽진 않았다. 종이접기를 잘하는 친구들의 도움을 받아 촛불을 완성한 뒤 자신들의 바람을 촛불에 적었다. 아이들은 '나 하나보다는 우리 모두를 생각하는 대한민국', '물가 걱정 없는 대한민국', '대통령이 마음대로 권력을 휘두르지 않는 대한민국', '미세먼지가 없는 안전한 대한민국', '통일이 된 대한민국' 등의

촛불에 담은 아이들의 외침

바람을 담았다. 완성된 촛불은 교실 뒤편에 게시했다.

촛불에 나의 외침 담기는 이리동산초 학생들은 5학년에서 이미 해본 활동이기에 대체 활동으로 모둠 문장 만들기를 계획했다. 촛불의 의미를 되새기며 자신들의 바람을 담아 보면서 민주주의의 발전을 위해서는 시민 하나하나의 목소리가 모여 큰 힘을 발휘한다는 사실을 깨닫는 계기가 되었으리라 생각하며 수업을 마무리했다.

수업을 마치며

　촛불집회의 감동은 어느 정도 시간이 흘러서 조금 옅어졌지만 이 수업을 통해서 다시 한 번 촛불집회의 역사와 의미를 짚어 본 것은 좋은 경험이었다. 교사들은 촛불집회의 역사를 이야기하며 평화로운 방법으로 자신의 의사를 표현하는 일은 꼭 필요한 일이라고 강조했다. 사실 많은 교사들이 말로는 집회결사의 자유를 이야기하면서도 그동안 이를 금기시하고 과격한 일이라 생각하기도 했다. 정치적 중립의 의무라는 단어에 매여서 눈치 보고 자기 검열을 과도하게 해 왔다고도 할 수 있다. 집회결사의 자유가 헌법에 보장되어 있다고 선언적으로 말하지만 정작 본인들은 그 권리를 행사하고자 노력하지 않았다.

　하지만 이 수업에서만큼은 보다 자신 있게 집회의 자유를 언급할 수 있었다. 불과 몇 달 만에 세상이 많이 변한 것이다. 집회에 참석했다는 것을 자랑스레 말할 수 있는 분위기가 되었다. 수업에서도 이런 분위기는 그대로 녹아들었다. 교사의 자신 있는 태도와 열정 어린 이야기는 아이들의 마음에도 닿았을 것이다.

　우리는 이 수업을 통해 앞으로 아이들이 이렇게 자신의 의견과 입장을 표현하는 것을 금기시하지 않고 자연스레 일상생활에서 행할 수 있는 어른으로 자라길 바란다. 이 수업이 진정한 민주시민으로 자라나는 데 약간의 거름이라도 되었기를 바란다.

3.
박근혜는 왜 탄핵되었을까?

2017년 3월, 대통령이 탄핵된 초유의 사건이 일어났다. "피고인 박근혜를 파면한다." 이정미 재판관이 이 짧은 문장을 선고한 순간, 시민들은 촛불혁명의 승리에 감격했다. 만감이 교차한 순간이었다.

박근혜 대통령은 왜 탄핵되었을까? 누군가는 최순실과 박근혜 일당이 자행한 국정농단이라고 답할 것이다. 다른 이는 삼성으로 대표되는 정경유착의 문제를 논하며, 결국 풀려난 이 회장의 소식에 사법정의를 한탄할 수도 있겠다. 세월호 참사 때 죽어 간 어린 생명들을 논하며 대통령의 사라진 7시간을 언급하는 이도 있을 것이다. 탄핵의 이유는 이처럼 여러 가지로 들 수 있겠지만, 헌법재판소의 판결에 등장한 문장을 인용하자면 '헌법에 규정된 대통령의 의무를 소홀히 했기 때문'이다. 그렇다면 탄핵의 열쇠를 풀기 위해서는 헌법에 규정된 대통령의 의무가 무엇인지 알아보는 과정이 필요할 것이다. 대통령이 탄핵될 정도로 강력한 근거가 된 헌법은 도대체 무엇이며, 또한 그 존재 이유는 무엇인지 알아보는 것도 중요하다.

대한민국의 역사에서 대통령 탄핵이라는 사건의 상징성도 중요하지만, 헌법이 결국 국민의 자유와 권리를 보장하기 위해 존재한다는 것, 그래서 헌법의 취지에 맞지 않는 대통령이 탄핵되는 필연적인 결과로 이어질 수밖에 없었다는 점을 이해할 수 있도록 수업을 구성했다. 헌법의 개념과 의의를 이해하는 것 뿐만 아니라 수업을 만들 당시에 화두가 되었던 개헌에 대해서도 다루었다. 지금은 한물간 이슈가 되었지만 당시 개헌은 문재인 대통령의 발의로 지금 이 순간의 역사를 보여 주는 주제였다. 헌법은 고정불변의 존재가 아니라 시대의 변화를 반영하여 수정될 수 있다는 점에 방점을 찍었다. 또한 '박근혜 대통령은 왜 탄핵되었을까?' 수업은 각 수업 내용과 관련된 재미있는 미션을 풀어 열쇠를 획득해야만 다음 수업으로 진행될 수 있도록 차별점을 두었다. 열쇠를 획득하는 수업 방식이 아이들의 흥미를 돋우기도 했을 뿐만 아니라 각 소주제 간의 연결고리가 되어 수업에 대한 이해를 돕기도 했다.

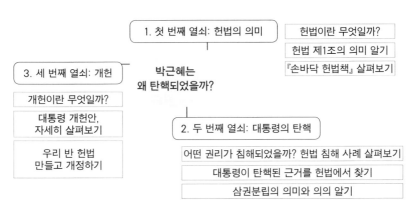

수업의 흐름

	소단원 명	소단원 주요 내용	관련 성취기준	차시량
1	첫 번째 열쇠 헌법의 의미	• 헌법의 개념 알기 • 우리나라 헌법이 담고 있는 가치 알기 • 헌법 제1조 살펴보기 • 『손바닥 헌법책』에서 헌법 전문 살펴보기	사회: −주요 사건에 대한 시각 자료를 중심으로 국민들의 자유민주주의를 위한 노력을 이해한다. −대한민국의 미래와 평화통일을 위해 할 수 있는 일들을 알아본다. −헌법의 핵심적인 내용(예, 국가 조직의 기본원리, 국민의 기본적인 권리와 의무)을 이해하고, 법(예, 민법, 형법 등)이 위 생활과 연관되어 있음을 이해할 수 있다. −국민의 기본적 의무(예, 국방·납세·근로·교육·환경보전·공공복리에 적합한 재산권 행사의 의무)를 이해하고, 이를 준수하는 태도의 중요성을 설명할 수 있다. −국회, 행정부, 법원의 구조와 기능을 이해하고, 각 기관이 삼권분립을 원칙으로 운영되는 까닭을 설명할 수 있다.	2
2	두 번째 열쇠 대통령의 탄핵	• 헌법 침해 사례로 헌법에 대해 자세히 알기 • 대통령의 국정농단에 대해 알기 • 대통령이 탄핵된 이유와 근거 찾기 • 삼권분립의 의미와 삼권분립이 지켜져야 하는 이유 알기		3
3	세 번째 열쇠 개헌	• 개헌의 의미 알기 • 대통령이 발의한 정부 개헌안 자세히 살펴보기 • 우리 반 헌법 만들고 개정하기		2

1.
첫 번째 열쇠-헌법의 의미

헌법의 의미 알아보기
⇩
헌법 조항 찾기
⇩
영화 〈변호인〉을 보고 우리나라 헌법에서 가장 중요하게 여기는 가치 알아보기
⇩
첫 번째 열쇠의 해답 찾기(암호문 풀기)
⇩
대한민국 헌법 제1조 살펴보기
⇩
'대한민국은 민주공화국이다' 노래 부르기

1. 헌법의 의미 알아보기
-『손바닥 헌법책』을 같이 살펴보며 조항의 의미 찾기

2. 헌법 조항 찾기
-마음에 드는 헌법 조항 찾고 그림으로 표현하기

3. 영화 〈변호인〉의 한 장면을 보고 헌법의 중요 가치 찾기
-영화 〈변호인〉 속 송강호 대사 맞히기
-지식채널e 〈헌법 제1조〉 보기

4. 첫 번째 열쇠의 해답 찾기(암호문 풀기)
-미션 클리어! 해답은?
-대한민국은 민주공화국이다.

-대한민국의 주권은 국민에게 있고, 모든 권력은 국민으로부터 나온다.

5. 대한민국 헌법 제1조 알아보기
- 각 나라의 헌법 제1조를 알아보고 자연스럽게 대한민국의 제1조를 알아보기
- 헌법 제1조에 나오는 민주공화국의 개념 설명과 함께 노래 듣기

이번 수업은 "박근혜 대통령이 왜 탄핵되었을까?"라는 발문으로 시작했다. 대다수의 아이들은 "그 사람이 나쁜 짓을 했기 때문이에요" 또는 "나라를 자기 마음대로 하려고 해서요"라고 대답했다. 더러는 '국정농단'이라는 말도 사용해 가며 뉴스에서 봤다며 신나게 이야기하는 아이들도 있었다.

이번 주제는 박근혜 탄핵의 이유에 관련된 미션을 해결하면 열쇠가 주어지고, 세 개의 열쇠를 다 획득했을 때 대한민국의 민주주의를 수호할 수 있는 힘을 갖게 된다는 이야기로 진행된다. 큰 주제와 연결하여 1~2차시 수업의 목표는 박근혜가 탄핵된 가장 중요한 이유가 헌법에 명시된 대통령의 의무를 다하지 않았기 때문이라는 것을 아이들이 알게 하는 데 있다. 그래서 우리는 먼저 헌법의 의미에 대해 공부해 보기로 했다. 따라서 첫 번째 열쇠를 찾기 위한 미션을 『손바닥 헌법책』을 살펴보아라'로 정했다. 아이들은 『손바닥 헌법책』(우리헌법읽기국민운동)에 큰 관심과 흥미를 보였다. 함께 펼쳐 보기도 전에 먼저 펼쳐서 읽어 보기도 했다. 『손바닥 헌법책』의 존재만으로도 동기부여가 될 수 있었다.

『손바닥 헌법책』에 담겨 있는 헌법이 바로 우리나라에서 가장 기본이 되는 법규이고, 국민의 자유와 권리를 보장하여 민주주의를 실현하기 위해 만든 법이라는 것을 알려 주었다. 아이들은 헌법이라고 하면

『손바닥 헌법책』

헌법의 의미

뭔가 거창한 것일 줄 알았는데, 크기가 내 손바닥만 하고 이렇게 얇을 줄 몰랐다고 이야기했다. 헌법을 기본으로 해서 여러 가지 법률들이 만들어진다는 것, 법률, 조례, 시행령 등은 모두 헌법에 위배될 수 없다는 것을 나무와 뿌리 그림으로 비유하여 설명해 주었다.

　헌법의 의미를 살펴본 후, 헌법에 담겨 있는 내용에 대해서 본격적으로 탐구했다. 헌법 전문과 목차를 쭉 살펴보았다. 아이들이 대한민국헌법 전문 전에 있는 날짜에 대해서 궁금해했다. '1987.10.29.전부개정'이라고 나와 있는데, 이때 헌법이 만들어진 것이냐고 질문했다. 그래서 그때 헌법이 개정된 것이고 이에 관련된 내용은 곧 배울 거라고 답해 주었다. 아이들은 역시나 예상 외의 질문을 하는 것 같다. 다음 차시 수업인 개헌에 관한 내용과 1987년 6월 민주항쟁으로 이뤄 낸 직선제 개헌에 대해서 미리 이야기해 줄 수는 없었지만 곧 배울 거라고 한 것만으로도 아이들의 눈이 초롱초롱 빛났다.

　헌법 내용을 하나하나 다 읽어 보기에는 역부족이어서 아이들 스스로 읽어 볼 수 있는 시간을 주었다. 그냥 읽으라고 하면 집중이 흐트러지거나 대충 보고 넘길 수도 있어서 이를 방지하기 위해 '나의 고정 pick 헌법 조항 찾기' 활동을 했다(고정 PICK: TV프로그램 〈프로듀스 101〉에서 나온 신조어로 한 사람당 2명에게 투표할 수 있어 자신이 고정적으로 매주 지지하는 연습생이라는 뜻). 가장 마음에 드는 헌법 조항은 무엇인지 찾아서 의미를 담아 그림으로 표현해 보았다. 아이들은 자신이 마음에 드는 헌법 조항을 찾기 위해 어려운 낱말이 나와도 읽어 보려고 노력했고, 질문도 많이 했다. 아이들의 성향도 나타나는 것 같았다. 자유를 중시하는 아이들은 자유에 관한 헌법 조항을 고르기도 했다. 그림으로 표현하면서 좋았던 점은 헌법 조항의 뜻에 대해 아이들이 계속 생각해 보고 궁금한 건 물어보기도 하면서 헌법에 좀 더 친근하게 다가간 점이다. 완성도에 상관없이 활동 자체가 의미 있었고, 우리 반만의 헌법 그림책을 만든 것 같아 뿌듯했다.

다음으로 본격적으로 첫 번째 열쇠를 찾기 위한 활동이 진행되었다. 그건 바로 '헌법에서 가장 중요하게 여기는 가치 찾기'였다. 영화 〈변호인〉의 한 장면을 감상했다. 마지막 재판 장면에서 송우석 변호사(송강호 분)가 증인심문을 하는 장면이다. 이 영화의 명장면 중 하나인데, 허위 증언을 하는 증인 차동영(곽도원 분)이 "내가 판단하는 게 아니라

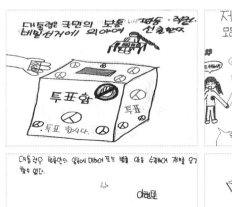

헌법 조항 그림 그리기

국가가 판단합니다"라고 말하자 송우석 변호사는 "국가? 증인이 말하는 국가란 무엇입니까?"라고 한다. 그 대사가 끝난 후 영상을 끄고, 그다음 대사가 무엇일까 추측해 보았다. 국가가 무엇일까? 뭐라고 대답했을까? 『손바닥 헌법책』에 나오는 말이라고 힌트를 주었다. 그러자 아이들이 헌법 제1조를 이야기했다.

"대한민국은 민주공화국이다."
"대한민국의 주권은 국민에게 있고, 모든 권력은 국민으로부터 나온다."

그 후에 영상을 이어서 보고 정답을 확인한 아이들은 기뻐했다. 더러는 〈변호인〉 영화를 끝까지 다 보고 싶다고 말하기도 했다. 임팩트가 굉장히 강했나 보다.

그렇다면 우리나라 헌법에서 가장 중요하게 여기는 가치는 무엇일까? 아이들은 곧바로 "국민이요!"라고 대답했다. 그리고 "대한민국의 주권은 국민에게 있다. 그래서 여러분 한 사람 한 사람이 모두 주권자다"라고 이야기해 주었다. 이로

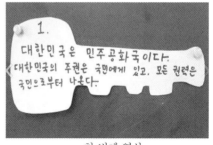

첫 번째 열쇠

써 첫 번째 열쇠의 해답을 풀었고, 열쇠를 획득할 수 있었다.

다음으로는 헌법 제1조에 대해 좀 더 자세히 알아보는 시간을 가졌다. 지식채널e 〈헌법 제1조〉 영상을 통해, 나라마다 헌법 제1조에 가장 중요하게 생각하는 가치를 담고 있으며, 우리나라 대통령들은 취임식에서 선서를 한다는 것을 알았다. 그래서 헌법 제69조에 나와 있는

선서문을 함께 낭독했다.

"나는 헌법을 준수하고 국가를 보위하며 조국의 평화적 통일과 국민의 자유와 복리의 증진 및 민족문화의 창달에 노력하여 대통령으로서의 직책을 성실히 수행할 것을 국민 앞에 엄숙히 선서합니다."

대한민국 헌법 제1조 1항 대한민국은 민주공화국이다. 민주의 의미는 아이들이 익숙한데, '공화국'이라는 말을 어려워해서 공화국의 의미를 배워 보았다. 특정한 개인의 것이 아니라 모두의 것이라는 의미의 공화국. 민주공화국은 국민이 주인이며, 우리나라는 국민 모두의 것이라는 의미를 깨닫게 되었다.

수업을 정리하며 '대한민국은 민주공화국이다'라는 노래를 함께 듣고 불러 보는 시간을 가졌다. 익숙한 멜로디와 딱 두 구절로 이루어져서 금방 익힐 수 있었다. 아이들은 수업이 끝난 뒤로도 계속 노래를 불렀다. 헌법 제1조를 이제 외우다시피 하게 되었다.

이 수업을 통해서 대한민국 헌법의 중요성과 소중함을 깨달을 수 있었다. 헌법 조항은 하나도 그냥 만들어진 게 없이 한 절 한 절이 다 의미를 담고 있음을 알게 되었다. 그리고 헌법이 있기 때문에 우리가 정당한 자유와 권리를 누리며 살아갈 수 있으며, 국민이 주인인 민주주의를 실현할 수 있다는 걸 알게 되었다. 머리로 이해하면 간단한 내용이지만 아이들에게 마음속 깊이 의미를 심어 줄 수 있는 수업이 되었길 기대해 본다.

2.
두 번째 열쇠-①
지켜지지 않은 헌법(침해)

두 번째 열쇠를 찾는 미션 소개
⇩
다양한 침해 사례를 살펴보고, 헌법에서 관련 조항을 찾아, 두 번째 열쇠의 해답 찾기(암호문 풀기)

1. 두 번째 열쇠를 찾아라(미션 2. 암호문 풀기 활동지)

2. 다양한 헌법 침해 사례를 살펴보고, 헌법의 어떤 조항이 침해된 것인지 찾아 암호문 풀기

[사례 1] 앞서 소개되었던 영화 〈변호인〉에서 헌법 침해 사례 장면 보기
-헌법의 어떤 조항이 침해된 것인지 『손바닥 헌법책』에서 함께 찾아보기
 (헌법 제12조 2항)

[사례 2] 가습기 살균제
-건강권 헌법 제35조 1항(https://youtu.be/nRsRvJm01WM)

[사례 3] 미란다 원칙
-헌법 제12조 5항(http://go9.co/NQq)

[사례4] 카카오톡 사찰
-헌법 제17조 , 제18조 사생활 보호(https://youtu.be/mKJCFz1G3lU)

[사례 5] 인천 아동학대
-헌법 제10조, 제31조 2항(https://youtu.be/NAgiZY3gVUw)

*암호 "피청구인 대통령 박근혜를 파면한다"가 나옴 → 두 번째 열쇠를
 획득함.

두 번째 열쇠-②
대통령의 탄핵

헌법재판소의 판결 영상 보기
⇩
헌법의 어떤 부분을 위반했는지 헌법에서 찾아보기
⇩
국정농단의 주된 인물과 잘못들 살펴보고 이야기 나누기

1. 헌법재판소의 박근혜 탄핵 선고 영상 보기
- 이정미 재판관 탄핵 인용 동영상(5분)

2. 헌법의 어떤 부분을 위반했는지 헌법에서 찾아보기
- '헌법 존재의 이유' 활동지를 함께 보며 헌법에서 찾아보기
- 침해된 사례는 무엇인가?
- 헌법의 어떤 조항이 침해된 것인지 『손바닥 헌법책』에서 함께 찾아보기
  (헌법 제7조, 제65조, 제66조, 제69조)

3. 국정농단의 주된 인물들 살펴보기
- 최순실, 박근혜, 정유라 등의 국정농단 사례를 살펴보고 어떤 잘못된 점
  들이 있는지 알아보기
- 앞으로 이런 일이 일어나지 않으려면 어떻게 해야 할지 이야기 나누기
- 큰 권력을 가진 대통령을 탄핵하는 사람은 어떤 사람일지 이야기해 보
  며 다음 차시로 넘어가기(견제와 폭주를 막기 위해 삼권분립과 언론이
  필요함을 알기 위한 도입)

두 번째 열쇠-③
탐욕으로부터의 방패, 삼권분립

삼권분립에 대해 알아보기
⇩
각 부가 하는 일 알아보기(국회, 법원, 정부)
⇩
삼권분립 피라미드 만들기

1. 삼권분립에 대해 알아보기

-동기유발: 앞서 소개되었던 이정미 재판관의 탄핵 인용 영상을 상기해
보며, '재판관이 누구이길래 대통령 탄핵 선고를 내릴 수 있는 것일까'
라는 물음 던지기

-〈삼권분립 대서사시〉 영상 보고, 서로를 견제하기 위해 무엇이 필요한지
이야기 나누기(〈삼권분립 대서사시〉 영상)

-삼권분립에 대해 알아보기(〈삼권분립〉 영상)

2. 각 부가 하는 일 알아보기

-국회가 하는 일(영상 보기)

-정부가 하는 일(영상 보기)

-법원이 하는 일(영상 보기)

3. 삼권분립 피라미드 만들기

-모둠원이 각자 만들 부 정하기(국회, 법원, 정부)

-각 부가 하는 일과 하는 일에 대한 근거를 헌법에서 찾아 정리하기

-정리한 내용을 바탕으로 삼권분립 피라미드 만들기

두 번째 차시로는『손바닥 헌법책』을 활용한 수업을 생각해 보았다. 단지 헌법이 중요하고 숭고하다는 상징성을 아이들에게 심어 주는 것에 만족할 수 없었다. 법에 대해 느끼는 딱딱함과 거리감을 완화시키고 헌법을 친근하게 접할 수 있는 기회를 제공하고 싶었다. 그래서 준비한 것이『손바닥 헌법책』!

헌법을 꼼꼼히 읽어 나가는 경험을 해 보고, 더불어 헌법 내용들이 구체적으로 어떻게 우리 삶과 연결되는지 생각해 보는 수업을 계획했다. 헌법이 왜 지켜져야 하는지, 어떤 숭고한 가치를 담고 있는지 이해하는 과정에서 박근혜 대통령 탄핵의 이야기 또한 자연스럽게 담아낼 수 있을 것이라 생각했기 때문이다.

전 시간에 헌법이란 무엇인지를 알아보았으니 조금 더 깊게 헌법 내용들을 접해 보고 왜 중요한지 한번 탐색해 보게 하고 싶은 욕심이 생겼다. 먼저 영화 〈변호인〉의 한 장면(고문당하는 장면)을 보여 주었다. 아이들은 약간 자극적인 부분이라 몰입했지만 불편함을 느끼고 있었다. "어떤 점이 잘못되었을까?"란 물음에 아이들은 다양한 답변을 내놓았다. '인권' 개념이 들어가 있는 답변들이 많아 흡족했다. "그럼 우리나라에서는 이런 일들이 일어나지 않도록 어떻게 보호하고 있을까?" 라고 물으며,『손바닥 헌법책』에 대한 탐구를 시작했다.『손바닥 헌법책』이지만 헌법 전문이 들어가 있기에 내용이 방대할 뿐만 아니라 낱말도 굉장히 어렵다. 그렇기에 일부 페이지를 정해 주어서 그 부분 안에서만 찾도록 안내했다. 낱말이 어려워 잘 찾아낼 수 있을지 걱정했는데 다행히도 의도한 제12조 2항을 잘 찾아내었다. 이후 '국민의 권리와 의무'에 관한 부분에 대한 헌법 조항들을 찾아볼 수 있는 구체적인 사례를 제시했다. 가습기 사건, 메신저 사찰 등을 다루며 아이들이 머릿속에만 있던 법전을 일부분이지만, 실제로 꼼꼼히 읽어 보고 생각하고 사례에 맞게 적용하는 모습을 보며 참 뿌듯했다. 학습지 결과 암호문으로 '피청구인 박근혜를 파면한다'란 열쇠를 찾아내고 자연스럽게 중심 주제인 박근혜 대통령 탄핵에 대한 이야기로 넘어가게 됐다.

박근혜 탄핵 수업을 준비하며 가장 중점을 둔 것이 박근혜 탄핵 사건에서 '아이들에게 무엇을 생각하게 할 것인가?'였다. 즉 박근혜 탄핵을 바라보는 '관점'. 박근혜 대통령 탄핵에는 많은 인물과, 돈, 기업 그리고 정치적 이해관계가 얽혀 있다. 아이들에게 이런 관계를 일일이 설명하는 것은 이해하기도 힘들뿐더러 의미도 별로 없다. 그렇기 때문에 왜 탄핵되었는지에 대한 근본적인 대답으로 우리 사회에 주요한 원칙인 헌법을 파괴했다 정도로만 이야기하기로 했다. 거기에 더해 어떤 위법 행위를 하여 헌법적 수호를 하지 않았는지 간단히 언급만 하고 넘어가는 수준에서 다루기로 했다.

그래서 준비한 것이 이정미 헌법재판관의 판결 영상이었다. 판결 영상을 보여 주고 판결문의 주요 부분만 요약, 발췌, 밑줄을 그어 학습지를 만들었다. 그리고 주요 부분을 읽으며 어떠한 이유로 탄핵이 되었는지 찾아보게 했다. 물론 다 찾을 수는 없기에 예시로 4개 정도의 조항을 주어 그중에서 가장 맞는 조항을 찾아보게 했다. 그리하여 헌법 제66조를 찾아내었고, 그와 관련한 최순실, 정유라, 박근혜의 위법 행위에 대한 간단한 클립 영상을 보며 수업을 이어 나갔다. 다행히 뉴스와 어른들의 대화를 통해 많이 접한 사건이라 아이들이 잘 이해할 뿐만 아니라 분개하는 모습도 보여 주었다. 그러고 나서 수업의 마지막 부분에 다시 이정미 헌법재판관을 보여 주며 "선고한 사람은 누구이길래 어떻게 권력자인 대통령을 파면시킬 수 있었을까?"란 질문으로 다음 수업의 주제인 삼권분립으로 이어 갔다.

세 번째 수업은 거대한 권력자가 나타났을 경우를 대비해 우리나라에는 어떤 안전장치가 있는지 알아보는 시간이었다. 박근혜 대통령 탄핵의 경우 삼권분립이 작동된 적절한 예라고 생각했다. 권력을 셋으로 나눈 이유를 설명한 영상을 보고 박근혜 대통령 이야기를 하니 아이들은 쉽게 필요성과 의미를 공감했다. 그리고 각각 입법, 행정, 사법의 역할과 하는 일을 설명하고 삼권분립 피라미드를 만들며 배운 내용을 정리하도록 했다. 이 부분은 2학기에 다시 한 번 다루기 때문에 삼권분립에 대해 이해하는 수준에서 수업을 마무리했다.

헌법 침해 사례 찾기

헌법 침해 사례 찾기 학습지

박근혜 탄핵 이유 찾기

박근혜 탄핵 이유 찾기 학습지

뉴스타파-삼권분립 영상

삼권분립 피라미드

3.
세 번째 열쇠 - 개헌

개헌 알아보기
⇩
정부개헌안 살펴보기
⇩
우리 반 헌법 개정
⇩
활동사진으로 뮤비 만들기

1. 개헌 알아보기
- '다섯 고개'로 개헌 들어가기(세 번째 열쇠 획득)
  ⇨ '헌법을 고친다' 또는 '개헌'이라고 하면 열쇠 획득
- 개헌의 의미 및 개헌 절차 카드 뉴스로 알아보고 영상으로 정리하기
  http://go9.co/NQl
- 개헌해야 하는 이유 살펴보고 영상으로 이해 돕기 http://go9.co/NQm

2. 정부개헌안 살펴보기
- 헌법에서 무엇을 바꾸고 싶은지 아이들과 가볍게 이야기해 보기
- 개헌하면 바뀌는 것 영상(아이들이 흥미 있을 만한 내용 1~2개만 영상
  에 들어가 있음) http://go9.co/NQn
- 발의된 개헌안 살펴보기(발의된 개헌안 중 '대통령 임기' 살펴보고 영상
  보기(1분 38초까지만) http://go9.co/NQo
- 대통령제와 의원내각제 영상(의원내각제까지 수업하고자 하는 학교만
  영상 보면 됨) http://go9.co/NQp

3. 우리 반 헌법 개정

- '손바닥 헌법' 학급 헌법으로 개정해 보는 활동을 하기

4. 뮤직비디오 만들기

- 그동안 활동했던 사진을 모아 뮤비 만들기(음원: 대한민국은 민주공화국이다)

  세 번째 열쇠 소주제인 '개헌' 수업은 '박근혜가 왜 탄핵되었을까' 수업의 마지막 부분이다. '박근혜가 왜 탄핵되었을까'라는 주제명을 놓고 보자면 이번 수업의 흐름이 다소 어색하다고 생각할 수도 있지만, 이번 수업의 큰 주제는 '헌법'이기 때문에 개헌을 빼놓고 갈 수는 없었다. 특히 수업을 논의하던 시점이 문재인 대통령 개헌안 발의로 한참 국민의 관심과 이목이 집중되고 있던 3월 말, 4월 초여서 헌법 개정 수업도 탄력을 받아 계획하고 준비하게 되었다.

  본 수업은 '다섯 고개'로 수업 문을 열었다. 지금 와서 생각해 보면 다섯 고개의 질문이 '아이들에게 조금 어렵고 난해하지 않았을까'라는 생각이 들지만, 아이들에게는 수업이 게임으로 시작된다는 것과 '내가 맞추고 말리라'는 의욕 덕분에 조금은 즐겁게 수업을 시작할 수 있었다. '박근혜는 왜 탄핵되었을까'라는 주제로 헌법 수업을 하고 있던지라 첫 번째 및 두 번째 고개 질문인 국민의 동의가 필요한 것과 국민투표를 통과해야 한다는 내용에서는 촛불집회, 탄핵 등의 답이 나왔다. 세 번째 고개는 '시대와 환경이 변했는데도 난 그대로여서 이것이 필요해'였는데, 한 아이가 "법을 고치는 거요"라고 말해 의외로 답을 빨리 맞혔지만 아이들의 궁금증만 유발시키고 다음 단계로 넘어갔다. 네 번째 단계는 내가 "'발의-공고-표결-국민투표-공포'의 다섯 단계의 절차를 거쳐야 돼!"라고 하자 "대통령 선거요", "국회의원 선거요" 등의 답

이 나왔지만, "이것을 위해 이번에 문재인 대통령이 의견을 냈대"라는 마지막 고개 힌트를 보고 뉴스에서 오르내리던 이슈들을 들어 본 적이 있는 친구들이 "법을 바꾸는 것"이라고 정답을 외쳐 주었다.

본 수업으로 들어가 '개헌'의 의미를 이야기하면서 아이들이 개헌이란 기존에 있던 헌법을 바꾸는 것(수정)이라고만 주로 생각하고 있음을 알게 되었다. 그래서 헌법을 새롭게 추가하기도 하고, 불필요하거나 시대와 맞지 않는 부분은 삭제하는 것도 개정에 들어간다는 것까지 설명해 주었다. 그런 후 개헌의 절차도 간단하게 알아보았다. 개헌 절차 용어가 다소 낯설고 생소하기 때문에 쉬운 말로 설명해 주고 난 후 아이들이 흥미를 끌 만한 영상을 찾아 그 영상을 보면서 개헌 절차를 정리했다.

개헌을 하는 이유에 대해서는 30년 동안 변화한 시대상을 반영하지 못했다는 점과 권한이 과도하게 대통령과 중앙에 집중되어 있다는 방향에서만 간단하게 설명해 주었다. 이번에 발의된 내용 몇 가지를 살펴보면서 동물을 보호해야 한다는 조항도 포함되어 있다고 하니 아이들 반응이 매우 좋았다. 아무래도 반려동물을 키우는 아이들도 많고 반려동물에 대한 관심이 많은 나이다 보니, 이 개정안에 특히 반응이 좋았던 것 같다. 권한이 대통령에게 집중되어 있었을 때 나타나는 문제점에서는 대통령특별사면권을 예로 들어 이야기해 주었더니 꽤나 흥미로워했다.

개헌 절차 및 의미, 개헌 이유, 2018년에 발의된 개헌안을 알아보고 난 뒤 활동으로는 '대한민국 헌법'을 우리 반에 맞게 개정해 보는 활동을 했다. 우리 반 헌법 개정은 '발의-공고-표결-국민투표-공포'의 절차에 따라 헌법 개정 절차를 직접 체험해 보고, 실정에 맞지 않는 헌법은 추가·수정·삭제할 수 있음을 스스로 알아보는 수업에 의의를 두고 진행했다.

먼저 모둠별로 헌법 전문, 학생의 권리, 학생의 의무, 국회, 법원, 정부 및 부칙으로 나누어 헌법을 살펴본 뒤 수정할 부분이나 추가 또는 삭제할 부분을 찾아 모둠별로 의견을 내놓게 했다. 이 과정을 헌법 개정 중 첫 번째 단계인 '발의'라고 알려 주었다. 그리고 아이들이 낸 헌법 개정안과 투표일 등을 교실에 게시해 놓고, 이것이 '공고'라고 알려 주었다. 다음 날 모둠 대표가 나와서 이 개정안에 찬성하는지 투표를 했는데, 이것은 '표결'이라고 알려 주었다. 표결에서는 모둠 대표가 모두 찬성이 나와, 2/3 이상이 찬성했으므로 국민의 의견을 묻는 '국민투표'로 넘어갈 수 있다고 알려 주었다. 네 번째 단계인 국민투표에서는 아이들(유권자)에게 쉬는 시간마다 자유롭게 헌법 개정에 대한 의사를 반영하여 투표하게 했다. 이때 아이들(유권자)이 투표에 참여할지 말지 정하는 것도 자유롭게, 개정에 대한 찬반 혹은 기권 선택도 자유롭게 맡겼다. 그 결과 유권자 26명 중 25명이 참여해 찬성 14표, 반대 6표, 기권 5표가 나왔다. 유권자 절반 이상이 참여하여 과반수를 넘는 개헌 찬성표가 나와 곧바로 아이들에게 개헌이 확정되었음을 알리며, 이것이 마지막 단계인 '공포'라고 설명했다.

물론 이 활동을 하면서 어려운 점이 없었던 것은 아니다. 헌법을 모둠별로 나눠 우리 반에 맞게 추가·수정·삭제하여 발의하기까지가 어려웠다. 각 모둠이 맡은 부분을 모둠별로 더 꼼꼼하게 읽긴 했지만 아이들이 발의하기까지의 과정을 어려워해서 각 모둠을 돌며 많은 조언을 하고, 아이들이 선택했던 많은 부분을 가지치기하기도 하고, 보태야 할 부분에서는 의견을 적극적으로 제시해 주기도 했다.

헌법을 우리 반 실정에 맞게 개정해 보는 활동을 하면서 헌법 개정 절차를 자연스럽게 이해해 보는 것과 더불어 시대가 변함에 따라 우리와 맞지 않는 부분이 있으면 헌법도 개정할 필요가 있음을 이해하게 된 것 같다.

<table>
<tr><td>

전주신동초등학교 6학년 3반 헌법

전문

유구한 역사와 전통에 빛나는 우리 학급은 2018년 3월 2일 개학일을 시작으로 6-3이 만들어 졌다. 우리 모두의 의견을 모아서 만든 결론은 '배려하고 존중해야 즐겁게 꿈꾸는 6-3'이라서, 1년 동안 행복하고 안전한 우리 교실을 만들기 위해 친구들의 의견을 모아 '우리학급(학급규칙)'을 만들었다. 우리는 우리 스스로가 만든 규칙을 성실히 잘 지킬 것과 행복하고 자유로운 학급을 만들 것을 다짐한다.

제1장 총강
제1조 3반은 민주적인 교실이다.
제2조 3반의 구성원은 6-3반의 바람직한 선생님과 학생으로 한다.
제3조 선생님은 잘 지도하고, 학생의 안전을 책임진다.
제4조 우리3반의 기간은 3월1일부터 활동하는 날까지로 한다.

제2장 학생의 권리와 의무
제5조 모든 학생은 인간으로서의 존엄과 가치를 가지며, 행복할 추구할 권리를 가진다.
제6조 모든 학생은 학급규칙 앞에 평등하다.
제7조 모든 학생은 차별을 받지 아니하며, 잘못을 하였을 때 불이익한 진술을 강요받지 아니한다.
제8조 모든 학생은 규칙이 정하는 바에 의하여 1인 1대답에 대한 책임진다.
제9조 모든 학생은 학교에서 공평하게 교육을 받고 자유 위는 시간을 지켜 볼 수 있는 권리가 있다.
제10조 모든 학생은 등교할 의무를 가진다.
제11조 모든 학생은 정당한 규칙에 따라 수업을 받을 의무가 있다.
제12조 우리가 사용할 교실과 물건을 깨끗하게 청소해야 의무를 지닌다.

제3장 국회
제13조 학급회의에서 나온 의견에 따라 학급규칙을 만든다.
제14조 선생님과 학생은 수정하여야 학급규칙이 있으면 고칠 수 있다.

제4장 정부
제15조 1항 우리 반에는 학급도우미가 있다.
　　　2항 학급 도우미의 임기는 1달로 하며, 돌릴할 수 있다.
제16조 학급도우미는 학생의 안전한 이용을 위해 솔을 세우고 다른 친구들을 이끌어 주어, 학급회의 때 진행을 돕는다.

제5장 법원
제17조 선생님은 규칙을 어긴 학급을 규칙이 정한 바에 따라 공정하게 지도한다.

부칙
이 헌법에는 당시의 학급규칙은 이 헌법이 위배되지 아니하는 한 그 효력을 출입하는 날부터 지속한다.

</td><td>

</td></tr>
</table>

<table>
<tr><td>

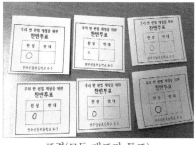

표결(모둠 대표가 투표)

</td><td>

국민투표(반 학생들 투표)

</td></tr>
</table>

수업을 마치며

이번 수업이 담고 있는 내용은 헌법의 의미, 탄핵, 국회와 정부의 견제, 개헌과 같은 기본적인 개념부터 '올바른 정치란 무엇인가?', '국가 지도자는 어떤 역할을 해야 하는가?' 같은 관념적인 질문까지 매우 방대하다. 수업이 길어지는 등 아쉬운 부분도 많지만 수업 의도는 충분히 구현되었다고 생각한다.

이 수업의 주제였던 탄핵 이야기를 해 볼까 한다. 한동안 국민들은 정치에 대해 회의감을 가졌다. 정권이 바뀌었어도 국민들의 삶은 여전히 고단했고 정당이나 정치인은 거기서 거기였다. 국민들은 정치에 기대하기를 포기했다. 그러다가 국정농단 사태가 터지자 사람들은 스스로를 돌아보고 무관심을 자책하며 광장으로 나왔다. 광장의 무대에서 사람들은 외쳤다. 이렇게 하라고 준 표가 아니었는데, 내 소중한 한 표를 돌려 달라고, 경제를 살린다기에 뽑았더니 제 측근만 챙겼다고, 우리는 생각을 게을리한 나머지 스스로 생각하지 못하는 대통령을 뽑았다고. 박근혜 대통령 탄핵의 또 다른 의미는 국민들이 정치에 대해 스스로 생각하고 반성하고 표현할 수 있는 장을 마련했다는 데 있다.

정치란 무엇인가? 국가란 무엇인가? 〈변호인〉에서 송강호의 대사가 떠오른다. "국가란, 국민입니다!"

4.
탄핵당할 뻔한 대통령이 또 있었다고?

　노무현은 비운의 대통령이다. 권력을 본인이 누리기보다 국민들에게 돌려주려 했던 대통령 노무현은 비참하게 생을 마감했다. 흔히 가장 좋은 대통령이 가장 나쁜 대통령을 만들었다고들 말한다. 그의 자살은 보통 국민들에게는 마음속 트라우마로 남아 가슴 아픈 이름이 되었다. 하지만 아이들은 노무현 대통령이 누구인지 잘 모른다. 2006년생인 6학년 아이들에게 2009년 서거한 노무현 대통령은 역사 속의 한 인물일 뿐이다. 그것도 잘 알지 못하는 이름.

　교사들에게 노무현 대통령 수업은 무겁게 다가왔다. 교사들에게도 2009년 5월 23일의 충격은 여전히 가시지 않고 있고, 일반 국민들 또한 그의 죽음을 애통해하는 마음이 여전하다. 정치권에서도 그에 대한 논란이 끊이지 않고 있고, 잊힐 만하면 여기저기서 그를 현실 정치로 소환하곤 한다.

　이런 상황이다 보니 그를 주인공으로 한 수업을 만드는 것이 여간 껄끄럽지 않았다. 그의 공과를 따지기가 미안한 마음이 들기도 하고, 그를 지켜 주지 못했다는 마음의 빚이 스멀스멀 올라오기도 해서 객관적으로 그의 공과를 따지고 싶은 마음이 도무지 생기지 않았다. 사실 노무현 대통령의 과오를 찾으려고 한다면 없지는 않을 것이다. 그러나 아직 우리들은 노무현 대통령을 객관적으로 보기 어려웠다. 그의 삶 속에서 배울 점을 찾고 그를 추억하고 추모하고 싶었다. 그래서 영화 〈변호인〉을 중간에 넣어 그가 본격적으로 인권 변호사, 정치인으로 살기 이전의 삶을 조명하고 좀 더 친숙하게 그를 느껴 보기로 했다.

　박근혜 대통령 수업과 이어지도록 하기 위해 질문에 '탄핵'을 넣었기 때문에 탄핵 이야기로 시작할 수밖에 없었다. 그가 탄핵을 당한 것은 아니지만 당할 뻔했던 그때 상황으로 돌아가 보기로 했다. 그 후 변호인 영화를 보고, 그의 삶을 세 시기로 나누어 살펴보는게 좋겠다고 의견을 모았다. 대통령이 되기 전, 대통령이 된 후, 서거 이후로 나누어서 그의 삶을 살펴보고 그가 꿈꾸었던 세상이 무엇인지 알아보기로 했다. 마지막 소주제에서는 그가 사랑했던 노래 「상록수」를 함께 불러 보기로 했다. 아이들에게는 와닿지 않는 노래일 수 있지만 가사를 음미하는 것도 의미가 있을 것 같았다.

그가 꿈꾸었던 '사람 사는 세상'은 아직도 요원하다. 시간이 많이 흘러도 쉽사리 오지 않을지 모른다. 그러나 노무현의 정신은 기억되어야 할 것이다. 우리의 수업은 그의 삶과 이상 속에서 우리가 기억해야 할 점들을 아이들과 나누는 것을 목표로 했다. 아이들의 발달단계상 우리가 의도한 목표에 도달하기 어려울지라도 조금이라도 그의 삶에 다가가 보는 것으로도 족하다고 생각하고 이 수업을 계획했다.

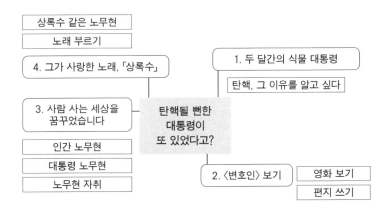

	소단원 명	소단원 주요 내용	관련 성취기준	차시량
1	두 달간의 식물 대통령	•노무현 대통령 탄핵 사유 알아보기 •탄핵을 찬성 또는 반대하는 사람의 입장 알아보기 •헌법재판소의 판결 결과 알아보기	사회: –주요 사건에 대한 시각 자료를 중심으로 국민들의 자유민주주의를 위한 노력을 이해한다. 도덕: –다른 사람들과 안정되고 조화롭게 살아가기 위해 공정하게 행동하는 것이 중요함을 인식하고, 일상생활에서 공정하게 생활하려는 자세를 지닌다. 이를 위해 불공정하다고 느낀 자신의 경험을 분석하여 공정의 의미를 설명하고, 자신이 공정한 사람이 되기 위해 실천해야 할 일을 찾아본다.	1
2	〈변호인〉 보기	•영화 보기 •노무현 대통령에게 편지 쓰기		3
3	사람 사는 세상을 꿈꾸었습니다	•인간 노무현의 모습 살펴보기 •대통령 노무현의 훌륭했던 점과 아쉬웠던 점 살펴보기 •퇴임 이후 노무현의 삶 살펴보기		2
4	그가 사랑한 노래, 「상록수」	•「상록수」 노래 불러 보기 •노래 가사에 담긴 의미 생각해 보기		1

1.
두 달간의 식물 대통령

탄핵될 뻔한 대통령이 또 있었다고?
⇩
노무현 대통령 탄핵 사유
⇩
탄핵에 대한 찬성과 반대의 목소리
⇩
헌법재판소의 최종 판결

1. 탄핵될 뻔한 대통령이 또 있었다고?
- '탄핵된 대통령이 또 있었다고?' 임시정부의 대통령 이승만 탄핵 사태
- '탄핵될 뻔한 대통령이 또 있었다고?' 대한민국 16대 대통령 노무현

2. 노무현 대통령 탄핵 사유
- 노무현 대통령 탄핵 사유 살펴보기

3. 탄핵에 대한 찬성과 반대의 목소리
- 탄핵 소추안 발표 당시 국회의 모습은?
- 탄핵 찬성: 웃고 있는 박근혜 의원, 노무현을 무시하는 사람들
- 탄핵 반대: 광장 촛불집회, 여론조사 결과, 유시민 의원 토론

4. 헌법재판소의 최종 판결
- 헌법재판소의 탄핵 불인정 사유
- 두 달간의 식물 대통령: 탄핵 심판이 진행되는 두 달간 직무권한이 정지
  된 대통령

탄핵될 뻔한 대통령이 또 있었다고? 그는 제16대 대한민국 대통령 노무현이다. 노무현 대통령은 2004년 3월 12일 탄핵 소추안이 상정되고 난 후부터 5월 14일 헌재의 탄핵 소추안 기각까지 약 두 달 동안 대통령 직무를 수행하지 못하는 식물 대통령으로 지내야 했다. 노무현 대통령을 두 달 동안 식물 대통령으로 만든 이 탄핵 사태에 대해 먼저 알아보았다.

아이들에게 질문을 던지며 첫 번째 소주제를 시작했다. '박근혜 대통령은 왜 탄핵되었지?' 아이들은 대통령이 헌법상 그 의무를 다하지 못했기 때문에 탄핵되었다는 것을 이미 알고 있다. 국민들의 신임을 저버릴 만큼 중대하게 법을 위반했기 때문임을 알고 있다. 그렇다면 노무현 대통령의 탄핵 사유 또한 대통령직을 박탈해야 할 정도로 중대하게 법을 위반한 경우인지 함께 살펴보기로 했다.

노무현 대통령의 탄핵 사유를 다음 세 가지로 말해 주었다. 선거에서의 정치 중립 의무 위반, 측근 비리, 국정 파탄의 책임. 각각의 사유를 아이들이 이해할 수 있도록 쉬운 언어로 설명해 주었다. 그리고 나서 '정치 중립 의무를 위반한 것은 맞지만 대통령직을 박탈해야 할 만큼 심각한 문제였을까?', '대통령이 측근들의 비리에 관여한 것이 사실일까?', '대통령은 어떤 상황과 맥락에서 그런 발언을 했을까?'와 같은 질문을 하며 아이들이 그 사유의 적합성을 각자 판단해 볼 수 있도록

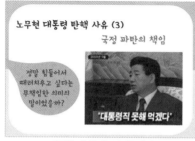
노무현 대통령 탄핵 사유

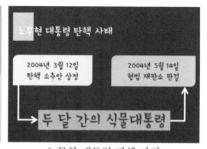
노무현 대통령 탄핵 과정

했다. 국회에서 탄핵 소추안이 가결될 당시 탄핵을 반대하는 의원들이 그토록 치열하게 항의했던 이유도, 국민들이 탄핵 반대를 외치며 대규모 촛불집회를 열었던 것도 대통령 탄핵의 사유를 도무지 받아들일 수 없었기 때문이었음을 말해 주었다. 반대로 탄핵을 찬성하는 사람들은 어땠을까. 탄핵 가결 당시 박근혜 의원이 웃음을 짓고 있는 사진을 보여 주니 아이들은 충격을 받았는지 흥분해서 저마다 한마디씩 했다. 그리고 노무현 대통령을 어떤 이유로 무시하고 조롱했는지 웹툰을 보며 짧게 이야기를 나누었다.

박근혜 대통령 때 70% 이상의 국민들이 탄핵을 찬성했던 것과는 달리 65% 이상의 국민들이 노무현 대통령의 탄핵을 반대했으며, 헌법재판소도 탄핵 사유를 인정하지 않아 탄핵을 기각시켰던 최초의 사태. 아이들도 재판의 결과를 만족스러워하는 것 같았다. 마지막으로 헌법재판소의 판결 영상을 보면서 대통령 탄핵의 근거는 헌법에 있는 것임을 다시 한 번 짚어 주면서 수업을 마무리했다.

2.
영화 〈변호인〉 보기

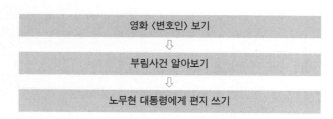

1. 영화 〈변호인〉 보기

2. 부림사건 알아보기
-부림사건의 개요
-부림사건에 연관된 사람들의 삶 알아보기

3. 노무현 대통령에게 편지 쓰기

두 번째 소주제는 노무현의 삶을 담은 영화 〈변호인〉을 보며 시작했다. 노무현 대통령 전체의 삶을 담은 영화는 아니지만, 부림사건을 중심으로 그가 인권문제에 관심을 갖게 되는 과정을 그리고 있다. 그 후 인권 변호사, 정치인으로 살아가는 모습이 영화에 나오지는 않지만 앞으로 그가 어떻게 살아가게 될지 쉽게 예상할 수 있다.

영화를 보고 난 후 부림사건에 대해 좀 더 알아보았다. 부림사건의 피해자들이 어떻게 되었는지, 그 사건의 재판을 맡았던 검사들은 누구인지, 그 검사들은 어떤 삶을 살아왔는지도 더불어 알아보았다.

마지막 활동으로는 노무현 대통령에게 편지를 썼다. 영화를 봐서인지 노무현 대통령의 삶과 연결된 이야기를 많이 썼고, 돌아가신 것이 안타깝다는 이야기도 있었다. 노무현 대통령님이 못 이룬 꿈을 자신들이 이루겠다고 말하는 아이도 있었고, 천국에서 잘 지내시길 바란다는 아이도 있었다.

아이들의 반응을 보면서 〈변호인〉 영화를 본 것은 적절한 선택이었다는 생각이 들었다. 적절한 영화를 선택하면 수업의 의도를 구현하는 데 도움이 많이 된다. 〈변호인〉 또한 그랬다.

3.
사람 사는 세상을 꿈꾸었습니다

인간 노무현
⇩
대통령 노무현
⇩
노무현의 자취

1. 인간 노무현
-부림사건을 통해 인권 변호사의 길을 걷게 됨

2. 대통령 노무현
-참여, 자율, 분권 정책
-국민소득 및 경제 성장률 증가
-독도 연설, 작전통제권 연설, 6월 항쟁 연설 등

3. 노무현의 자취
-서거 후 국민의 화합과 사회 여러 분야에 영향을 줌

　현대사를 거꾸로 접근하는 수업은 역사적으로 가까운 시기여서 쉽고 사실적으로 알 수 있음과 동시에 정치적인 요소가 다분해 최대한 객관성을 유지하며 수업이 이루어져야 한다. 물론 교사도 사람이기에 완벽하게 객관적으로 가르치는 것은 어렵다. 그러나 이를 유지하려는 최소한의 노력조차 없다면, 아이들이 그릇된 역사적 판단력과 상상력을 갖게 될 수도 있을 것이다. 게다가 특정 인물에 대한 내용이라면 한 명의 교사 또는 소수의 몇몇이 판단하기에는 많은 어려움이 있을 것이라 생각한다.

이런 측면에서 생각했을 때, 노무현 전 대통령(이하 노무현)의 인생 전반을 알아보는 것은 매우 조심스러울 수밖에 없었다. 아무리 뛰어난 사람이어도 잘못한 점이 있고, 상식 이하의 판단을 했던 인물도 잘한 점 한두 가지는 있기 때문에, 어느 한 인물에 대해 이야기할 때는 공과의 사실부터 분명히 다루어야 한다고 생각했다. 그래서 노무현을 인간 노무현(성장 과정), 대통령 노무현(재임 시절 활동), 노무현의 자취(퇴임 이후)로 구분하고 사실에 근거한 내용들을 먼저 다루기로 했다. 앞서 영화 〈변호인〉을 감상했기 때문에 노무현을 이해하는 데는 분명 도움이 되었을 것이다.

우선, 인간 노무현부터 시작하여 노무현의 성장 과정에 대해 알아보았다. 이 부분에서 중요한 것은 노무현이 사법시험에 합격해서 변호사로 활동했으나 어떤 계기로 인권에 관심을 가졌는가 하는 것이다. 그 과정에서 1981년 부림사건에 대해 알아보았고, 여기에는 불법 체포 및 감금, 그리고 구타와 고문 등의 인권 유린의 내용이 있음을 다루게 되었다. 최근 들어 사건의 피해자들이 무죄 판결과 배상 판결을 받으면서 부림사건이 민주화운동 세력을 탄압하고자 했던 사건으로 공식적으로 인정이 된 셈이다. 우리 현대사에서 가장 핵심은 사실 민주화라

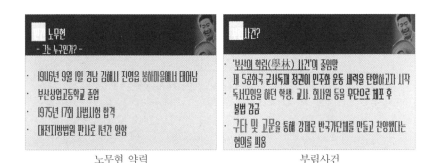

노무현 약력   부림사건

고 해도 과언이 아니다. 하지만 필자인 나조차도 겪지 않은 민주화 과
정을 전혀 다른 세계에 살고 있는 지금의 아이들에게 어떻게 쉽고 바
르게 이해하고 판단하도록 할 수 있을까 하는 고민이 생겼다. 다행히
아이들은 촛불시위라는 살아 있는 민주 운동을 겪었고, 여기에 민주화
운동 당시 촬영했던 많은 영상들을 수업 자료로 참고하면서 이해를 도
왔다.

　다음으로 노무현 대통령 재임 시절에 대해 다루었다. 여러 내용을
잘한 점과 못한 점으로 나누어 살펴보았다. 사실 수많은 공과가 있지
만, 어른들도 잘 알지 못하는 내용을 아이들이 이해하는 것은 매우 어
렵다. 그래서 상속증여세, 부동산정책, 경제 성장률 등 다양한 분야
의 여러 정책과 용어들을 아이들 주변의 소재들을 예로 들어 쉽게 이
해할 수 있도록 했다. 그런 후에 다양한 정책들이 누구를 위한 정책인
지에 대해 이야기해 보는 시간을 가졌다. 어른들을 위한 정책, 부자들
을 위한 정책, 일반 국민들을 위한 정책 등 생각할 수 있는 모든 의견
이 나왔다. 그리고 이런 정책들을 왜 만들게 되었는지에 대해서도 의견
을 나누었다. 이를 바탕으로 대통령의 공과를 판단하는 기준이 무엇인
지에 대해 이야기해 보았다. 여전히 한계에 부딪혔지만, 전에 다루었던
박근혜와 비교하면서 국민을 진심으로 생각하는 마음이 있는지, 모두
가 행복하게 살 수 있게 하는 정책인지와 같은 기준을 생각해 내는 아

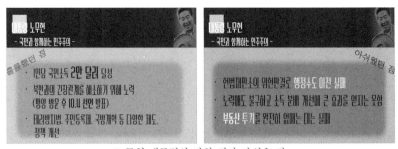

노무현 대통령의 잘한 점과 아쉬운 점

<table>
<tr><td>

대통령의 서거

· 이후 노무현 대통령을 지지했던 사람들은 정치인, 작가, 방송인 등으로 여러 방면에서 활동
· 노무현 전 대통령을 소재로 한 영화 '변호인', '노무현입니다'
· 당시 문재인 대통령 비서실장이 2017년 제19대 대통령으로 당선
· 노무현 전 대통령의 고향이자 서거 장소인 봉하마을은 김해 최고의 관광지가 되었고, 국민들이 많이 찾는 명소가 됨

</td><td>

봉하마을은?

· 현재 대통령 묘역이 있으며, 18,000명의 시민이 추모글을 새긴 15,000개의 돌이 깔려 있음
· 2009년 서거 이후 매년 730,000명이 봉하마을을 방문함

</td></tr>
<tr><td align="center">대통령의 서거</td><td align="center">봉하마을</td></tr>
</table>

이들도 있었다.

마지막으로 노무현의 퇴임 이후에 대해서 살펴보았다. 퇴임 후에도 국민들과 대화의 시간을 가졌다고 하는 부분에서 아이들은 '마음이 따뜻한 것 같다', '대통령인데 굳이 그럴 필요가 있을까?' 등 여러 의견이 있었지만, 어쨌든 일주일의 대부분을 만남의 시간을 가졌다는 점은 대단하다고 이야기했다.

노무현에 대해 많은 것을 알아보고 이야기를 나누었지만, 한 사람을 전부 아는 것은 여전히 불가능하다. 하지만 역사를 배우는 근본 목적을 생각했을 때, 사건사가 아닌 인물사에서 특정 인물에 대해 판단하고 평가하는 방법과 기준에 대해 한 번이라도 생각해 볼 수 있는 기회를 가졌다는 점에서 그 의미가 있었다고 생각한다. 초등학생 아이들이 배우는 역사는 옳고 그름을 판단하는 것보다 올바르게 판단하는 방법을 알게 되는 것이 더 바람직하다고 생각하기 때문이다.

4.
그가 사랑한 노래, 「상록수」

대선 광고 속 「상록수」 감상하기
⇩
「상록수」 가사 빈칸 채워 보기
⇩
「상록수」 함께 불러 보기

1. 대선 광고 속 「상록수」 감상하기
- 노무현 대통령의 대선 광고 살펴보기

2. 「상록수」 가사 빈칸 채워 보기
- 노래 들으며 가사 빈칸 채우기

3. 「상록수」 함께 불러 보기
- 노래 가사를 생각하며 「상록수」 함께 불러 보기
- 왜 「상록수」를 좋아하게 됐는지 인물의 삶과 연관 지어 생각해 보기

이번 수업은 아이들과 노무현 대통령에 관한 수업을 마무리하는 차시이다. 현대사 수업을 하면서 영상 자료와 교사들이 제작한 프리젠테이션 자료로 수업을 하다 보니 아이들의 활동에 대한 아쉬움이 항상 남았다. 그래서 아이들과 함께 할 수 있는 마무리 활동을 생각해 보다가 노무현 대통령이 사랑했던 「상록수」라는 노래를 함께 배우고 불러 보는 수업을 계획했다.

먼저 「상록수」를 사용했던 대선 광고를 보여 주었다. 아이들에게 대

| 대선 광고 속 「상록수」 | 「상록수」 불러 보기 |

선 광고에도 사용할 정도로 노무현 대통령은 이 노래를 사랑했다고 말해 주었다.

그리고 아이들에게 이렇게 물었다. "왜 「상록수」라는 노래를 좋아하셨을까?" 그러자 아이들 중 한 명이 대답했다. "우여곡절이 많으셨지만, 항상 푸르른 상록수처럼 변하지 않겠다는 생각이 담긴 것 같습니다."

이전 수업에서 노무현 대통령의 삶을 공부해서인지 아이들은 「상록수」를 좋아했던 노무현 대통령의 마음을 이해했다. 수업의 흐름은 매우 간단했다. 노래를 들어 보고 함께 불러 보았다. 아이들이 노래에 더욱 집중할 수 있도록 노래 가사 빈칸 채우기 학습지를 나눠 주고 노래를 듣게 했다. 이렇게 했더니 아이들이 가사의 내용에 조금 더 집중할 수 있어서 좋았다. 멜로디가 계속 반복되다 보니 아이들이 쉽게 따라 할 수 있었다. 그리고 노무현 대통령이 생전에 활동했던 사진들이 나오는 뮤직비디오를 함께 보여 주었는데, 아이들과 장난치고 시골에서 농사지었던 대통령의 모습을 더욱 친근하게 느끼는 듯했다.

봉하마을이 가깝다면 아이들과 현장학습을 가 보고도 싶었지만, 거리가 너무 멀어 포기했다. 그에 대해 좀 더 자세히 알아보고도 싶었다. 하지만 조금 더 시간이 흐른 후 중학생, 고등학생이 되어서 더 알아보아도 늦지 않으리라 생각하고 과감히 생략했다.

노무현 대통령 수업은 짧은 수업이었다. 의도에서 밝힌 것처럼 그를 낱낱이 파헤치는 것이 아직은 죄송하다는 마음이 있고, 그의 삶과 업적에 대한 평가는 시간이 좀 더 흐른 후 하는 것이 좋겠다는 마음에서 수업을 짧게 계획했다.

수업이 끝나고 난 후 아쉬움이 남는다. 그의 삶 전체를 다루지 않아 알맹이가 빠진 것 같은 마음이 들기도 했고, 대통령으로서의 공과를 좀 더 알아보았어야 했는데 하는 생각이 들기도 했다. 추후 노무현 대통령 수업은 보강을 해야겠다는 생각을 하며 수업을 마쳤다.

5.
북한의 정상을 최초로 만난 대통령은?

수업의 의도와 개요

'북한의 정상을 최초로 만난 대통령은?' 이 수업은 2018년 4월 27일
에 개최된 제3차 남북정상회담 시기에 맞춰 계획했다. 김대중 대통령
(이하 존칭 생략)의 삶과 대북정책을 통해 민주주의를 지키기 위한 그
의 노력, 남북정상회담 및 남북 관계 개선의 이점에 대해 생각해보고
자 했다. 나아가 인류애와 평화를 실현하기 위해 노력한 사람들의 사례
를 알아보고 세계 시민으로서 어떤 자세를 가져야 할지 생각해 보도
록 했다. 시의적절하게 이 수업을 할 즈음 제3차 남북정상회담이 개최
되었고, 당일 학급에서 생중계를 함께 시청하며 수업의 의미를 되새기
도록 했다. 현재와 연결 지어 과거 1, 2차 정상회담의 역사까지 돌아보
는 수업을 계획할 수 있어서 더욱 좋았다. 또한 앞으로 예정된 북미정
상회담, 변화될 주변국들의 상황, 우리나라와 그들의 관계에 대한 기대
를 담은 내용까지 수업의 범위를 넓혀 보고자 했다.

수업은 크게 세 가지 소주제로 나뉜다. 첫째, '두 정상의 만남' 수업
에서는 4·27 제3차 남북정상회담 당시 문재인 대통령·김정은 위원장
이 만나는 모습을 담은 사진부터 바로 전 수업에서 공부했던 노무현
대통령·김정일 위원장이 만나 악수하는 장면 등 역사적인 사진들을
차례로 살펴봤다. '북한의 정상을 최초로 만난 대통령은 누구일까?'라
는 질문을 던지며 북한의 정상을 만난 문재인 대통령이 우리나라 최초
로 북한의 정상을 만난 사람이 아니고, 남북정상회담을 최초로 개최한
대통령이 이 수업의 주인공임을 소개해 주었다. 이어서 과거 남북 관계
개선을 위한 어떤 노력들이 있었는지 알아보고, 특히 김대중 대통령의
햇볕정책을 짚어 보기로 했다. 남북 관계가 개선되었을 때 우리가 얻을
수 있는 이로운 점을 적어 보도록 한 후 자연스럽게 평화통일의 필요
성을 생각해 보도록 했다.

둘째, '오사일생' 수업에서는 OX 퀴즈로 알아보는 김대중의 삶, 역대 대통령과 정권교체의 의미, 인물 다큐멘터리 시청 후 김대중 주변의 인물들의 관계에 대해 탐구했다. 김대중이 민주화운동 과정에서 다섯 번의 죽을 고비를 겪은 사실을 나타내기 위해 '오사일생'이라는 낱말을 사용했다. 6학년 사회과 성취기준 중에 '주요 사건에 대한 시각 자료를 중심으로 국민들의 자유민주주의를 위한 노력을 이해한다'가 있다. 현대사에서 김대중이라는 인물은 '군사정권에 끝까지 맞서 민주화운동을 강력히 전개함으로써 대중적인 카리스마를 얻었으며, 세계적으로는 한국의 인권투사(출처-다음백과)'로 평가되고 있어 인물 다큐멘터리 시청을 통해 해당 성취기준에 도달할 수 있을 거라고 생각했다. 시청한 내용을 바탕으로 인물관계도를 그려 보면 김대중의 삶의 굴곡을 심도

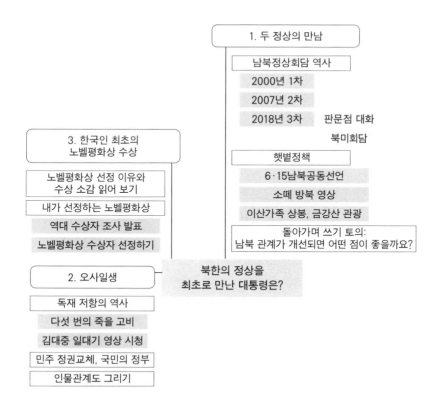

있게 정리할 수 있으리라 기대했다.

셋째 '한국인 최초의 노벨평화상 수상' 수업에서는 '노벨평화상'의 의미와 우리나라 유일의 수상자가 김대중임을 설명했다. 당시 노벨위원회의 선정 이유, 김대중의 수상 소감 연설을 살펴봤다. 역대 노벨평화상 수상자들을 조사해 본 뒤, 아이들 각자가 선정한 노벨평화상 수상자에게 상장 문구를 써 보는 활동으로 수업을 마무리했다. 이 수업 내용은 도덕과 성취기준 중 '지구촌 시대에 인류가 서로 돕고 평화롭게 살아야 하는 이유를 이해하고, 인류를 사랑하고 평화로운 세상을 만들기 위해 노력하는 태도를 지닌다. 이를 위해 인류애 및 평화가 인류의 삶에 얼마나 중요한지를 설명하고, 인류애와 평화를 실현하기 위해 노력하고 있는 사람들의 사례를 찾아본다'와 연계했다.

세계 유일의 분단국가로 남아 있는 우리나라에 주변국들의 이해관계가 얽혀 있고, 세계적으로도 많은 관심이 쏠리고 있다. 아이들과 시사 뉴스를 함께 시청하며 현 정부가 주변국들과 함께 평화체제로 가기 위해 노력하고 있으며, 이 노력이 우리의 삶에 어떤 긍정적인 영향을 주는지 이야기 나누었다.

	소단원 명	소단원 주요 내용	관련 성취기준	차시량
1	두 정상의 만남	• 북한의 정상을 최초로 만난 사람은 누구일까? - 문재인, 김정은 → 노무현, 김정일 → 김대중, 김정일 만남 모습을 사진으로 연결 • 남북정상회담의 역사 • 햇볕정책 • 남북 관계 개선의 이점	도덕: -우리 각자가 추구하는 통일의 모습이 보편적이고 상생적이며 현실적인지를 살펴보고, 보다 바람직한 통일 한국의 미래상 실현을 위해 노력하는 자세를 기른다. 사회: -대한민국의 미래와 평화통일을 위해 할 수 있는 일들을 알아본다.	1
2	오사일생	• 독재 저항의 역사 - 다섯 번의 죽을 고비 - 김대중 다큐멘터리 시청 • 민주 정권교체, 국민의 정부 • 모둠별 인물관계도 그리기	사회: -주요 사건에 대한 시각 자료를 중심으로 국민들의 자유민주주의를 위한 노력을 이해한다.	4
3	한국인 최초의 노벨평화상 수상	• 노벨평화상 선정 이유, 수상 소감 • 역대 노벨평화상 수상자 • 내가 선정하는 노벨평화상	도덕: -지구촌 시대에 인류가 서로 돕고 평화롭게 살아야 하는 이유를 이해하고, 인류를 사랑하고 평화로운 세상을 만들기 위해 노력하는 태도를 지닌다. 이를 위해 인류애 및 평화가 인류의 삶에 얼마나 중요한지를 설명하고, 인류애와 평화를 실현하기 위해 노력하고 있는 사람들의 사례를 찾아본다.	2

1.
두 정상의 만남

문 대통령과 김 위원장의 만남 사진
⇩
남북정상회담의 역사
⇩
김대중 대통령의 햇볕정책
⇩
남북 관계가 개선되면 어떤 점이 좋을까요?

1. 문 대통령과 김 위원장의 만남
- 문재인 대통령과 김정은 국무위원장의 만남이 성사된 장면 보고 이야기
  나누어 보기
- 북한의 정상을 최초로 만난 대통령은 누구일까?

2. 남북정상회담의 역사
- 3차 남북정상회담 계획 과정과 진행 과정 알아보기
- 2차 남북정상회담의 진행 과정과 얻은 효과 알아보기
- 1차 남북정상회담의 진행 과정과 얻은 효과 알아보기

3. 김대중 대통령의 햇볕정책 알아보기
- 이산가족 상봉 영상 시청: http://go9.co/NQj 3분
- 금강산 관광 사진 보기
- 정주영 회장의 소떼 방북 뉴스 시청: http://go9.co/NQk 33초

4. 남북 관계가 개선되면 어떤 점이 좋을까요?
- 남북 관계가 개선되면 좋은 점 고민하여 돌아가며 쓰기

'두 정상의 만남' 수업은 분단 이후 3차례 진행되었던 남북정상회담에 대해서 자세히 알아보고, 통일의 필요성과 남북한 교류의 중요성을 느껴 보기 위해 준비했다. 문재인 대통령과 김정은 국무위원장이 판문점에서 만나는 역사적인 순간을 보면서 학생들과 이야기를 나누며 수업을 시작했다. 수업은 3차 남북정상회담이 열리는 4월 27일부터 진행되었다. 분단 이후 단 세 차례에 불과한 역사적인 만남의 순간을 아이들과 함께 나눌 수 있음이 감격스러웠다. 아이들은 생중계 장면을 보며 가슴 떨려 하고, 두 정상이 손을 맞잡을 때는 옆 친구와 함께 손을 맞잡으며 감동을 나눴다. 하교 후에도 정상회담 관련 생중계를 가정에서 시청하며 SNS(클래스팅-학급 소통 어플)에 소감을 나누기도 했다.

　3차 정상회담의 감격을 함께 나누며 남북의 정상이 만났던 순간들이 이번이 처음이 아님을 설명하며 과거의 남북정상회담을 이야기했다. 2차 정상회담은 노무현 대통령과 김정일 전 국방위원장이 만났다는 사실과, 당시의 시대적 상황과 정상회담으로 얻은 효과를 자세히 알아보았다. 다음은 김대중 대통령과 김정일 전 국방위원장이 만났던 1차 남북정상회담을 다루었다. 6·15 남북공동선언문도 같이 읽고 내용을 알아보았다. 통일과 교류에 대한 여러 가지 조항들을 살펴보니 3차 정상회담의 판문점 선언과 유사한 내용이 많았다.

　이어서 김대중 전 대통령의 햇볕정책에 대해서 알아보았다. 김대중

3차 정상회담 생중계를 시청하는 모습　남북 관계 개선의 좋은 점 돌아가며 쓰기

대통령이 북한과 교류를 통해 얻은 성과들을 자세히 알아보았다. 이산가족 상봉, 금강산 관광, 소떼 방북 영상을 살펴보며 김대중의 대북정책에 대해 살펴보았다.

마무리 활동으로 이처럼 남북 관계가 긍정적으로 개선되면 어떤 점이 좋을지 모둠별로 토의를 했다. 모둠별로 돌아가며 자신의 생각을 적게 했고, 많이 쓰는 것보다는 돌아다니며 서로의 의견을 참고하고, 이를 바탕으로 더 다양한 의견을 생각해 보도록 격려했다. 좋은 점을 10가지 이상 쓴 모둠도 많았다. 이 활동을 통해 아이들이 남북 관계 개선의 좋은 점들을 스스로 생각해 보고, 자연스레 통일의 필요성에 대해 느껴 보길 바랐다. 토의를 통해 남북 관계 개선 및 통일에 대한 기대감을 품은 아이들이 늘었고, 적정한 학습 목표를 달성했다고 판단했다.

2.
오사일생

독재 저항의 역사
⇩
민주 정권교체, 국민의 정부
⇩
인물관계도 그리기

1. 독재 저항의 역사
- 김대중에 관한 배경지식 알아보기
- 김대중에 관한 OX퀴즈
- 다섯 번의 죽을 고비

2. 민주 정권교체, 국민의 정부
- 정권교체의 뜻 알아보기
- 선거를 통한 평화적 정권교체의 사례 찾기
- 헌정사상 최초 야당에 의한 정권교체, 국민의 정부 의미 알기

3. 인물관계도 그리기
- 김대중 일대기 시청
- 김대중과 주변의 인물관계도 그리기

　이번 소주제는 '김대중'이란 인물에 관해 알아보고, 그의 정부(국민의 정부)가 가진 의미를 파악하는 수업이었다. 김대중 전 대통령이 평생 다섯 번의 죽을 고비를 겪었다는 것에 착안하여 '오사일생'이라는

제목을 붙였다.

첫 번째는 김대중 전 대통령에 관한 인물 지식을 다루는 활동을 진행했다. 맨 처음 김정일 위원장과 악수하는 김대중 전 대통령(이하 김대중)의 모습 등 여러 사진을 보여 주고 그에 관해 이미 알고 있는 사실들을 적어 보게 했다. 이전 학습으로 이미 김대중이 최초로 남북정상회담을 진행한 대통령이라는 것을 알고 있었고, 배경지식이 있는 학생들은 한국인 최초 노벨평화상을 받은 사람이라는 것 정도는 알고 있었다. 연이어 OX퀴즈를 통해 김대중의 일생에서 중요한 내용들을 설명하고, 다섯 번의 죽을 고비에 대해 알아보았다. 특히 박정희 전 대통령, 전두환의 정치적 라이벌이었으며, 평화적·민주적 정치인의 상징이었던 까닭에 많은 위협과 박해를 받았다는 사실을 강조했다.

두 번째로 대한민국 역대 대통령의 모습을 보여 주며, 정권교체의 의미를 알려 주었다. 이 중 선거를 통한 정권교체가 이루어진 사례가 있는지 아이들에게 찾아보게 했다. 19대(문재인), 15대(김대중) 등의 대통령은 잘 찾았지만 대다수의 학생들은 16대(노무현)에서 17대(이명박)로 이어진 정권교체는 찾지 못했다. 세 번의 정권교체 중 특히 김대중 대통령의 정권교체가 가진 의미를 집중하여 설명했다. 당시 선거 비율그래프를 통해 김대중 대통령(당시 야당)의 득표율을 알려 주고, 대한민국 헌정 역사상 최초의 정권교체였음을 설명했다. 또한 김대중 대통령 취임사 영상의 앞부분을 보며 김대중 정부가 국민의 정부임을 표현한 부분을 짚어 주었다.

마지막 활동으로는 김대중의 파란만장한 삶을 다룬 인물 다큐멘터리를 시청하고, 그와 관련 있는 주변 인물들을 떠올리며 인물관계도를 그려 보게 했다. 김대중을 두려워하고 제거하려 한 여러 독재자들과 그를 든든히 도왔던 사람들, 같은 목표를 가진 동지에서 변심한 사람들… 모둠별로 여러 인물들과의 관계에 대해 의견을 나누고 협력, 대립, 가족 등으로 표현해 보게 했다. 이와 더불어 간략히 이유를 정리하도록 했다. 협력 관계에서 대립 관계가 되기도 하는 등 인물 사이의 관계가 복잡했지만 아이들은 토의를 통해 자세히 표현해 냈다. 결과물을 함께 공유하는 활동으로 '오사일생' 소주제 수업을 마무리했다.

인물관계도를 표현하는 모습과 완성된 결과물

3.
한국인 최초의 노벨평화상 수상

노벨평화상 선정 이유와 수상 소감 읽어 보기
⇩
역대 노벨평화상 수상자 조사 및 발표하기
⇩
내가 선정하는 노벨평화상

1. 노벨평화상 선정 이유와 수상 소감 읽어 보기
- 노벨평화상에 대해 알아보기
- 김대중 대통령의 노벨평화상 선정 이유 추측해 보기
- 김대중 대통령의 노벨평화상 선정 이유 학습지로 읽어 보기
- 노벨평화상 수상 소감 영상 보기, 노벨평화상 수상 소감 학습지로 읽어
  보기

2. 역대 노벨평화상 수상자 조사 및 발표하기
- 역대 노벨평화상 수상자 조사하기: 이름, 국가, 수상 연도, 선정 이유 알
  아보기
- 조사한 내용 공유하기

3. 내가 선정하는 노벨평화상
- 내가 노벨평화상 수상자를 선정한다면?: 선정 대상 정하고 그 이유
  적기

'북한의 정상을 최초로 만난 대통령은?' 김대중 대통령 수업의 마지

막은 한국인 최초로 노벨평화상을 수상한 내용을 다루기로 계획했다. 먼저 노벨상이 생소할 수도 있는 아이들에게 노벨상의 역사와 종류에 대해 설명했다. 이어서 한국인 중 유일하게 노벨평화상을 수상한 사람이 누구인지 질문하자 김대중 대통령이라고 쉽게 답했다. 그렇다면 왜 김대중 대통령이 노벨평화상을 수상했는지 이유를 생각해 보도록 했다. 아이들은 앞선 소주제 내용을 통해 북한과의 관계를 개선했기 때문이라는 답변을 했다. 이와 더불어 독재에 저항한 그의 민주화 정신을 인정받아 노벨평화상을 수상했음을 설명하고 당시의 선정 이유가 담긴 학습지를 함께 읽어 봤다. 그 후 김대중 대통령의 노벨평화상 수상 소감 영상을 시청했다. 영상이 13분 정도이고 내용이 쉽지 않아서 학습지를 준비하여 함께 보도록 했다.

영상을 시청한 뒤에는 역대 노벨평화상 수상자들을 조사해 보는 활동을 했다. 누가 어떤 이유로 노벨평화상을 수상했는지, 세계 평화에 어떤 기여를 했는지 알아보면 좋겠다는 생각으로 계획했다. 조사가 어

노벨평화상 선정 이유

노벨평화상 수상 소감

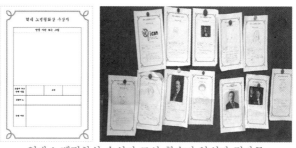

역대 노벨평화상 수상자 조사 학습지 양식과 결과물

렵지 않도록 간단한 양식을 제공했다. 되도록 과제보다는 수업시간 내에 개인 스마트폰이나 컴퓨터실 활용을 통해 조사하는 방향으로 했다. 조사 내용은 '수상자 이름 또는 단체명, 국적, 수상 연도, 수상 이유'였다. 인물 사진을 넣도록 했고, 출력이 어려울 경우 그리기로 대체했다. 단체의 경우 사진란에는 상징을 넣도록 했다. 조사해 보니 기대했던 것보다 더욱 다양한 수상자들이 나왔고 그중 오바마 대통령이 여러 번 수상한 사실도 알게 되었다. 그 외에 무함마드 유누스와 그라민 은행, 넬슨 만델라, 테레사 수녀, 슈바이처 등 우리가 배운 내용과 관련되거나 친숙한 인물들도 있었다. 조사한 내용을 돌아가며 발표하고 칠판에 게시하니 아이들이 앞으로 나와 관심 있게 친구들의 학습지를 관찰했다. 이러한 활동을 통해 아이들이 세계 시민으로서 어떠한 태도를 가져야 하는지 더 생각했으리라 기대한다.

　마지막 활동으로는 노벨평화상 수상자를 직접 선정해 보는 활동을 했다. 선정 대상의 범위를 특별히 제한하지 않고, 가정·학교·우리 지역·우리나라·세계 여러 나라 등 모두 생각해 보라고 했다. 노벨평화상의 의미를 생각해 보며 개인적인 이유보다는 많은 사람들의 평화에 기여한 인물로 고민을 해보라고 제안을 하기도 했다. 시간이 부족해서 이 내용은 과제로 제시했고, 다음 시간에 발표를 했는데 흥미로운 내용들이 많아 수업이 재밌었다. 가장 많이 나온 수상자는 문재인 대통

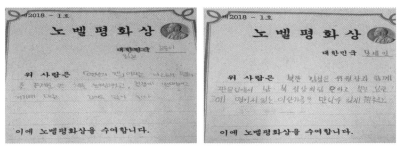
'내가 선정하는 노벨평화상' 결과물

령이었고, 그 이유는 당시 3차 남북정상회담이 연일 화제가 되던 상황
이었기에 북한과의 판문점 협상 및 관계 개선, 비핵화를 위한 노력 때
문이라는 의견이 많았다. 그 외로는 우리 반 학급 임원, 우리 엄마, 작
년 및 올해 담임선생님과 같이 가까운 대상이 많았고, 평화에 대한 글
을 쓴 외국의 작가를 선정한 학생이 있어 눈에 띄었다. 다른 학급의 경
우 안중근, 유관순 등 과거의 인물을 선정한 학생들도 있었다.

서로에게 노벨평화상을 선물하기도 했으며, 우리 주변과 국가와 국
가 간에도 평화가 필요하다는 것을 이야기하고 수업을 마무리했다.

아이들에게 고 김대중 대통령은 다른 대통령에 비해 비교적 유명하다. 아마도 노벨평화상을 받은 인물이기 때문인 것 같다. 그러나 김대중 대통령이 장애를 얻어 지팡이 없이 걷기 힘든 분이라고 하면 놀랄 것이다. 그가 어떤 삶을 살아왔는지는 잘 모르기 때문이다. 아이들은 김대중 대통령이 몇 번의 죽을 고비를 넘겨 가며 민주주의를 지키기 위해 싸웠던 인물이라는 것을 거의 몰랐다.

이 수업은 그의 삶을 찬찬히 조명해 보고 우리가 감사해야 할 점과 기억해야 할 점을 찾아보는 것을 목표로 삼았다. 특히 남북 관계에서만큼은 혜안을 갖고 그 누구보다 한 발 앞서 노력했다는 점을 후손으로서 꼭 기억해야 함을 강조했다. 남북 관계 중심으로 수업을 계획하다 보니 이 이외의 공과에 대해서는 다루지 못했지만, 아이들이 김대중 대통령에 대해 호기심과 관심을 가지게 된 것만으로도 충분했던 수업이었다.

6.
너는 1987년에 일어난 일을 알고 있니?

지금은 너무도 당연한 한 표이건만, 한때는 그렇게도 염원하던 한 표였다. 직접선거를 쟁취하기 위해 시민들은 얼마나 많은 피를 흘려야 했던가. 권력이란 대체 어떤 속성을 가지고 있길래 누군가는 그것을 절대로 놓지 않으려 했을까.

아이들의 시점에서 1987년은 30년도 더 된 까마득한 한 해일 것이다. 하지만 우리는 1987년의 그 뜨거움을 기억한다. 오늘의 우리는 박종철이, 이한열이, 스러져 간 젊은 청춘들이, 하나가 되어 광장에 모였던 그 메아리가 그립다.

광장에서 쟁취한 민주주의의 과정과 역사를 설명할 때 으레 선과 악의 대결이라는 뻔한 구도로 가기 쉽다. 그러나 지금의 민주주의 국가는 권선징악의 결과물이 아니다. 전두환은 그렇게 많은 사람을 죽였지만 과거의 범죄를 모두 부인하고 천수를 누리고 있다. 역사는 그렇게 단순하게 흐르지 않았다. 오히려 지금의 대한민국은 공포와 억압의 상황 속에서도 끊임없이 투쟁하며 불꽃같은 삶을 살았던 이들의 선택으로 만들어졌다. 현대사를 입체적으로 이해하려면 때로는 역사가 선택과 또 다른 선택 간의 갈등으로 이루어졌다는 데 초점을 맞출 필요가 있다.

〈1987〉은 그러한 선택이 잘 드러난 영화이다. 이 영화는 아이들이 역사적 상황에 몰입할 수 있는 좋은 교육 자료가 되었다. 영화는 역사의 드라마를 충실히 재현했다. 영화 속 선인과 악인은 지금의 입장에서 보면 너무나 명백하다. 그러나 영화 속 주인공들에게 왜 그런 선택을 했느냐고 묻는다면 모두가 자신에게는 나름의 소명이 있었다고, 그래야만 했노라고 이야기할 것이다.

우리는 6월 항쟁의 과정과 결과를 아는 데 그치는 수업이 아니라 당시의 역사적 상황 속에서 인물의 선택을 이해하고 공감하는 수업을 만들고자 했다. 손바닥으로 하늘을 가릴 수는 없듯 비겁한 변명으로 추악한 범죄를 가릴 수는 없다. 하지만 끔찍한 독재의 과오가 다시 반복되지 않으려면 독재 정권과 그 하수인들이 가진 욕망을 이해해야 할 것이다. 인물 인터뷰는 1987년 속 다양한 욕망을 가진 인물에 대한 이해와 공감의 시도였다.

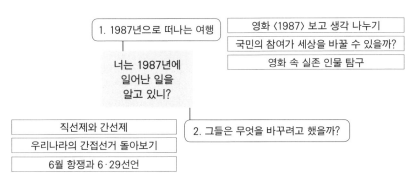

수업의 흐름

	소단원 명	소단원 주요 내용	관련 성취기준	차시량
1	1987년으로 떠나는 여행	• 〈1987〉 영화 보고 생각 나누기 • 각 인물이 처한 상황과 인물의 생각 분석하기 • 참여의 진정한 의미에 대해 생각 나누기 • 인물의 삶과 가치관에 대해 탐구하기	사회: - 주요 사건에 대한 시각 자료를 중심으로 국민들의 자유민주주의를 위한 노력을 이해한다. - 대한민국의 미래와 평화통일을 위해 할 수 있는 일들을 알아본다.	4
2	그들은 무엇을 바꾸려고 했을까?	• 직선제와 간선제 비교하기 • 우리나라 역대 대통령 선거 알아보기 • 6월 항쟁과 6·29선언에 대해 알아보기 • 1987년 6월에 대한 모둠 문장 만들기		2

1.
1987년으로 떠나는 여행

| 영화 〈1987〉 보기 |
| ⇩ |
| 생각 나누기 |
| ⇩ |
| 짧은 글 쓰기 |
| ⇩ |
| 영화 속 실제 주요 인물 탐구 |

1. 영화 〈1987〉 보기

2. 생각 나누기
- 영화 시청 후 생각 나누기
- 교도관이 밝히려고 했던 진실은?
- 학생들과 시민들이 데모를 했던 이유는?
- 언론(신문기자, 방송기자 등)의 역할은 무엇이라고 생각하나요?
- 포승줄을 찼던 박 처장과 그 당시 정권은 변변찮은 사과 한번 하지 않았습니다. 여러분은 이에 대해 어떻게 생각하나요?

3. 짧은 글 쓰기
- 주제: 국민의 참여가 세상을 바꿀 수 있을까?

4. 영화 속 실제 주요 인물 탐구 및 카카오 채팅 인터뷰하기
- 5명의 영화 속 실존 인물 탐구하기(5명의 모둠원을 기준으로 '박종철, 이한열, 박처원 치안감, 한재동 교도관, 전두환)

-조사 내용을 바탕으로 모둠별로 인물을 정하여, 실존 인물과 카카오톡 채팅 인터뷰하기
-인터뷰 내용 발표하기

6월 민주항쟁을 자연스럽고 친근하게 도입하기 위하여 본 수업 전에 영화 〈1987〉을 보기로 결정했다. 〈1987〉은 박종철 고문치사사건이 도화선이 되어 6월 민주항쟁으로 불꽃처럼 번져 나간 민주화 과정을 그리고 있다. 초등학생의 입장에서 보면 그저 머나먼 과거의 이야기로 피부에 잘 와닿지 않을 수 있기 때문에 본 수업에 들어가기 전 영화를 보는 것이 아이들이 6월 민주항쟁의 내용을 대략적으로 그려 보는 데 도움이 되리라 생각했다.

영화 〈1987〉

역사에 크게 관심이 있거나 학문적으로 조예가 깊은 성인이 아닌 이상 일반 사람들에게는 다소 어렵거나 친숙하지 않은 내용일 수 있어 아이들에게 영화를 보기 전 충분한 사전 정보를 제공했다. 영화의 대략적인 줄거리, 인물 간 관계도, 사건간의 연계성, 시대적 배경 등 아이들이 어려워할 만한 내용을 사전에 충분히 인지할 수 있도록 했다. 뿐만 아니라 영화를 보는 중간중간 아이들의 이해를 돕기 위해 설명을 하기도 했다. 결과적으로 아이들은 별 무리 없이 영화를 소화할 수 있었고, 영화의 흐름 뿐만 아니라 박종철 고문치사사건을 시작으로 6월 민주항쟁을 넘어 대통령 직선제까지 인지할 수 있게 되었다.

영화를 본 후 '교도관이 밝히려고 했던 진실은?', '학생들과 시민들이 시위를 했던 이유는?', '언론(신문기자, 방송기자 등)의 역할은 무엇이라고 생각하나요?', '포승줄을 찼던 박 처장과 그 당시 정권은 변변찮은 사과 한번 하지 않았습니다. 여러분은 이에 대해 어떻게 생각하나요?' 등 핵심 발문을 통해 아이들이 놓칠 수도 있는 부분들과 민주항쟁 속에서 중요했던 핵심 과정들을 짚었고, 오늘날 민주화운동이 사람들에게 어떻게 인식되고 있는지와 정부의 보상 및 책임, 더 나아가 먼 미래까지 예측해 보는 시간을 가졌다. 아이들은 생각했던 것보다 영화 속 줄거리를 잘 이해하고 있었고, 몇몇은 역사적 사건이 시사하는 점까지 파악했다. 영화 속에 나오는 검사, 의사, 기자, 신부, 경찰 등 각 인물들의 언행을 자세히 살펴보았고, 민주화를 이루기 위해서 노력했던 수많은 사람들의 희생 및 헌신에 진심으로 감사하기도 했다. 또 그분들의 정신을 이어 받아 성숙한 민주사회를 이룰 수 있도록 다짐하는 시간을 가졌다.

다음으로는 '국민의 참여가 세상을 바꿀 수 있을까?'라는 주제로 짧은 글 쓰기 활동을 했다. 다소 어려울 수 있는 주제이지만 아이들은 지금 배우고 있는 6월 민주항쟁과 국민이 참여했던 또 다른 민주화운동의 공통점을 생각하면서 차분히 자신의 생각을 써 내려갔다. 한 아이는 "국민 한 사람 한 사람의 참여는 너무나도 소중한 것이고, 그것들

국민 참여에 대한 생각 쓰기

이 모여서 나비효과를 일으킨다"며 비유적으로 박근혜 탄핵의 결정적인 계기가 된 촛불집회를 예로 들었다. 또한 근본적으로 정부의 역할은 무엇인지를 짚어 보고, 박근혜 정부의 언론 장악 등에 문제의식을 보이며 비판적 시각을 보였다.

이처럼 아이들은 우리가 생각했던 것보다 영화 〈1987〉에 대해 충분히 동기부여가 되어 있었고 영화 내용을 잘 이해했다. 또한 6월 민주항쟁 및 역사적 사건에 대해서 충분히 생각하고 객관적인 시각으로 바라볼 수 있는 계기가 되었다.

다음으로는 영화에 나온 실존 인물을 탐구하고, 실존 인물과 가상 인터뷰를 해 보는 활동을 했다. 영화에 나온 실존 인물들 중에서 어떤 인물을 인터뷰해 보면 좋을지에 대한 사전 협의를 여러 차례 가진 후, 영화의 주요 인물인 박종철, 이한열과 당시의 대통령인 전두환, 고문을 자행했던 박처원 치안감, 그리고 박종철 고문치사사건을 세상에 알린 한재동 교도관으로 인물을 선정했다.

이렇게 선정된 5명의 실존 인물에 대해 아이들에게 조사해 오도록 과제를 제시했다. 수업시간에는 각자 조사해 온 과제를 함께 공유한 후, 부족한 내용은 교사가 미리 준비한 읽기 자료를 통해 그 인물에 대해 충분히 탐구할 수 있도록 했다. 교사가 준비한 읽기 자료는 어려운 내용을 아이들이 이해하기 쉽도록 준비한 자료였다.

인물에 대해 충분히 탐구를 한 후에는 모둠별로 한 인물을 정하여 인터뷰하는 활동을 했다. 먼저, 아이들이 실존 인물을 탐구했던 내용을 바탕으로 그 인물에 대해 궁금한 내용을 질문하고, 답을 해 볼 수 있도록 했다. 인물 인터뷰를 할 때, "실제 그 인물과 오늘날 채팅창으로 대화를 해 본다면 어떤 질문을 하겠니?"라는 발문으로 허심탄회한 질문 거리를 생각해 볼 수 있도록 했고, 이렇게 받은 질문에 대해 그 인물이 되어, 어떤 답변을 할 것인지 생각해 보도록 했다. 특히, 아이들

읽기 자료: 한재동 교도관

읽기 자료: 이한열

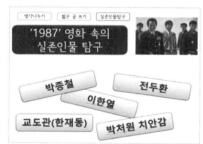

5명의 인물 탐구

카카오* 친구 화면

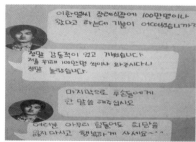

활동 결과물

발표 모습

에게 익숙한 카카오* 채팅 인터뷰 활동은 수업 분위기를 더욱 활기차
게 만들어 주었다.

카카오* 채팅 창으로 완성된 결과물은 발표를 통해 공유했고, 더 궁
금한 점이 있으면 즉석에서 인터뷰할 수 있도록 했다. 아이들은 그 인
물이 오늘날까지 살아 있다면 우리에게 어떤 이야기를 해 주고 싶을지
에 대한 내용도 질문에 담았는데, 답변에는 우리가 잊지 않고 기억해
주길 바란다는 내용이 주로 나왔다. 아이들의 질문과 답변의 예시는
다음과 같다.

인물	질문	답변
박종철	• 박종운과는 무슨 사이였나요? • 부모님께 드리고 싶은 말이 있나요? • 저희에게 하고 싶은 말씀이 있으면 해 주세요.	• 같은 대학의 선후배 사이로 우린 민주주의를 원했지. • 먼저 가서 너무 죄송하고, 너무 슬퍼하지 마셨으면 좋겠어요. 사랑한다고 꼭 말씀드리고 싶었는데…. • 너희가 어른이 돼서도 나를 꼭 기억해 주고, 투표도 꼭 하길 바란다.
이한열	• 장례식 때 시청 광장에 100만 명의 인파가 모였었는데, 그때 기분이 어땠나요? • 영화를 보는 내내, 특히 형이 등장하는 부분에서 무척 마음이 아팠어요. 그냥 모른 척하고 살면 될 것을 왜 시위에 참여했나요?	• 정말 감동적이고 기뻤어요. 저를 위해 그렇게 많은 사람들이 나와 주었다는 게 놀라웠어요. • 아무리 힘들어도 민주화에 대한 희망이 있었기에 가능했던 것 같아요. 나의 선택에 후회는 하지 않을 거예요.
한재동 교도관	• 위험을 무릅쓰고 전하려고 했던 편지의 내용은 무엇이었나요? • 교도관님 덕분에 진실이 밝혀지고, 6월 민주항쟁이 불꽃처럼 번졌다고 생각해요. 정말 용기 있는 분이세요. 두렵지 않았나요?	• 박종철 군의 고문치사사건 은폐에 관한 진실이 담긴 내용이었어요. • 저는 그저 해야 할 일을 한 것뿐이라고 생각해요. 민주주의는 제가 늘 꿈꾸던 사회였어요. 나 같은 사람이 도움이 되었다는 것만으로도 너무 감사하죠.

2.
그들은 무엇을 바꾸려고 했을까?

직선제와 간선제 알아보기
⇩
우리나라의 간접선거 돌아보기
⇩
6·29선언으로 대통령 직선제를 이룸
⇩
문장 만들기

1. 직선제와 간선제 알아보기
- 직선제로 뽑힌 대통령 알아보고, 직선제(직접선거)의 의미 알기
- 간선제로 뽑힌 대통령 알아보고, 간선제(간접선거)의 의미 알기

2. 우리나라의 간접선거 돌아보기
- 우리나라 역대 대통령 살펴보며, 어떤 대통령이 간선제로 선출되었는지 알아보기
- 활동지 속 문제 해결하며 생각 나누기
- 대통령 선거 후보자의 수를 비교해 보면 어떤 특징을 보이나요?
- 대통령 당선자의 득표율을 비교해 보면 어떤 특징을 보이나요?
- 대통령 선거를 이처럼 간접선거로 실시할 경우, 국민의 뜻이 대통령 선거에 제대로 반영될 수 있을까요?

3. 6·29선언-대통령 직선제를 이룸
- 영상 보기 → 6·29선언으로 대통령 직선제를 이루어 냄 〈대한뉴스 제1651호〉(민주화 선언 발표 당시의 영상) https://www.youtube.com/

watch?v=6tHwjr0_jak(총 3분 33초 영상입니다. 직선제 발표하는 부분만 보시면 됩니다. 57초~1분 49초)

4. 문장 만들기
-1987년 6월은 (   )다. 왜냐하면, (   )이기 때문이다

지난 시간에 영화 속 실존 인물과의 가상 채팅 인터뷰 활동을 했을 때, 아이들이 박종철과 이한열에게 가장 궁금해했던 대표적인 질문은 '당신은 왜 그런 일을 했나요?'였다. 이 질문에 대한 답을 찾는 것이 바로 우리가 1987년에 일어난 일에 대해 공부하며 알고자 하는 수업의 목표이다.

자연스레 '여러분이 인터뷰했던 영화 속 인물 박종철, 이한열, 한재동이 간절히 원했던 것은 무엇일까요?'라는 물음으로 수업을 시작할 수 있었다. 영화에서 보았던 '호헌철폐, 직선제'라는 구호의 뜻을 풀어가며, 그들이 원했던 것은 바로 대통령을 우리 손으로 직접 뽑자는 '대통령 직선제'라는 것을 알았다(호헌철폐: 전에 있던 헌법의 제도나 규칙을 걷어치워서 없앰. 즉, 대통령 간접선거를 직접선거로 바꾸자는 것).

먼저 대통령 간선제와 직선제의 의미를 설명한 후, 우리나라 역대 대통령들을 살펴보며 어떤 대통령이 간선제로 선출되었는지 알아보았다. 내용이 다소 어려울 수도 있었지만 '우리나라의 간접선거 돌아보기' 활동지의 질문을 따라가며 대통령 간선제의 문제점이 무엇인지 알아보니 아이들의 입에서 '간접선거는 국민의 뜻대로 되기 어렵다, 독재가 될 수 있다, 말이 안 된다' 등의 다양한 이야기가 나왔다.

다음으로는 전두환이 대통령 직선제를 발표하는 당시의 영상을 보았다. 1987년 6월 민주항쟁으로 마침내 이룬 대통령 직선제 6·29선언 영상 자료였는데, 아이들은 대통령 직선제를 선포하는 전두환을 보며 기

우리나라의 간접선거 돌아보기

6학년 반 이름 _____

아래 표는 우리나라에서 실시한 간접선거를 통한 대통령 선거결과입니다. 제8대 이후 선거를 꼼꼼히 살펴보고 간접선거(간선제)의 특징을 발견해 보세요.
(제1대 선거는 국민의 반대가 별로 없이 이루어진 초대 대통령 선거이므로 제외함)

선거	제1대 대통령 선거	제8대 대통령 선거	제9대 대통령 선거	제10대 대통령 선거	제11대 대통령 선거	제12대 대통령 선거
선거 방식	국회	통일주체 국민회의				대통령 선거인 단
당선자	이승만	박정희	박정희	최규하	전두환	전두환
득표율	92.3% (국회의원 197명 중, 180표)	100% (대의원 2359명 중, 2357표)	100% (대의원 2583명 중, 2577표)	96.7% (대의원 2560명 중, 2465표)	100% (대의원 2540명 중, 2524표)	90.2% (대통령 선거인 5271명 중, 4755표)
후보자	이승만 김구 안재홍	박정희 (단독)	박정희 (단독)	최규하 (단독)	전두환 (단독)	전두환 김종필 유치송 김의택

1. 대통령 선거 후보자의 수를 비교해보면 어떤 특징이 보이나요?

_____

_____

_____

2. 대통령 당선자의 득표율을 비교해보면 어떤 특징이 보이나요?
(참고. 요즘 대통령 선거 당선자의 득표율은 약 50~60퍼센트 정도)

_____

_____

3. 대통령 선거를 이처럼 간접선거로 실시할 경우, 국민의 뜻이 대통령 선거에 제대로 반영 될 수 있을까요?

_____

_____

_____

우리나라의 간접선거 돌아보기 활동지

1987년 6월은 __반 반 치 킨__ 이다.

왜냐하면 __반은 슬프고 반은 기쁘__ 6월민주항쟁/박종철고문치사사건/ __선거__ /대통령직선제 때문이다.

1987년 6월은 __새로운 시작__ 이다.

왜냐하면 6월민주항쟁으로 인해 진정한 민주화를 만들어 우리에게 새로운 시작이 되었기 때문이다.

1987년 6월은 __나무__ 이다.

왜냐하면 민주주의는 나무처럼 쓰러지지 않기 때문이다.

1987년 6월은 __우리가 알아야 할 역사__ 이다.

왜냐하면 우리를 위해 싸운 많은 사람들을 꼭♥ 기억해야 하기 때문이다.

모둠 문장 만들기

뿜의 함성을 질렀다.

　수업의 마무리는 모둠별로 문장 만들기 활동을 통해 1987년 6월에 대해 정의를 내려 보도록 했다. 아이들은 우리가 현재 당연하게 여기는 대통령 직선제가 이루어지기까지 많은 사람들의 희생이 있었음을 알고, 그들의 삶을 떠올리며 특히 주요 인물들에 대한 존경과 감사의 마음을 담은 소중한 문장을 만들어 냈다.

이 수업은 1987년 뜨거운 열망의 한가운데로 떠나는 짧은 여행이었다. 아이들이 박처원과 전두환이 되어 인터뷰를 발표할 때, 나머지 아이들은 그들의 변명과 정당화에 분노했고, 독재와 억압 속에서도 굴복하지 않은 이한열, 박종철 열사에게는 감격했다. 아이들은 아직 살아 계시는 한재동 열사의 존재가 희망의 상징처럼 느껴진다고 했다.

우리 현대사에는 너무 나쁜 사람이 많이 나온다며 수업을 하면서 불퉁거리는 아이들이 있었다. 〈1987〉 영화를 보며 남영동 대공분실의 잔혹한 장면에 눈을 가린 아이들도 많았다. 우리는 슬프고 잔혹한 역사를 왜 꼭 기억해야만 할까? 왜 악인들에 대해, 그들의 악행에 대해 알아야 할까?

지금은 너무도 당연한 권리를 쟁취하기 위해 시와 글을 쓰고, 광장에 나가고, 목숨을 버린 이들이 있었다. 이들의 노력을 배제하고 외면한 채 가슴 벅찬 승리와 감동, 빛나고 아름다운 부분에만 초점을 맞춰 수업을 만드는 것은 진정한 역사 공부가 아니라고 생각한다.

1987 인물 조사와 인물 인터뷰 수업은 그들의 노력을 기억하기 위한 하나의 몸짓이었다. 훗날 성장하여 어른이 된 아이들이 투표권을 행사하며 1987년 누군가의 희생을 기억하길 바란다.

7.
그들이 숨기고 싶었던 5월의 진실은?

5·18광주민주화운동(이하 5·18)은 현대사를 가르칠 때 절대 빼놓을 수 없는 중요한 사건으로 지금도 여전히 진행형이다. 아직 진상파악조차 제대로 되지 못했기 때문이다. 피해자는 있는데 가해자는 오리무중이다. 아니 피해자조차 제대로 파악하지 못하고 있다. 가해자의 윤곽이 조금씩 드러나고 있지만 그들은 모르쇠로 버티고 있다. 교육과정이나 교과서 속에서도 5·18은 제대로 다뤄지지 못했다. 불과 몇 년 전까지만 해도 5·18 계기수업을 하는 것이 금기처럼 여겨지기도 했다.

우리가 5·18 수업을 계획할 때 가르치는 내용 못지않게 중요하게 생각한 것은 가르치는 시기와 현장학습이었다. 5·18 수업이 광주 현장학습과 이어지게 하려면 5월 18일 이전에 가르치는 것이 좋고, 5·18 민주묘지에 사람이 많아지기 전에 다녀오는 것이 좋다고 판단했다. 그래서 우리는 5월 11일에 현장학습을 가는 것을 목표로 수업을 계획했다. 사람이 많아지기 전에 다녀오는 것도 중요하지만 미리 공부하고 현장학습까지 다녀온 후 5월 18일을 맞이하게 되면 뉴스에서 나오는 기념식이나 다양한 소식을 접할 때 아는 만큼 보인다는 점이 좋다. 아이들이 5·18에 대해 아는 척을 하면 부모님 또한 기특해하면서 함께 이야기를 나누신다는 이야기를 듣는다. 이 점은 계기교육의 좋은 점이기도 하다. 미리 공부한 후 그 날짜에 관련 뉴스를 듣게 되면 아이들이 알고 있는 것을 이야기하게 되고 부모님들이 여기에 자신의 생각을 더해 주시면서 대화의 매개체가 되기도 한다.

첫 소주제 시작은 전 수업에서 보았던 영화 〈1987〉 중 버스 위에서 호헌철폐를 외치는 마지막 장면을 다시 한 번 보면서 시작하기로 했다. 영화 말미에서 스쳐 지나가듯 들었던 호헌철폐가 무슨 의미인지부터 알아보기로 했다. 그리고 이 조치를 발표한 사람이 누구인지 알아보며 자연스레 전두환을 불러내 보기로 했다.

두 번째 주제에서는 전두환이 어떤 사람인지를 집권 전과 후로 나누어 알아보기로 했다. 집권 전에 했던 일들, 집권 후에 했던 일들을 시기별로 나누어서 살펴보면서 박정희 대통령과의 관계, 5·18을 일으킨 이유 등을 찾아본 후 1980년 5월의 서울과 광주를 재현한 영화 〈택시 운전사〉를 보면서 광주 시민의 아픔을 느껴 보기로 했다.

세 번째 주제에서는 광주가 어떻게 고립되었는지 그 전개 과정을 알아보기로 했다. 이 수업에서 가장 중요한 주제이기도 하다. 5·18 전개 과정은 독일 기자 힌츠페터의 영상을 중심으로 알아보고, 그에 대한 고마운 마음을 느껴 보는 방향으로 계획했다. 「임을 위한 행진곡」도 함께 불러 보며 그 당시의 분위기를 한번 느껴 보기로 했다.

네 번째 주제에서는 5·18 이후의 상황을 알아보도록 계획했다. 전두환이 구속되고 사면을 받기까지의 재판 과정, 29만 원 할아버지로 불리게 된 배경, 2018년 현재 일어나고 있는 회고록 논란에 이르기까지 상당히 긴 세월이 지나도록 반성하지 않는 전두환의 족적을 알아보며 이 수업을 마치도록 계획했다.

여전히 반성하지 않는 전두환은 1980년 당시 자신이 저지른 학살을 덮기 위해 통신을 두절하고 언론을 철저히 통제했던 인물이다. 사람을 죽게 한 자신의 과오를 부인하고 있고, 추징금을 제대로 납부하지 않는 사람으로 역사 속 대통령 중 가장 뻔뻔하다. 이런 인물을 가르치는데 적당한 수업 제목이 떠오르지 않아 고민을 많이 했다. 고민 끝에 아이들이 이 수업을 하는 과정에서 5·18 학살을 저지른 이들이 누구일지, 광주의 진실이 무엇일지 궁금해하길 바라는 마음을 담아 '그들이 숨기고 싶었던 5월의 진실은?'이라는 수업 제목을 만들었다. 이 제목처럼 수업이 끝나고 나면 그들이 누구인지, 진실이 무엇인지 일부분이라도 만날 수 있기를 바란다.

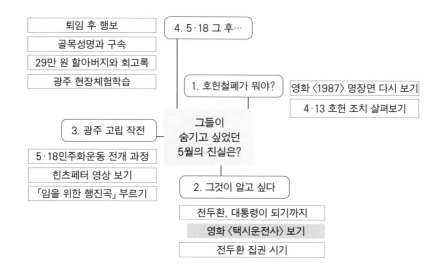

수업의 흐름

	소단원 명	소단원 주요 내용	관련 성취기준	차시량
1	호헌철폐가 뭐야?	• 영화 〈1987〉 명장면 다시 보기 • 4·13 호헌 조치 살펴보기	사회: –주요 사건에 대한 시각 자료를 중심으로 국민들의 자유민주주의를 위한 노력을 이해한다. –기본적 인권의 개념을 이해하고, 학교생활 등 일상생활에서 기본적인 인권이 보장받지 못하는 사례를 조사하여 이를 해결하기 위한 방안을 모색할 수 있다.	1
2	그것이 알고 싶다	• 전두환, 대통령이 되기까지 –12·12 군사 쿠데타 –영화 〈택시운전사〉로 보는 5·18광주민주화운동 탄압 –대통령 간선제에 의한 선출 • 전두환 집권 시기		4
3	광주 고립 작전	• 5·18광주민주화운동 전개 과정 • '푸른 눈의 목격자' 힌츠페터 영상 보기 • 「임을 위한 행진곡」 부르기		2
4	5·18 그 후…	• 전두환의 대국민 사과 퇴임 후 행보 –골목성명과 구속 –29만 원 할아버지와 회고록 –광주 현장체험학습		10

1.
호헌철폐가 뭐야?

영화 〈1987〉 마지막 장면 다시 보기
⇩
호헌의 의미 알아보기
⇩
4·13 호헌 조치 알아보기
⇩
호헌 조치를 발표한 사람 알아보기

1. 영화 〈1987〉 마지막 장면 다시 보기

2. 호헌의 의미 알아보기
-사전적 의미: 헌법을 지키는 것

3. 4·13 호헌 조치 알아보기
-1987년 4월 13일에 ○○○ 대통령이 발표한 특별 선언: 대통령 이름은
　공개하지 않음
-호헌 조치를 발표하게 된 이유

4. 호헌 조치를 발표한 사람 알아보기
-전두환을 이 수업의 주인공으로 불러내기

　5·18 광주 학살의 책임자인 전두환을 불러내기 위해 중간 연결 고
리로 사용한 것이 바로 '호헌철폐'라는 구호이다. 영화 〈1987〉 마지막
장면에 온 국민이 외쳐 대는 이 구호는 사실 아이들에게는 어려운 말

이었다.

　아이들은 수업을 통해 '호헌'이란 말이 '법을 지킨다'라는 좋은 의미인데, 왜 국민들이 '호헌철폐'를 왜 쳤는지 의아해했다. 아이들에게 호헌 조치와 연결시켜 설명해 주면서 전두환이 권력을 유지하기 위해 좋은 단어를 나쁘게 사용한 것이라는 것도 같이 설명해 주었다. 아이들은 왜 국민들이 '호헌철폐'라고 외쳤는지 비로소 이해하게 됐다. 그리고 4·13 호헌 조치가 발표되는 영화 장면에서도 기자를 비롯한 많은 국민들이 왜 화를 냈었는지 이해가 된 것이다.

　이 차시는 전두환을 소환하기 위해 만든 차시로 분량이 짧으므로 다음 수업과 이어서 수업하는 것이 좋다.

2.
그것이 알고 싶다

① 전두환, 대통령이 되기까지

전두환은 어떻게 대통령이 되었을까?
⇩
군사 쿠데타
⇩
5·18광주민주화운동 강제 진압
⇩
대통령 간선제에 의한 당선

1. 전두환은 어떻게 대통령이 되었을까?
- 10·26사태(박정희 암살)와 권력을 잡은 실세 전두환

2. 군사 쿠데타
- 전두환과 군부세력의 군사 쿠데타: 12·12사태

3. 5·18광주민주화운동 강제 진압
- 전국에 비상계엄령 선포, 휴교령, 폭력과 진압
- 영화로 알아보는 5·18민주화운동: 〈택시운전사〉 감상하기

4. 대통령 간선제에 의한 당선
- 통일주체국민회의에서 전두환을 대통령으로 선출
- 대통령 간선제의 문제점 이야기 나누기

'호헌철폐가 뭐야?'라는 첫 번째 주제 수업을 하고 난 후 아이들은 전두환에 대해 궁금해했다. 계속해서 현대사 공부를 하면서 역대 대통령들의 행적을 알아 가는 것이 몹시 기대되는 모양이었다. 국민을 먼저 생각하고 자유, 평등과 같은 헌법적 가치 위에서 국익을 높이기 위해 노력하는 대통령의 모습을 마주할 때면 멋있는 대통령이라며 박수를 보내는 아이들이 있었다. 반대로 민주주의의 토대 위에서 대통령으로서의 본분을 다하지 못했던 그들의 과오, 슬픈 역사를 마주할 때면 안타까워하면서 비판의 목소리를 내기도 했다. 수업이 끝난 후 전두환에 대해서는 어떤 평가를 내렸을까?

 '호헌 조치를 발표한 전두환은 도대체 어떤 사람일까?'라는 물음을 던지며 두 번째 주제 수업을 시작했다. 먼저 전두환 그가 대통령이 되기까지의 과정-군사 쿠데타로 권력을 잡고, 전국에 비상계엄령을 선포한 후 5·18광주민주화운동을 진압하고, 통일주체국민회의에 의한 간접선거로 11대 대통령으로 취임-을 짚어 보았다.

 전두환 신군부의 군사 쿠데타를 이야기하려면 박정희가 총살당했던 1979년 10월 26일로 거슬러 올라갈 수밖에 없었다. 박정희의 죽음 이후 잠시 동안 생긴 권력의 공백기에 권력을 장악했던 사람이 전두환이기 때문이다. 하지만 아직 박정희 대통령에 대해 배우기 전이라서 아이들이 알고 있는 배경지식(박근혜 대통령의 아버지, 군인 출신, 장기 집권을 한 독재자 등) 안에서만 살짝 언급한 후 이야기를 이어 나갔다. '박정희의 죽음 이후 최규하가 10대 대통령이 되었지만 어떻게 전두환이 실제 권력을 장악할 수 있었을까?', '권력을 장악하기 위해서 무엇이 필요했을까?'라고 질문을 던지자 '돈이 많아서', '전두환을 따르는 사람들이 많아서', '힘 있는 집안이라서' 등과 같은 대답이 나왔다. 이미 전두환에 대해 잘 알고 있는 아이들은 군사들을 이끌고 무력으로 장악했을 것이라고 말했다.

전두환이 이끄는 군부세력이 쿠데타를 일으켜 정권을 장악했고, 이들의 협박과 압력을 이기지 못해 결국 최규하는 재임 후 8개월 만에 대통령직을 사임(1980년 8월)했음을 알려 주었다. 고개를 끄덕이긴 했지만 사실 지금은 상상할 수 없는 역사의 한 장면이기 때문에 군부세력의 힘을 실감하지 못하는 듯해서 드라마 〈제5공화국〉에 나온 군사 쿠데타 장면을 보여 주었다. 드라마 영상을 본 후, 대통령의 권한과 역할은 헌법에 명시되어 있지만 전두환을 중심으로 한 군부세력의 힘은 헌법 위에 있었음을 짚어 주었다. 이미 헌법에 대해 배웠고 헌법이 나라를 이루는 근간임을 알고 있는 아이들이기에 군부세력의 힘이 헌법 위에 있었다는 사실은 그 힘을 실감하는 데 도움을 주었을 것이다.

이러한 신군부 쿠데타에 분노한 국민들이 민주화운동을 이어 나가자 전두환은 비상계엄령을 선포하고 이를 무력으로 진압했음을 사진과 실제 영상을 통해 살펴보았다. 5·18광주민주화운동에 대해서는 세 번째 주제인 '광주 고립 작전'에서 자세히 다룰 예정이기 때문에 구체적인 전개 과정보다는 국민들의 민주화 요구를 총칼로 짓밟았던 계엄군의 잔인함과 폭력성에 대해 생각해 보는 시간을 가졌다. 그리고 1980년 5월의 서울과 광주를 재현한 영화 〈택시운전사〉를 보면서 광주 시민의 아픔을 간접적으로나마 느껴 보았다.

전두환은 5·18광주민주화운동 강제 진압 후 최규하가 대통령직을

신군부 세력이란?   12·12사태 주역들

5·18민주화운동 강제 진압   통일주체국민회의

사임하자 제11대 대통령으로 당선된다. 직접선거였을까, 간접선거였을
까? 유신헌법에 따라 통일주체국민회의에 의해 선출되는 간선제였다.
국민들은 대통령 직선제를 외쳤지만 전두환은 국민들의 요구에 맞게
헌법을 개정하지 않았다. 대통령이 된 후 헌법을 개정하지만 '임기 7년'
에 '대통령 간선제'라는 조항은 여전히 남아 있었다. '전두환은 왜 국
민들의 목소리에 귀 기울이지 않았을까?'라는 질문에 '국민들을 나라
의 주인으로 생각하지 않았고', '자신의 권력을 유지하고 싶은 욕심이
너무 컸으며', '헌법을 이해하지 못한 대통령', '민주주의를 이해하지 못
한 대통령'이었기 때문이라고 대답했다. 이렇게 대답하는 아이들의 표
정에 짜증과 분노가 들어 있는 것을 보았다.

　수업의 첫 시작에 '전두환은 도대체 어떤 대통령이었을까?'라고 질
문했을 때 한 아이가 '나쁜 놈'이라고 대답을 했다. 왜 그렇게 생각하느
냐는 물음에는 '그냥요, 나빠요'라고 대답을 했다. 역사수업을 할 때면
한두 명은 꼭 이렇게 무작정 나쁘다고 대답한다. 이번 수업을 하면서
그 아이도 전두환을 평가할 때 역사적 사실을 토대로 평가해 보았으리
라 생각한다.

② 전두환 대통령 재임 시기

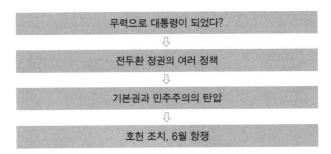

1. 무력으로 대통령이 되었다?

2. 전두환 정권의 여러 정책
-3S정책, 통행금지 해제, 해외여행 자율화, 학생 두발 및 교복 자율화 등
-범죄와의 전쟁, 3저 호황(저달러, 저유가, 저금리) 등

3. 기본권과 민주주의의 탄압
-땡전뉴스, 군대를 앞세운 독재

4. 호헌 조치, 6월 항쟁
-민주화 요구 거부, 개헌 논의 중단
-군부독재에 맞선 6월 항쟁

전두환의 임기 동안에 일어난 여러 사건들을 조사하고 정리하면서 이를 조금 더 상위 개념으로 재범주화해 보았다. 5·18광주민주화운동부터 이어진 군대를 동원한 폭압적인 독재, 국민의 기본권과 주권을 제한하는 호헌 조치, 국민들의 정치 참여를 제한하기 위한 3S정책 등 인권, 평화, 자유와 같은 인류의 보편적인 가치가 핍박받던 시기였다. 그래서 아이들이 이해할 수 있는 수준에서 이 가치들을 다뤄 보자고 생

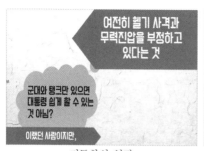

전두환의 입장

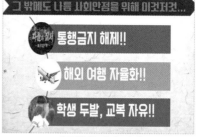

전두환의 여러 정책

각했다.

　먼저, 전두환 시기 전반에 걸쳤던 군사독재에 대해 이야기를 나눴다. 군대의 역할에 대해 이야기를 해 봤고, 만약 여전히 군대가 우리 생활을 지배하는 삶을 살고 있다면 어떤 느낌일지, 어떤 일이 일어날지 자유롭게 이야기를 나눴다. 그 결과 아이들은 '하고 싶은 말을 하지 못할 것 같다', '무서워서 밖에 다닐 수 없을 것 같다'고 말했고, 어떤 아이는 '우리 생활에는 총과 칼이 필요하지 않은데 왜 우리 주변에 군인들이 있나요?'라는 질문을 하기도 했다. 이 과정에서 아이들은 자연스럽게 군부정권의 폭력성을 느낄 수 있었고, 평화의 필요성을 알게 되었다.

　다음으로 사회 정책에 대해 이야기를 해 보았다. 당시 3S정책의 세 요소인 스포츠, 영화, 성인물을 권장하고 널리 퍼트렸다는 점을 알려주었다. 처음에 아이들은 이에 대해 큰 문제점을 찾지 못했다. 아이들의 사고를 전환하기 위해서 세 가지의 S가 매우 자극적이고 누구나 쉽게 빠져들 수 있다는 점을 말해 주었고, 그로 인해 국민들이 우리 삶과 중요하게 관련된 정치에는 관심을 가지지 않게 된다는 점을 이야기했다. 더불어 우리의 삶이 더 나아지지 않을 수 있다는 것까지 말해 주고 나서야 아이들은 3S정책의 함정에 대해 이해하기 시작했다. 아이들은 3S정책이 국민들을 속이고 정치에 대한 관심과 참여를 다른 곳으로 돌리려 했다는 사실을 독재의 개념과 연결해 생각할 수 있게 되었다.

마지막으로, 호헌 조치에 대해 다시 정리했다. 첫번째 소주제에서도 다룬 내용이지만, 여전히 몇몇 아이들은 헌법을 지킨다는 호헌의 뜻 자체에 의문을 품어 헌법을 지키는 것이 왜 좋지 않은 것인지 물어보기도 했다. 그래서 지금 헌법과 당시 헌법을 비교하며 어떤 점이 다르고

호헌 조치 알아보기

왜 다른지 찾아보는 활동을 했고, 그러면서 아이들은 당시 헌법의 여러 문제점을 찾을 수 있게 되었다. 나아가 문제가 많은 당시 헌법을 그대로 유지하려 했던 전두환의 발표가 호헌 조치였다는 결론까지 도출했고, 사람들이 호헌 조치에 반대하는 시위를 벌였던 이유를 이해하게 되었다.

전두환 시기의 주요 사건을 알아보면서 아이들은 자연스럽게 우리들이 지켜야 할 가치들에 대해 알게 되었고, 이 가치들을 지키기 위해 우리가 할 수 있는 일들에 대해 가볍게 이야기를 나누며 수업을 마무리했다.

3.
광주 고립 작전

5·18민주화운동의 전개 과정 알아보기

⇩

'푸른 눈의 목격자' 힌츠페터 영상 보기

⇩

「임을 위한 행진곡」 부르기

1. 5·18민주화운동의 전개 과정 알아보기
-시간 순으로 시위에 나선 시민들과 그들을 제지하는 공수부대의 대립 살펴보기
-무고한 시민을 향해 발포하는 군인들의 행동이 정당한 것인지 이야기 나누기

2. '푸른 눈의 목격자' 힌츠페터 영상 보기
-짧은 글 쓰기: 5·18민주화운동 전개 과정을 알게 된 후 느낀 점

3. 「임을 위한 행진곡」 부르기
-「임을 위한 행진곡」에 담긴 의미와 상징 알아보기
-「임을 위한 행진곡」 부르기

이번 수업은 아이들과 5·18민주화운동의 전개 과정을 살펴보는 차시이다. 작년 5월에 아이들과 영화 〈화려한 휴가〉를 같이 보고 가치수직선 토론을 한 적이 있다. 5학년 때는 그 당시 상황, 시민군과 계엄군의 삶은 어떠했는지, 내가 만약 계엄군이라면 시민을 향해 총을 쏠 것

인지에 대한 가치판단을 하는 것이 수업의 주된 내용이었다. 그러나 올해는 아이들과 현대사를 조금 더 심도 있게 다루고 있으므로 5·18민주화운동의 전개 과정을 가르치게 되었다. 대신 언제 어떤 일이 일어났는지를 상세하게 다루기보다 아이들 수준에 맞춰 사건의 흐름을 파악할 수 있도록 수업을 진행했다. 당시 시민들을 찍은 사진 위주로 보여 주며 진행 과정을 설명했다.

아이들은 계엄군이 시민을 때리는 장면에서 눈살을 찌푸리며 분노했다. '잔인하다', '대체 무슨 잘못을 했길래 저렇게 때리는 건지 모르겠다' 등의 반응이 대부분이었다.

아이들의 시선으로는 도무지 납득이 안 가는 것 같았다. 진행 과정을 살펴본 후에는 힌츠페터가 찍은 5·18 영상을 살펴봤다. 이전 시간에 〈택시운전사〉 영화를 본 후라 힌츠페터에 대한 흥미가 높아 한 시간이나 되는 영상을 집중해서 봤다. 영상을 본 후 아이들과 짧은 글쓰기를 했다. 평상시에 사용하는 배움 공책에 5·18민주화운동 진행 과정을 알게 된 후 느낀 점을 쓰게 했는데, 대부분의 아이들이 계엄군의 행동을 이해할 수 없으며 그 당시 희생된 분들 덕분에 지금의 민주주의가 이뤄진 것 같다는 내용을 많이 적었다.

수업의 마무리 활동을 고민하다가 「임을 위한 행진곡」을 불러 보기로 했다. 5·18 기념식에서 함께 부를 노래를 아이들과 미리 배워 보면

5·18민주화운동 전개 과정

"임을 위한 행진곡"은…

*박기순 열사와 윤상원 열사의 영혼결혼식을 위한 노래

*2천개의 테이프로 제작되어 전국으로 퍼졌고, 1980년대 민주화 운동을 상징하는 노래가 됨

*하지만 이 곡은 오랫동안 금지곡이었고, 97년 5월 18일이 국가 기념일로 지정되면서 금지곡에서 해제됨

5·18 민주화 운동의 상징이 된 노래, "임을 위한 행진곡"

임을 위한 행진곡

아이들에게 기념식이 더욱 와닿을 것 같았기 때문이다. 처음에 아이들이 장난으로 노래를 부를까 봐 걱정이었는데, 아이들은 진지하게 노래를 불렀고, 몇몇 아이들은 주먹을 쥐고 열심히 노래를 불렀다. 수업에 열심히 참여했던 아이들이 진지하게 노래를 부르는 모습을 보니 5·18 민주화운동에 대한 역사적 공감력과 사고력이 향상되었다는 것이 느껴졌다.

4.

5·18 그 후…

1. 전두환은 어떻게 되었을까?
- 전두환이 절에 있었다고?

2. 골목성명? 구속?
- 골목성명과 구속에 대해 알아보기

3. 29만 원 할아버지와 회고록
- 29만 원 할아버지라는 별명을 가진 이유 알아보기
- 전두환이 만든 회고록의 내용 비판적으로 파악하기

4. 5·18 그날로 떠나는 여행
- 5·18민주화운동의 현장 찾아가 보기
- 5월의 아픔을 기억하기

이번 수업은 5·18민주화운동의 주요 등장인물인 전두환이 퇴임 후 어떻게 되었는지 알아보는 시간이었다. 앞의 수업에서 많은 비극과 참상을 보았고 아이들이 전두환이라는 인물의 부정적인 면을 보았기 때문에 그가 어떻게 되었을지 궁금해졌을 것이다. 전두환 퇴임 이후의 삶을 보여 주고 또 희생자들과 남겨진 사람들에 대해 가르쳐 주기 위해 수업을 구성했다.

첫 번째는 아이들에게 '전두환은 어떻게 되었을까?'라는 질문으로 수업을 시작했다. 그랬더니 벌을 받았을 것 같다고 예상하는 학생이 대다수였다. 5·18이 있은 후 7년이 지난 1987년 대통령 선거에서 노태우가 당선되면서 전두환은 대통령에서 물러났다. 이후 권력형 비리에 대한 처벌을 원하는 목소리가 높아 스스로 대국민 사죄와 재산 헌납을 발표한 뒤 백담사라는 절로 향했다. 드라마 〈응답하라 1988〉에서 이러한 상황을 코믹하게 그린 부분이 있어 아이들에게 보여 주니 자기도 본 적 있다며 재밌어했다.

두 번째는 '골목성명'을 다뤘다. 새로운 정부가 출범하면서 전두환을 법정에 세우고자 했다. 이것을 거부하려고 전두환이 '골목성명'을 발표했지만 바로 다음 날 구속이 되었다. 사형 선고를 받았다가 무기징역으로 감형되었다고 하니 아이들은 벌을 받았다는 것에 통쾌해했다. 하지만 그가 2년 뒤 석방됐다고 하자 황당해하며 '말도 안 된다'라는 반응이 나왔다. 그가 큰 잘못을 저질렀음에도 감옥에서 나왔다는 것은 아이들 역시 받아들이기 어려웠나 보다.

전두환의 퇴임 이후

드라마 속 전두환 모습

전두환 골목성명 발표 및 석방

세 번째는 '29만 원 할아버지'라는 별명을 얻게 된 일화와, 최근에 발표한 전두환 회고록에 대해서 다루었다. 특히 29만 원 할아버지를 풍자한 해학적인 초등학생의 시는 아이들뿐만 아니라 나의 마음도 통쾌하게 만들어 주었다. 전두환의 회고록에는 아직까지도 반성이 없는 그의 모습이 확연하게 드러났다. 이에 아이들은 '이해할 수 없다', '화가 난다' 등의 반응을 보였다.

마지막으로 이 수업이 중요했던 이유는 이후에 바로 광주로 현장학습을 가기 때문이었다. 지금까지 배웠던 5월의 아픔을 직접 눈으로 보고 느낄 수 있는 좋은 기회였다. 수업에서 다 전하지 못했던 느낌들이 광주에서는 아이들의 마음에도 더 깊게 와닿을 것이다.

아이들은 들뜬 마음으로 광주로 향했다. 교사들은 광주에 가는 것은 단순히 놀러 가는 것이 아니라 5·18 수업에서 느꼈던 것들을 직접

29만 원 할아버지

전두환 회고록

체험하는 수업의 연장이라는 것을 알려 주었다. 덕분에 좀 더 체험에 집중하는 태도를 보인 것 같다. 처음 도착한 곳은 5·18민주화운동에서 희생된 영령을 기리는 국립 5·18 민주묘지였다. 가장 먼저 정숙한 마음으로 참배를 했다. 저마다 마음을 담아서 고개를 숙여 묵념을 하는 모습이 진지하고도 희생자들의 아픔을 공감하는 모습이었다.

체험학습을 계획하던 중 광주에는 5·18민주화운동을 전문적으로 설명해 주시는 '오월지기'분들이 있다는 것을 알게 되었다. 그래서 우리는 사전에 학급당 한 분의 오월지기 선생님이 배치될 수 있도록 신청했다. 체험학습 동안 오월지기 선생님께서 동행하셨다. 국립 5·18민주묘지 주변을 둘러보면서 오월지기 선생님들의 생생한 증언 및 설명을 들을 수 있었다. 이분들에게는 친구였고 부모였던 분들이 참혹하게 희생되었다는 것이 안타까웠다. 모두가 한마음으로 아파했다. 이전 수업에서 배웠던 「임을 위한 행진곡」도 함께 불러 보았다. 수업시간에 많이 불러 보지 못했지만 아이들은 곧잘 따라 불렀다. 또 이곳에서 이한열 열사의 묘지에 참배하였는데, 아이들이 〈1987〉 영화도 보고 수업도 들었기 때문에 더 집중했다.

두 번째로 향한 곳은 5·18 자유공원이었다. 이곳에서는 5·18 관련 짤막한 영상을 시청한 후에 자유공원을 둘러보는 일정이었다. 본래 상무대가 있던 자리에서 100미터 떨어진 자리에 복원을 한 헌병대 영창

국립 5·18 민주묘지 단체 참배

오월지기 해설

5·18 자유공원 군사 법정   5·18 자유공원 조형물

과 임시법정을 볼 수 있었다. 5·18민주화운동 당시에 희생자들의 참담한 실상을 재현한 조형물도 볼 수 있었다. 이곳에 오니 교사인 나 역시 역사적 사건 속에 숨어 있는 진실을 몰랐다는 사실이 부끄러웠다. 또 군사 정권의 잔혹한 모습을 보니 화도 났다.

마지막으로 찾아간 곳은 5·18민주화운동 기록관이었다. 아이들은 이미 많은 영상과 다양한 자료를 접해서인지 살짝 지루해하는 모습도 있었지만 방명록에 희생자들에게 진심을 다해 위로하는 글을 쓰기도 했다. 그러고는 밖으로 나가 금남로에 위치한 구 도청 건물을 함께 보면서 마무리했는데 이런 번화가에서 그러한 일이 벌어졌다는 것에 놀라워했다. 걸어가는 길이라 아이들이 힘들어할 줄 알았는데 지친 기색이 전혀 없었고, 배웠던 내용을 눈으로 확인한다는 사실에 즐거워하는 모습을 보니 나 역시 힘이 났다.

민주화운동 기록관   전라남도 구 도청

이 수업을 통해 5·18의 아픔을 공감하기도 하고 전두환의 행보에 대해 함께 분노했다. 지금까지 우리와 먼 이야기로 생각했던 것들이 현장에 가서 직접 체험하니 피부에 와닿는 느낌이 들었다. 이 수업을 만들면서 나 역시도 많이 몰랐다는 사실에 반성하게 되었다. 아이들은 전두환에 대해 정확하게 알지 못했었지만 중요한 역사적 사실들을 알게 되었고, 그가 한 행동에 대해 분노했다. 빠른 시일 내에 본인의 잘못을 인정하고 사과하는 모습을 보였으면 좋겠다고 함께 이야기했다. 마지막으로 「임을 위한 행진곡」을 다시 부르면서 수업을 마쳤다.

5·18 수업의 하이라이트는 광주로 떠난 현장체험학습이었다. 실제로 5·18 민주묘지와 금남로 구 도청을 보고 온 후 5·18이 마음에 더욱 와닿는 듯 보였다. 수업과 현장체험학습이 시기적으로 잘 맞으면 학습 효과가 배가된다. 학기 초 일 년의 교육과정 지도를 만들 때 학습 시기와 현장학습 날짜를 잘 맞추어 계획하는 것이 중요하다는 생각을 다시 한 번 하게 되었다.

현장학습을 다녀온 일주일 후 5월 18일에 거행된 5·18민주화운동 기념식을 아이들과 생중계로 함께 보았다. 우리가 가서 묵념을 올리고 참배했던 그 공간에서 기념식이 이루어지고 있는 모습을 보며 신기해하는 아이들을 보니 흐뭇했다.

아이들이 커 가면서 매해 5월 18일이 되면 민주화운동에 대한 소식을 접하게 될 것이다. 그때 아이들은 어떤 기억과 경험을 떠올리게 될까? 어떤 생각을 하게 될까? 배운 것을 다 기억하지는 못한다 할지라도 그 사건은 나와 상관없는 일이라 생각하며 스쳐 지나치지는 않을 것이다. 내가 갔었던 그 도시, 그 묘지를 떠올리며 한순간이라도 숙연해지지 않을까. 그러길 바라는 마음으로 이 수업을 끝맺었다.

8.
총소리에 쓰러진 대통령은 누구일까?

'총소리에 쓰러진 대통령은?' 수업은 박정희 전 대통령(이하 존칭 생략)에 관한 내용을 다룬다. 아이들이 그동안 단편적으로 알고 있던 '독재자, 경제 발전…' 등에 더해 그의 다양한 행적을 알아보고, 그가 독재자로 불리는 이유에 대해 보다 자세하게 알아보는 수업이다. 특히 박정희가 어떤 방법으로 독재정치를 펼쳤는지, 그 당시 국민들이 받은 부당한 대우와 그들이 권리를 되찾기 위해 어떻게 행동했는지를 자세히 알아보았다. 실제 유신헌법의 조항들을 살펴보며 민주주의의 정신에 위배된 부분을 찾아보고, 그 당시 국민들이 침해받은 권리가 무엇이었을지 생각해 보았다. 또한 박정희의 업적이라고 하는 것들 중 가장 많이 등장하는 경제 발전의 어두운 그림자를 살펴보고, 베트남 파병을 주제로 하여 토론수업을 진행했다.

수업은 크게 다섯 가지 소주제로 나뉜다. 첫 번째, '여러 개의 가면' 수업은 아이들이 익히 알고 있는 '박근혜=박정희의 딸'임을 부각했다. 세계적인 시사 잡지에서도 박정희를 독재자라고 칭했음을 안내하며, 박정희에 대한 여러 가지 사실들을 OX퀴즈를 통해 좀 더 알아보았다. 친일파부터 공산주의자, 서민적 이미지를 추구했던 대통령, 독재자까지 아이들은 박정희의 여러 가지 면을 그와 관련된 일화와 사진, 영상 자료를 통해 배우고, 그러한 내용을 바탕으로 자신이 생각하는 박정희의 이미지를 그린 후 박정희 삼행시를 지어 보며 학습을 마무리했다.

두 번째, '영원한 독재를 꿈꾸다' 수업에서는 앞서 학습한 박정희의 여러 개의 가면 중에서도 독재에 초점을 맞추었다. 5·16 군사 쿠데타와 장기 독재를 위한 유신헌법의 의미를 간단히 안내했다. 그 후 『손바닥 헌법책』과 학습지에 담아 놓은 유신헌법의 내용을 비교하는 활동을 진행했다. 아이들은 유신헌법의 각 조항을 살펴보며 어떤 조항이 지금의 헌법과 달리 민주주의 정신에 위배되는지, 무언가 이상하다고 생각되는 점이 있는지 찾고 서로 이야기를 나누어 보았다. 자료를 통해 유신헌법의 내용을 간단히 정리하고, 당시 그 여파로 일어난 부마항쟁과 10·26사태에 대해 설명했다. 마지막으로 박근혜가 아버지의 삼선개헌과 유신헌법에 대해 본인의 생각을 인터뷰하는 영상을 시청한 후 유신헌법에 대한 아이들 스스로의 생각을 정리하고 발표하는 것으로 이 학습을 마무리했다.

세 번째 '잃어버린 33년' 수업에서는 인혁당 사건을 다루었다. 인혁당에 대해 아는 아이들이 거의 없어 수업을 시작하기에 앞서 교사가 간단히 설명하는 시간을 가졌다. 그 후 아이들에게 조금 더 쉽게 이해할 수 있도록 만화를 통해 인혁당 희생자들의 이야기를 들려주었다. 바로 이어 18대 대선을 앞두고 박근혜가 인혁당에 관한 자신의 생각을 말하는 동영상을 시청했다. 그 영상에서 박근혜는 인권 유린의 역사에 대해 인정하지 않는 내용의 발언을 했으며, 박근혜를 인터뷰한 후 손석희가 남기는 후기 영상을 통해 인혁당 사건에 대한 박근혜의 생각을 조금 더 자세히 알 수 있었다. 인혁당 사건 이후 33년이 지나서야 비로소 희생자 8인에 대한 무죄가 선고되었으며, 그 사실을 주제로 한 영상 EBS 지식채널e 〈잃어버린 33년〉을 시청하며 아이들에게 자기 생각을 정리할 시간을 주었다. 영상 마지막에 나오는 박정희의 '우리는 한국식 민주주의를 해야 한다'에서 한국식 민주주의의 의미와 아이들 스스로가 생각하는 참된 민주주의의 의미를 역사책에 정리하고 발표하며 서로 이야기 나누어 보는 것으로 세 번째 수업을 끝마쳤다.

네 번째와 다섯 번째는 처음에 계획하지 않았던 내용들이 추가된 것으로 베트남전쟁과 프레이저 보고서를 주제로 했다. 지난 3월 문재인 대통령의 베트남 방문 때 베트남전쟁 파병에 대하여 사과가 아닌 '유감'을 표명했던 뉴스를 보여 준 후 왜 이런 표현을 썼을지 생각해 보게 하는 것으로 네 번째 수업을 시작했다. 그러고는 베트남전쟁에 대하여 교사가 간단히 설명한 후 당시 한국군이 참전하여 많은 민간인 학살이 있었음을 증명하는 여러 자료를 제시했다. 한국이 베트남전쟁에 참여한 이유를 아이들이 생각하게 한 후 베트남전쟁 파병으로 한국이 얻은 것과 잃은 것에 대해 정리했다. 마지막 활동으로 '베트남 파병은 옳은 결정이었나? 베트남 파병에 대한 사과가 필요한가?' 두 가지 주제로 토론수업을 진행했다. 뒤의 두 가지 토론활동은 역사책에 자신의 생각을 정리하거나 두 가지 중 한 가지 주제로 토론을 하는 등 줄여서 진행할 수 있다. 토론수업 후 박정희의 경제 성장 뒷이야기를 담은 프레이저 보고서를 시청하며 '총소리에 쓰러진 대통령은 누구일까?' 수업을 마무리했다.

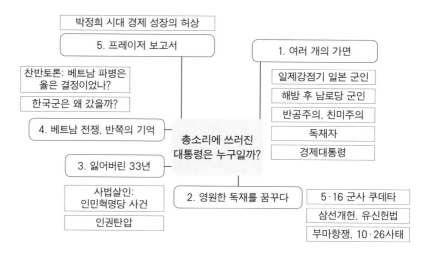

수업의 흐름

	소단원 명	소단원 주요 내용	관련 성취기준	차시량
1	여러 개의 가면	• The strongman's daughter • 박정희, 어디까지 알고 있니? -OX퀴즈 • 여러 개의 가면 • 내가 생각하는 박정희 -박정희 삼행시	국어: -설득하거나 주장하는 말의 타당성을 판단하며 듣는다. -토론의 절차와 방법을 알고 적극적으로 참여한다. -적절한 이유나 근거를 들어 주장하는 글을 쓴다. 사회: -주요 사건에 대한 시각 자료를 중심으로 국민들의 자유민주주의를 위한 노력을 이해한다. 도덕: -지구촌 시대에 인류가 서로 돕고 평화롭게 살아야 하는 이유를 이해하고, 인류를 사랑하고 평화로운 세상을 만들기 위해 노력하는 태도를 지닌다. 이를 위해 인류애 및 평화가 인류의 삶에 얼마나 중요한지를 설명하고, 인류애와 평화를 실현하기 위해 노력하고 있는 사람들의 사례를 찾아본다.	2
2	영원한 독재를 꿈꾸다	• 5·16 군사 쿠데타, 삼선개헌 • 유신헌법과 대한민국 헌법 비교 • 부마항쟁, 10·26사태 • 유신헌법에 관한 관점 정리		2
3	잃어버린 33년	• 인혁당 소개 • 만화로 보는 인혁당 사건 희생자 이야기 • 사건 그 후 • 내가 생각하는 참된 민주주의		1
4	베트남전쟁, 반쪽의 기억	• 베트남전쟁 • 한국의 참전 이유 • 베트남 파병 찬반토론		1
5	프레이저 보고서	• 프레이저 보고서 시청		1

1.
여러 개의 가면

The strongman's daughter
⇩
박정희, 어디까지 알고 있니?
⇩
여러 개의 가면
⇩
내가 생각하는 박정희

1. The strongman's daughter
-〈타임〉지 표지에 등장한 박근혜, strongman의 뜻 논란

2. 박정희, 어디까지 알고 있니?
-박정희 OX퀴즈 10문제

3. 여러 개의 가면
-일제강점기 엘리트 친일 군인
-친일 노하우 경력의 친미주의자
-해방 후 공산주의 모임 가담 군인
-권력 장악 후 철저한 반공주의자
-독재 이미지 희석 위한 서민 코스프레
-급속한 경제 성장을 이룬 대통령
-영구집권을 원했던 독재자

4. 내가 생각하는 박정희
-박정희 삼행시 짓기(역사책)

'총소리에 쓰러진 대통령은 누구일까' 주제의 첫 번째 수업은 '박정희'라는 인물을 탐구하는 시간이다. 우리는 이 수업을 총 4단계로 구성했다. 아이들이 단편적으로 아는 '독재자', '박근혜의 아버지'… 등등의 사실에 더해 박정희가 그때그때 상황에 따라 가졌던 여러 가지 태도에 대해 알아보고, 새로이 알게 된 사실들에 기초하여 나름대로 이미지(긍정적, 부정적)를 구성하고 나서 '박정희'로 삼행시를 지어 저마다 발표하는 활동으로 수업을 마무리했다. 박정희라는 인물을 탐구하기에는 워낙 시대적 상황 변화(일제강점기-광복-6·25-그 이후)가 극심해 아이들이 이해하기에는 수준이 어려워 아이들이 몰랐던 사실을 알려 주는 것에 중점을 두었다. 단순히 '박정희가 이런 인물이었다'라고 교사가 단정 짓기보다는 박정희의 생애와 그의 행적들을 다양하게 알려 줌으로써 아이들 스스로가 박정희란 인물에 대해 판단할 수 있게끔 유도했다.

맨 처음 하나의 사진을 보여 주었다. 전두환을 다뤘던 앞의 내용과 수업을 연결하기 위해서다. 젊었을 적 전두환과 박정희가 같이 찍은 사진을 제시했을 때 아이들은 처음에는 헷갈려 했지만 교사의 힌트와 함께 오른쪽에 서 있는 작은 인물이 박정희라는 것을 알아맞혔다. 이어 자연스럽게 박정희에 대해 질문했더니 '독재자요!', '박근혜 아빠요!' 등등의 대답이 나왔다. 다음으로 박근혜 이야기가 나왔을 때 또 다른 사진을 보여 주었다. 2012년 12월호 아시아판 〈타임〉지 표지에 박근혜가 등장한 사진과 여기서 같이 나온 'strongman'이라는 단어에 대해 아이들이 아는 것, 예상하는 것을 이야기하게 했다. 잡지를 보고 의견을 주고받으며 아이들은 외국에서조차 박정희를 보는 시각이 '독재자'에 가까웠음을 알게 되었다.

두 번째 활동으로는 OX퀴즈를 통해 박정희의 일대기를 단편적으로나마 훑어보았다. 인물에 대해 어렴풋이 아는 상황에서 흥미롭게 참여하기에 좋은 방법이라고 생각했다. OX퀴즈의 첫 질문이었던 박정희의 첫 번째 직업을 알아맞힌 아이는 단 한 명도 없었으며, 정답과 함께 실제 사진과 신문 자료 등이 공개되고 나자 모두 충격을 받은 모습이었다. 박정희가 일본과 맺은 1965년 한일협정 같은 경우도 아이들은 몰랐다. 그래서 그 당시 뉴스와 한일협정에 대해 다룬 최근 영상 자료를 보여 주고 이에 대해 같이 이야기하면서 한일협정에 대해 알아보는 시간도 가졌다. 열 개의 퀴즈를 풀며 박정희가 여러 상황 변화에 능수능란한 처세술을 보여 주었음을 알 수 있었다.

세 번째로, 퀴즈에서 다루었던 여러 상황에 기초하여 박정희가 썼던 일곱 개의 가면을 다시 정리하는 시간을 가졌다. 일제강점기 엘리트 친일 군인부터 급속한 경제 성장을 이루었으나 영구집권을 꾀했던 독재자까지… 세 번째 시간까지 아이들은 박정희에 대한 문제를 풀고 많은 자료를 접하고 이야기를 나눔으로써 나름대로 박정희에 대한 긍정적, 부정적 판단을 내릴 수 있었다. 뒤의 삼행시 활동을 위해서는 앞 활동에서 퀴즈를 풀면서 쌓았던 여러 박정희에 대한 스스로의 이미지를 정리하는 시간이 필요했다.

마지막으로 박정희를 주제로 한 삼행시를 짓는 활동을 했다. 매우 다양한 삼행시들이 나왔다. 독재를 비판하는 내용도 있었고, '경제 성장을 한 것은 좋은 일이었지만 다른 행보가 아쉽다, 정치적으로 볼 때 그 당시 민주의 희망이 없었다'는 비판적인 시각들도 여럿 나왔다. 아이들은 '박정희'라는 세 글자가 삼행시를 짓기에 아주 좋았다고 말했다. 각 글자로 시작하는 단어 선택도 다양했으며, 한 명도 빠짐없이 발표하여 서로의 생각을 확인하면서 스스로 배운 내용을 정리하는 시간을 가졌다.

2.
영원한 독재를 꿈꾸다

5·16 군사 쿠데타, 삼선개헌 알아보기
⇩
유신헌법과 대한민국 헌법 내용 비교하기
⇩
부마항쟁, 10·26사태 알아보기
⇩
유신헌법에 관한 자신의 관점 역사책에 정리하기

1. 5·16 군사 쿠데타, 삼선개헌 알아보기

-5·16 군사 쿠데타: 1961년 5월 16일, 군인이었던 박정희가 정국 혼란을 안정시켜야 한다며 군대를 이끌고 서울을 점령, 이후 5, 6대 대통령 당선

-삼선개헌: 장기 독재의 시작, 3선까지 가능하도록 개헌

2. 유신헌법과 대한민국 헌법 내용 비교하기

-준비물: 유신헌법 편집본 활동지, 『손바닥 헌법책』, 4절지

-유신헌법 활동지의 내용과 『손바닥 헌법책』의 헌법 조항을 비교하며 문제가 되는 조항 찾기

-찾은 내용은 정리하여 모둠별 발표하기

-체육관 대통령 탄생(무효 2표 이외 전원 찬성), 당시 뉴스 화면 시청(영애 박근혜 등장)

3. 부마항쟁, 10·26사태 알아보기

-부마항쟁: 1979년 10월에 부산과 마산에서 시민들이 유신 반대를 외치며 거세게 저항한 사건

- 10·26사태
  - 1979년 10월 26일, 중앙정보부 부장이었던 김재규가 박정희에게 총을 쏜 사건
  - 부마항쟁 진압 방법에 관한 의견 차이 등 정권 내부의 갈등 때문
  - 박정희의 18년 독재 정치가 끝남

4. 유신헌법에 관한 자신의 관점 역사책에 정리하기
  - 아버지 박정희에 대한 박근혜의 인터뷰 시청
  - 유신헌법에 관한 자신의 생각 역사책에 정리하고 이야기 나누기

'영원한 독재를 꿈꾸다' 소주제에서는 박정희 시대의 유신헌법의 내용과 문제점에 대해 알아보는 수업을 계획했다. 앞선 주제에서 헌법에 대한 공부를 했기 때문에 각 헌법의 주요 내용을 비교해 보면 아이들이 충분히 이상한 점을 찾아내리라 생각했다. 수업 자료를 만들다 보니 예상보다 내용이 어렵다는 생각이 들었고, 수업을 실행하며 역시 더 쉽게 계획했어야 했다는 아쉬움이 남았다.

수업의 흐름은 박정희의 독재 과정을 순서대로 배치했다. 5·16 군사 쿠데타와 삼선개헌은 교사가 간단히 설명했다. 수업의 핵심은 유신헌법의 내용을 탐색하며 아이들이 스스로 문제점을 찾아보는 것으로 계획했다. 이 결과로 부마항쟁이 일어났고, 그 후 10·26사태로 박정희 시대가 끝나는 것으로 내용을 마무리했다. 수업 끝에서는 아버지 박정희의 유신헌법에 대한 박근혜의 과거 인터뷰를 본 뒤에 자신의 생각을 정리해 보기로 했다.

송천초의 경우 이 시기가 교생실습 기간이었다. 교생 선생님들이 실습 중에 필수적으로 주요 교과 수업을 1차시 이상 진행해야 했기 때문에, 세 분의 교생 선생님이 소주제를 나눠 맡아서 수업해 주기로 했다.

1시간 내에 마무리되지 않은 내용은 담임교사가 이어 정리했다. 교생 선생님들과 수업 사전 협의를 하니 성인인 자신들도 모르는 내용들이 있어 아이들이 어려울 것 같다고 했다. 물론 담임교사인 나도 수업 준비를 하며 공부하고 새롭게 알게 된 사실들이 많았다. 논의를 통해 수업의 난이도를 낮추고자 노력하면서도, 사회 수업을 즐기는 우리 아이들이 예상보다 잘 이해해 주리라는 기대도 있었다.

수업의 시작은 교생 선생님이 담당해 주셨고, 자료 외에도 수업을 위한 다양한 이야기를 준비해서 아이들의 눈높이에 맞게 설명해 주었다. 아이들은 삼선개헌 설명 과정에서 이전에 공부했던 김대중 대통령 관련 이야기를 다루자 반가워했다.

그 후 이 수업의 주요 활동인 유신헌법 주요 내용을 학습지를 통해 읽어 보고 문제점을 찾아봤다. 유신헌법 관련 학습지를 만들 때, 헌법에 사용된 언어가 6학년 수준에는 쉽지 않기에 이해하기 쉬운 조항들로 간결하게 편집했다. 헌법의 내용을 파악한 뒤 문제점까지 찾는 활동은 고등사고를 활용해야 하기에 개인 활동보다는 모둠활동이 적합하다고 협의를 통해 결정했다. 학습지 내용은 유신헌법의 주요 내용을 읽어 보고 우리가 지난 수업에서 활용했던 『손바닥 헌법책』을 펼쳐 현재의 헌법과 어떤 점이 다른지, 어떤 점이 문제인지를 생각해 보는 것이었다. 앞선 수업과의 연결고리가 있으면 좋을 거란 생각에서 고안한

5·16 군사 쿠데타

장기 독재의 시작

활동인데 개선할 지점이 있었다. 아이들이 『손바닥 헌법책』을 능숙하게 활용하지 못했기에 유신헌법과 비슷한 조항을 찾아내는 것이 매우 어렵고 시간이 많이 걸렸다. 수업을 먼저 한 학급의 피드백을 받아 다른 학급에서는 『손바닥 헌법책』을 활용하는 대신 유신헌법 학습지 내용만 보고 문제점을 찾는 활동으로 수정했다. 현재의 정확한 헌법 내용을 굳이 찾아보지 않아도 아이들이 직관적으로 유신헌법의 문제점을 파악할 수 있었다. 『손바닥 헌법책』을 활용하는 것은 수업을 계획한 교사의 욕심이었다는 생각이 들었다.

학생들은 모둠 토의를 통해 대통령 간접선거, 대통령의 국회의원 추천권, 대통령의 국회해산권, 국민의 권리 침해 등의 문제점을 발견했다. 세 가지 이상 찾아낸 모둠이 있는 반면, 한두 가지를 겨우 찾아낸 모둠도 있었다. 내용이 어려웠다는 생각이 든다. 아이들이 찾아낸 내용을 발표를 통해 공유한 뒤, 자료를 보며 유신헌법의 문제점을 정리했다. 그리고 교사의 설명 아래 『손바닥 헌법책』을 보며 현재는 어떤 식으로 각 조항이 나타나 있는지도 알아봤다. 아이들은 '대통령의 권한이 막강하다', '통일주체국민회의라는 단체가 이상하다' 등의 의견을 이야기했다.

유신헌법의 문제점을 알아본 뒤, 거리로 나와서 자신들의 의견을 표현한 시민들이 부마항쟁을 주도했다는 것과 이 항쟁의 진압 방식에 대한 김재규와 차지철의 생각 차이를 보여 주었다. 결국 김재규가 쏜 총에 의해 박정희의 시대가 끝났음을 공부한 뒤 마지막으로 그의 딸 박근혜의 인터뷰 영상을 봤다. 이 영상은 박근혜가 대통령에 당선되기 전 아버지에 관한 질문에 답한 내용이다. 그는 유신헌법은 불가피한 선택이며, 그 필요성을 국민들에게 인정받았다고 말한다. 수업의 마무리는 '우리는 유신헌법을 어떻게 바라볼 것인가'에 대해 자신의 생각을 정리해 보는 것이었다. 박근혜 대통령이 말한 것처럼 그 시대에는 어쩔

아버지가 삼선 개헌 하신 것은 단지 기회를 한번 더 원한 것이고 판단은 국민이 한 것이다.

유신에 대해서 옳다고 불가피성을 주장한 것이 많은 호응을 받았다.

박근혜 대통령 언론사 인터뷰 장면

수 없었던 선택이었을지, 유신헌법에 관한 자신의 생각을 역사책에 적고 공유하며 수업을 마무리했다.

3.
잃어버린 33년

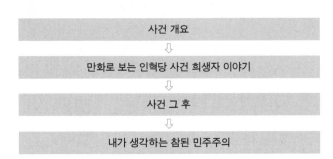

1. 사건 개요

-사법살인(司法殺人)이란 죄가 없음에도 불구하고 법률에 의해 사형 선고를 받거나, 사형을 언도받아 사형당한 것을 말함. 진보당 사건, 인민혁명당 사건이 그 예에 속함

2. 만화로 보는 인혁당 사건 희생자 이야기

-만화 살펴보기

-'박근혜 인혁당 사건 발언 역사인식 논란' 뉴스 동영상 보기: 두 번의 재판의 결과가 다르게 나왔다, 역사가 판단해 주지 않을까, 인권 유린의 역사에 대해 인정하지 않는 듯한 발언

-'손석희×박근혜 레전드 인터뷰' 동영상 보기: 인터뷰 이후 손석희 아나운서의 생각

3. 사건 그 후

-국제법학자협회, 의문사진상규명위원회, 국정원과거사진실규명을통한발전위원회의 발표: 공통적으로 인권 침해, 조작된 사건임을 규명, 선포

-2007년 사건 희생자 8인 무죄 선고: 1974년 → 2007년… 잃어버린 33년

-지식채널e 〈잃어버린 33년〉 보기: 영상 말미에 나오는 박정희 당시 대통령의 '우리는 한국식 민주주의를 해야 한다' 발언에 주목.

4. 내가 생각하는 참된 민주주의

-짧은 글 쓰기: 박정희가 말한 '한국식 민주주의'란 어떤 의미일까?

　　　　　　 : 내가 생각하는 '참된 민주주의'의 의미는 무엇인가?

'잃어버린 33년' 수업은 유신체제하의 대표적인 인권 침해 사건인 인혁당 사건을 알리기 위해 계획했다. 아이들은 이전까지 다양한 주제수업이나 교과 수업, 학교폭력예방교육 등에서도 인권 문제를 자주 접했기 때문에 아이들의 인권의식이 높다고 판단했다. 그래서 아이들이 가지고 있는 인권의식을 바탕으로 유신체제에서 자행된 수많은 인권 유린 사건을 살펴보고, 이러한 역사가 되풀이되어서는 안 된다는 생각으로 수업을 계획했다.

수업은 '법의 이름으로 살인을…'이라는 부제의 의미를 생각해 보며 시작된다. 대부분의 아이들은 그 의미가 무엇인지 예상하지 못했다. 다소 어려운 용어가 많이 사용되었기 때문에 최대한 간략하고 쉽게 '언제, 누가, 무엇을, 그래서?'로 사건 개요를 설명했다. 그리고 '죄가 없음에도 불구하고 법률에 의해 사형 선고를 받거나, 사형을 언도받아 사형당한 것'을 의미하는 '사법살인'이라는 용어를 부제의 의미와 함께 덧붙여 설명했다. 여기까지 설명했을 때 아이들은 대부분 의아해했다. 이해를 돕기 위해 만화로 재구성된 인혁당 사건을 함께 살펴보며 보충 설명을 해 주었고, 18대 대선을 앞두고 논란이 있었던 박근혜 당시 대선 후보의 인터뷰 뉴스를 보여 주었다. 또한 손석희 아나운서의 인터뷰 경험담을 담은 동영상을 함께 보며 대선 후보의 올바른 역사인식의 중요

성을 생각해 보았다.

'사건 그 후'에서는 2000년대에 들어서야 과거사를 되돌아보는 작업들이 있었고, 인혁당 사건은 그 당시 정부에 의해 조작된 사건임이 밝혀졌다는 사실을 알려 주었다. 33년이 지난 후에야 사건의 희생자 8인에 대해 무죄 선고가 내려졌기 때문에 유가족에게는 그 세월이 얼마나 지옥 같았을지 감히 상상할 수도 없겠지만, 잠깐이라도 그 마음을 생각해 보자고 이야기했다. 아이들도 함께 안타까운 마음을 느꼈다.

끝으로 EBS 지식채널e의 〈잃어버린 33년〉이라는 동영상을 보며 이 사건을 되짚어 보았다. 동영상 끝부분에 나오는 당시 박정희 대통령의 '한국의 형편에 맞는 민주주의'란 어떤 의미인지, 아이들이 생각하는 '참된 민주주의'의 의미에 대한 짧은 글 쓰기로 수업을 마무리했다. 많은 아이들이 '한국식 민주주의'의 의미를 예상하지 못했다. 아마도 그의 생각에 공감하지 못해서였을 것이다. 그래도 몇몇 아이들이 '박정희의 입맛에 맞는 정치'와 비슷한 의미의 답들을 내놓았고, 함께 더 생각해 보기로 했다. 아이들이 민주주의의 의미를 깊게 생각해 보았다는 것에 큰 의미가 있는 수업이었다.

'한국식 민주주의'에 대한 아이들의 생각   '참된 민주주의'에 대한 아이들의 생각

4.
베트남전쟁, 반쪽의 기억

베트남에 대해 알아보기
⇩
베트남, 남과 북으로 나뉘어 싸우다
⇩
대한민국은 왜 참전했을까?
⇩
베트남 파병은 옳은 결정이었을까?

1. 베트남에 대해 알아보기

-쌀국수, 베트남 유명 관광지, 박항서 감독(현 베트남 축구대표팀 감독)
 등을 통해 베트남이란 국가에 대해 떠올리고 이야기 나누기

2. 베트남, 남과 북으로 나뉘어 싸우다

-베트남전쟁 알아보기: 베트남전쟁의 원인과 과정 알아보기

-〈국제시장〉 일부 장면 시청

-베트남전쟁 관련 국민청원 내용 알아보기

-베트남 위령비: 민간인 학살에 관한 한국군 증오비

3. 대한민국은 왜 참전했을까?

-한국이 베트남전쟁에 참여한 이유 알아보기

-미국이 베트남전쟁에 참여한 이유 알아보기

-베트남 참전의 득과 실 알아보기

4. 베트남 파병은 옳은 결정이었을까?

-베트남 파병에 대한 자신의 생각 역사책에 정리하기

- '베트남전쟁에 대한 사과가 필요할까?' 자신의 생각 정리하기

베트남전쟁에 관한 내용은 수업 계획 초반에는 포함되지 않았다. 박정희를 주제로 다루며 유신개헌이 가장 중요하다고 생각했고, 경제 성장에 관한 부분은 추후 전태일 관련 주제에서 다루기 때문이었다. 동학년 회의에서는 미처 생각하지 못했던 부분을 역모자들 학습공동체 논의를 통해 추가하기로 했다. 사실 베트남전쟁에 대해 아는 바가 많지 않아 이 주제를 준비하며 마음의 부담이 있었다. 교사인 나도 잘 알지 못하는 내용이다 보니 '아이들에게도 어렵지 않을까', 또 '아이들 수준에 맞춰 어떻게 풀어낼 수 있을까' 등의 고민이 있었다. 동학년 선생님들도 베트남 참전에 대한 내용은 아이들에게 어렵지 않겠느냐는 의견이 있었다. 이 고민에 도움이 된 것은 학습공동체 선생님들의 추천을 받은 책 『쟁점 한국사』였다. 창비 출판사에서 발행된 이 책은 역사적 쟁점 24가지를 다양한 관점에서 바라볼 수 있게 구성됐다. 이 책을 읽으며 베트남전쟁의 전개 과정 및 원인 등을 이해할 수 있었고, 아이들과 어떻게 이야기를 나누면 좋을지 방향을 잡을 수 있었다. 그리고 그동안 내가 이런 역사적 쟁점에 대한 관심과 지식이 부족했다는 생각 생각을 했다.

수업의 시작은 베트남이라는 국가에 대해 알아보는 것으로 했다. 세계 여러 나라의 문화를 배우는 내용은 6학년 2학기에 배우기 때문에 일부 학생들에게는 베트남이라는 국가가 생소할 수도 있다. 그런데 베트남이 우리나라와 가까운 동남아시아에 위치해 있어 여행을 다녀왔거나, 종종 들어 본 적이 있어서인지 베트남이라는 국가는 아이들에게 낯설지 않았다. 특히, 쌀국수라는 음식이 아이들에게 베트남이라는 국가를 친숙하게 느끼게 했던 듯하다. 그리고 최근 베트남에서 영웅으로

불리는 박항서 감독에 대해서도 알고 있는 학생들이 있었다.

베트남을 소개한 뒤 영화 〈국제시장〉의 베트남 참전 관련 장면을 짧게 보여 줬다. 그리고 문재인 대통령이 베트남을 방문했을 때의 뉴스와 이와 관련된 청원을 제시했다. 왜 문재인 대통령이 베트남 방문 시 과거의 역사에 대해 유감이라는 표현을 사용했는지, 그리고 일부 국민들이 왜 베트남전쟁에 대한 대통령의 공식적인 사과가 필요하다는 청원을 청와대 홈페이지에 올렸는지 아이들에게 생각해 보도록 했다. 아이들은 대강 추측해서 우리나라가 베트남전쟁에 참전했고, 그로 인한 피해가 베트남에 있었으므로 사과해야 한다는 주장이 있을 것이라고 답변했다. 이와 관련하여 좀 더 자세히 알아보자고 하며 베트남에 있는 '위령비'를 소개했다. 베트남 특정 마을에는 전쟁 당시 한국군들이 베트남 민간인들을 무차별하게 학살한 것에 대한 증오를 담은 위령비가 있다. 이 비는 한국인 증오비라고 불리기도 한다. 아이들에게 이 내용을 소개하며 왜 이러한 사실이 한국에는 잘 알려지지 않았을지 생각해 보도록 했다. 우리에게는 영광스러운 참전의 역사일 수 있지만 그 이면에는 아픔을 품고 있다는 사실을 알게 되었다.

그렇다면 우리는 왜 직접적인 연관이 없던 베트남전쟁에 참여하게 된 것일까? 현대사 수업을 거꾸로 했기 때문에 학생들이 남북 분단 당시의 상황이나 국제 정세를 자세히 배우진 않았지만 제법 정확하게 대답하는 아이들이 있었다. 미국과의 관계로 우리가 참전을 하게 됐을 거라고 답변했다. 그렇다면 미국은 왜 베트남전쟁에 참여한 것인지도 생각해 보도록 했다. 그리고 이 부분을 수업하면서, 또 추후에 우리나라의 6·25전쟁을 공부하며 닮은 점이 참 많다는 생각이 들었다. 자국민의 뜻과 상관없는 갈등과 전쟁, 우리에게도 베트남과 같은 아픔과 상처가 있는 것은 아닌지, 현재 유일한 분단국가인 우리나라의 상황이 안타까웠다. 우리는 베트남 참전을 통해 얻은 것과 잃은 것이 무엇인지 생각해 봤다. 그동안 베트남전쟁을 통해 얻은 것들은 널리 알려져 있다. 베트남전쟁에 대해 아는 것이 많이 없던 나도 '월남에서 돌아온~'이라는 노래를 여러 번 들어 봤을 만큼 우리에게 베트남 참전은 자랑스러운 역사였기 때문이다. 용기 있는 참전 용사들 덕분에 당시 외화벌이가 급상승했고, 미국과의 유대 관계를 공고히 하여 이를 통해 남북 대립 상황에서 국방력을 한층 강화시킬 수 있었다. 하지만 이는 반쪽의 기억이 아닐까. 당시 한국군들이 저지른 민간인 학살, 고엽제 피해로 인한 참전용사들의 고통 등을 되돌아보는 데는 부족했다. 게다가 여전히 베트남 방문 때마다 정부 차원의 '공식적인 사과가 필요하다'라는 이야기가 나온다. 하지만 베트남 정부 역시 공식적인 사과를 원하지 않는다는 뉴스 보도를 보니 민간인 피해자들의 상처만 더 깊어진다는 생각이 들었다. 우리의 과거 위안부 협상이 떠오르기도 했다. 피해자들이 원하는 건 가해자들의 진정한 사과인데 정부가 이들의 상처를 진심으로 보듬지 못한다는 생각이 들었다.

수업의 마무리는 '베트남 참전이 옳은 결정이었는가'에 대해 자신의 생각을 정리해 봤다. 과거 수업에서는 미처 우리가 생각하지 못했던 베트남 참전의 아픔에 대해서도 다뤘기 때문에 반대의 입장으로 몰리지 않을까 생각했다. 하지만 예상 외로 '베트남 참전은 필요한 결정이었다'라는 의견이 좀 더 우세했다. 아이들은 당시 남북 갈등이 심각했기 때문에 참전을 통해서 미군의 도움을 받고 국방력을 강화시킬 필요가 있었다는 근거를 들었다. 물론 다른 나라 전쟁에 무리하게 참여하여 우리의 젊은 병사들뿐만 아니라 베트남 민간인들까지도 많은 희생이 있었다는 점에서 옳지 않은 결정이었다는 의견도 나왔다. 우리가 목표로 하는 역사수업은 아이들이 역사적 쟁점에 대해 고민해 보고 자신의 관점을 정립하도록 돕는 것이기에 어느 입장이든 모두 존중하며 수업을 마무리했다. 수업을 준비하며 JTBC의 〈썰전〉이라는 프로그램에서 '베트남전쟁에 대한 공식적인 사과가 필요할까'라는 논제로 두 패널이 서로 다른 의견을 내세우는 내용을 찾아보았다. 그래서 선택활동으로 이 내용을 넣었지만 시간상 이 부분은 아이들에게 이렇게 다른 입장이 있음을 제시하는 정도로 마무리했다.

수업 계획을 세우는 과정에서는 너무 어려운 내용이라 고민이 많고 마음이 답답했다. 하지만 수업 자료를 만들기 위해 교사인 내가 스스로 공부하고 자료를 만들고 나니 뿌듯함이 컸다. 아이들도 예상보다 내용들을 잘 받아들였다. 고민의 깊이만큼 나와 아이들이 함께 한 뼘 더 성장한 것 같아 보람이 있었다.

박정희는 평가가 극명하게 갈리는 대통령이다. 아직도 박정희가 경제를 발전시켰다며 무조건 그의 업적을 찬양하는 사람들도 많다. 심지어 그의 후광으로 대통령이 된 박근혜의 경우만 봐도 그렇다. 반면 그를 탐욕적인 독재자로 인식하는 사람들도 상당하다. 그로 인해 고통을 받았던 사람들이 얼마나 많은가! 민족문제연구소가 제작한 '프레이저 보고서'를 보면 그가 얼마나 국민들을 기만했는지 알 수 있다.

한 사람에 대한 평가가 상반되게 나오고 있는 이유는 무엇일까? 대한민국은 지금도 보수와 진보가 진흙탕 싸움을 하고 있다. 제대로 된 의회민주주의는 실종되고 정쟁이 난무하다. 공공의 가치보다는 자신의 이익을 위해 움직이는 자칭 보수주의자들의 행태는 보수라고 부르기도 민망하다. 수구 세력에 가까운 현재의 보수 세력은 아직도 박정희의 그늘에서 벗어나지 못하고 있다. 18년에 걸친 장기집권 과정은 건강한 보수, 건강한 시민을 양성하는 데 부정적 영향을 미쳤다.

아이들은 그런 독재 대신 촛불집회를 눈으로 목격했다. 이 아이들에게 거는 기대가 크다. 우리 세대와 달리 민주주의를 공기처럼 받아들이며 더 나은 세상을 향해 한 발자국씩 나아갈 것이다. 이를 위해서 박정희를 비롯해 앞으로 배울 이승만까지 독재자들의 역사를 외면하지 않고 가르쳐야 한다. 그것이 우리가 아이들을 위해 해야 할 역사교육이다.

9.
대통령에게 편지를 쓴 청년은 누구일까?

어떤 이는 그를 경제적 국부라 찬양하고 어떤 이는 독재자라 비난한다. 박정희 대통령의 공과 과를 동시에 인정하는 이들도 많다. 우리 역사상 많은 대통령이 있었지만 그처럼 평가가 극명하게 갈리는 이가 또 있을까?

하지만 이번 수업의 주인공은 박정희가 아닌, '박정희 대통령에게 편지를 쓴 청년'이다. 전태일이라는 이름은 듣기만 해도 심장이 뛰고 가슴이 아련하다. 갓 스물을 넘긴 청춘이었다. 우리의 스무 살과 전태일의 스무 살은 왜 이렇게 달랐을까? 우리의 스무 살은 입시에서 벗어났다는 해방감과 캠퍼스의 낭만과 설렘이 있었다. 전태일의 스무 살도 그랬으면 좋으련만, 그의 스무 살은 세상에 대한 의심으로 괴로워하고 세상을 바꾸어야 한다는 의무감과 신념으로 가득 찬 나날이었다.

전태일의 선택을 이해하려면, 전태일이 살던 세상을 이해하는 것이 먼저라 생각해 수업을 두 파트로 나눌 수 밖에 없었다. 전태일이 살던 시대를 이해하는 첫 번째 수업과 전태일의 삶을 구체적으로 조명하는 두 번째 수업이다. 우리의 수업이 영원한 젊음인 그를 기억하는 또 하나의 방법이 되길 바란다.

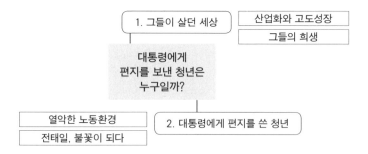

수업의 흐름

	소단원 명	소단원 주요 내용	관련 성취기준	차시량
1	그들이 살던 세상	•〈국제시장〉영화 보기 •산업화와 고도성장 •그들의 희생	사회: -주요 사건에 대한 시각 자료를 중심으로 국민들의 자유민주주의를 위한 노력을 이해한다. -사례를 통해 산업화와 경제 발전의 성과를 살펴보고, 그에 따른 사회 변화와 과제를 파악한다.	2
2	대통령에게 편지를 쓴 청년	•열악한 노동환경 •전태일, 불꽃이 되다		2

1.
그들이 살던 세상

〈국제시장〉 영화 보기
⇩
우리나라의 변화한 모습 살펴보기
⇩
박정희 시대의 경제 발전 알아보기
⇩
박정희 시대의 희생 알아보기
⇩
박정희 대통령에 대한 나의 생각 쓰기

1. 〈국제시장〉 영화 보기
- 영화 국제시장을 보며 시간의 흐름에 따른 우리나라 경제 발전과 과거
  의 경제생활 알아보기

2. 우리나라의 변화한 모습 살펴보기
- 과거와 현재의 달라진 모습을 보며 '산업화'에 대해 이야기 나누기

3. 박정희 시대의 경제 발전 알아보기
- 박정희 대통령이 1960, 1970년대에 추진한 일들을 살펴보기

4. 박정희 시대의 희생 알아보기
- 경제 발전의 뒤편에 있었던 민중의 희생 생각해 보기(파병 군인, 파독
  광부·간호사, 낙수효과 등)

5. 박정희 대통령에 대한 나의 생각 쓰기
- 박정희 대통령에 대한 자신의 평가 써 보기

'한강의 기적' 등 드라마틱한 대한민국의 경제사를 이야기할 때 꼭 빠지지 않는 인물이 있다. 바로 '박정희' 대통령이다. 냉전체제, 남북 대립 등이 얽힌 혼란의 시대를 이끌었고, 그 변화의 중심에 있던 사람. 그 때문인지 아직도 의견이 분분하며 지금까지도 적지 않은 영향력을 미치고 있는 그.

　그의 주된 업적이라 불리는 것 중 가장 핵심인 경제 발전을 아이들에게 어떻게 이야기할 것인지와 이를 노동운동(전태일)으로 어떻게 자연스럽게 연결지을 수 있을지가 이번 수업의 고민이었다. 많은 자료를 보고 이야기한 결과, 화려한 성장보다는 그 밑에서 소외되고 희생된 사람들과 그 이유에 대해 초점을 맞추고 수업을 진행하기로 했다.

　수업은 영화 〈국제시장〉 시청으로 시작했다. 6·25 때부터 현대까지의 변화와 발전 과정을 간접적으로나마 볼 수 있기 때문이다. 수업에서 중요하게 다룰 파병, 파독의 모습도 생생하게 나오기에 적합한 수업 자료라고 생각했다. 아이들은 별 부담 없이 즐겁게 영화를 보았다.

　영화를 본 후에는, 우리 지역 및 서울의 변화 모습을 보여 주었다. 아이들은 우리나라가 급속한 발전을 이어 왔다는 사실을 알고 자랑스러워했다. 변화한 사실을 알아보는 데 그치지 않고 그 안에 있던 수많은 사람들의 노력과 희생을 아이들과 나누고 싶었다. 그래서 '우리는 어떻게 이렇게 변하게 되었을까?'란 질문을 던졌다. 생각보다 다양한

영화 〈국제시장〉

영화 〈국제시장〉의 한 장면

답변이 나왔는데, 전 시간의 수업 때문인지 아이들로부터 박정희 대통령이란 대답이 튀어 나왔다. 자연스럽게 박정희 대통령 시대 이야기로 들어가게 되었다.

6·25 직후 변화된 모습과 미국의 경제 원조를 설명하며 당시 경제 발전의 필요성과 경제 발전의 모습을 살펴보는 시간을 가졌다. 이 수업의 목적은 박정희 대통령의 업적을 치하하거나 경제 발전을 평가하는 것이 아니다. 그 과정에서 잊혀 버린 혹은 강요된 희생에 대해 생각해 보는 것이기에 서서히 더 길게 방향을 틀어갔다.

그 후 한 장의 신문 기사와 사진을 보여 주었다. 아이들에게 물어보았다. 박정희 동상 건립과 관련된 구미 시장과 시민의 1인 시위 모습이었다. "왜 이 두 사람은 서로 다른 주장을 하고 있을까요?", "두 사람은 박정희 대통령을 어떻게 평가하고 있는 것일까요?"라는 질문 후에 본 수업의 주제인 '사람들'의 이야기로 들어갔다.

대한민국의 오늘은 한 사람의 뛰어난 리더십으로 이루어진 것이 아니다. 대표적인 사람들을 중심으로 근현대를 설명하는 경우가 많지만, 우리 근현대사의 가장 큰 주역은 '이름 없는 수많은 시민들'이라고 생각한다. 그 시민들의 피, 땀, 눈물을 아이들과 나누는 것. 그들의 목소리가 지금의 우리에게 주는 메시지들을 아이들과 생각해 보고 싶었다.

박정희 대통령 정책 이야기 나누기

박정희를 서로 다르게 평가하는 사람들

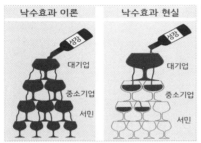

낙수효과 | 국민들의 생활이 악순환되는 이유

'이름 없는 사람들'이 베트남 파병에서 흘린 '피'를, 파독 광부·간호사들의 '땀'을, 그리고 한일협정의 '눈물'을 아이들과 나누었다. 가족을 위해, 국가의 발전을 위해 흘린 그들의 땀방울을 생각하니 아이들의 마음은 무거워져 갔다. 특히 파독 광부와 간호사 이야기를 나눈 후 속상해하는 듯했다.

"이렇게 확보한 외화, 돈들은 어떻게 쓰였을까요?"라는 질문에 여러 대답이 나왔다. '경부고속도로' '공장' 등. 모두 맞는 말이었다.

"이렇게 국민들이 희생하고, 눈물을 흘려 모아 온 돈으로 시작된 경제 개발인데 그 당시 국민들은 어떤 삶을 살았을까?"라고 질문한 뒤 한 장의 사진을 보여 주며 이 그림에 힌트가 있다고 알려 주고 나서 생각할 시간을 주자 아이들은 질문의 의도를 잘 파악했다.

"누군가가 독차지했을 것 같아요."

이야기를 마친 후 마지막으로 물었다.

"한강의 기적이라 불리는 우리나라의 발전은 어떻게 이루어졌다고 생각하나요?"

아이들은 경제 성장의 이면에 민중의 희생과 노력이 있었다고 말했다. 마지막 정리로 아이들에게 박정희 대통령에 대한 나름의 평가를 학습 노트에 써 보는 시간을 가졌다.

다음 수업과 연결하기 위해 '이런 현실 속에서 대통령에게 편지를 보낸 사람이 있었다'며 어떤 내용인지 추측하고 수업을 마쳤다.

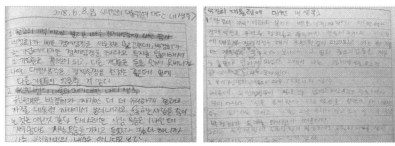

박정희에 대한 아이들의 평가

2.
대통령에게 편지를 쓴 청년

『청년 노동자 전태일』 책 읽기

⇩

전태일의 삶 들여다보기

⇩

영화 〈아름다운 청년 전태일〉 영상 보기

⇩

전태일이 쓴 편지 읽고 노동환경 찾기

⇩

추모하는 편지와 시 쓰기

⇩

2018 최저임금 개정안 문제 생각해 보기

1. 『청년 노동자 전태일』 책 읽기(수업 전 활동)
- 『청년 노동자 전태일』 책 독서 릴레이로 읽기

2. 전태일의 삶 들여다보기
- 책 내용을 바탕으로 전태일의 삶에 대해 알아보고, 그 당시 노동환경에
  대해 이야기 나누기

3. 영화 〈아름다운 청년 전태일〉 영상 보기
- 먼지 가득한 공장에서 일하는 장면, 폐병에 걸린 소녀가 피를 토하는
  장면 등 영화 속 한 장면을 통해서 그 당시 노동환경 느껴 보기

4. 전태일이 쓴 편지 읽고 노동환경 찾기
- 대통령에게 쓴 편지에서 노동환경을 엿볼 수 있는 부분 찾아 밑줄 긋기

5. 추모하는 편지와 시 쓰기
- 전태일의 분신 장면을 영상을 통해 보고 왜 이런 죽음을 택했는지 이유에 대해 이야기하기
- 희생정신을 기리고 감사하는 마음을 담아 편지 또는 시 쓰기

6. 2018 최저임금 개정안 문제 생각해 보기
- 2018 최저임금 개정안에 대해 알아보고 노사 측의 다른 입장 살펴보기
- 오늘날에도 더 나은 노동환경을 위해 계속 노력하고 있음을 알기

4·19혁명이 1960년대를 열었다면, 1970년대는 전태일 열사가 열었다는 말이 있다. 그 당시 노동환경을 이야기할 때, 빼놓을 수 없는 인물 중 하나가 바로 전태일 열사다. 앞선 '그들이 살던 세상' 수업에서는 박정희 시대의 경제 발전과 그 뒤에 가려진 수많은 이름 없는 국민들의 희생을 알아보았다. 대한민국의 고도성장 뒤에는 많은 불평등한 문제들이 발생했는데, 이러한 시대에 대통령에게 편지를 쓴 청년이 있었다는 발문으로 수업을 시작했다.

수업에 앞서 『청년 노동자 전태일』(위기철 지음) 책을 구입해서 각 반별로 돌려 읽었다. 다른 평전들과는 달리 아이들 수준에 맞게 쓰여서 아이들이 쉽게 읽을 수 있었다. 책으로 먼저 접하고 나니 아이들이 수업에 더 흥미를 느낄 수 있었다.

이번 주제는 주로 전태일 열사의 삶에 대해 다루고 있다. 청계천 공장에서 재단사 일을 했던 청년 노동자 전태일은 자신의 이익보다는 자신보다도 어려운 처지에 있는 사람을 도와주는 데 힘썼다. 그 당시 10대의 어린 소녀들은 창문 하나 없는 먼지 구덩이 공장에서 하루에 14시간씩 일했다. 심지어 2,000명이 일하는 곳에 화장실은 단 하나밖에 없었으며, 화장실에 자주 갈 수 없으니 물도 제대로 마시지 못했다.

위장병, 폐결핵에 걸리는 일도 부지기수였고, 제대로 된 치료조차 받을 수 없었다. 이렇게 일해서 버는 돈은 단돈 50원으로 이는 겨우 커피 한 잔 값이었다고 한다. 이런 현실이 잘 와닿지 않을 수 있어서 영상 자료를 활용했다. 영화 〈아름다운 청년 전태일〉의 몇 장면을 함께 보며 노동 현실을 엿볼 수 있었다. 아이들은 그 흑백 영상을 보며 큰 충격을 받았다. 이것이 불과 40여 년 전 일이라는 사실에 놀라워했다.

영상을 본 후에 이렇게 질문했다. "그렇다면 지금의 노동환경은 어떨까?" 그러자 아이들은 "지금은 이렇게까지 힘들게 일하는 사람은 없을 것 같아요"라고 대답했다. 그렇다. 아마도 지금은 이렇게까지 어려운 환경에서 일하는 사람은 없을 것이다. "그렇다면 노동환경이 저절로 좋아졌을까?"라고 묻자 아이들은 고개를 가로저었다. 이미 아이들은 책을 읽어서 전태일 열사의 희생을 알고 있기 때문이었다.

전태일 열사는 근로기준법이 있다는 걸 알았고, 그것에 대해 공부하며 '바보회'라는 노동단체를 만들어 열악한 노동환경에 대한 실태 조사를 했다. 하지만 기업주들의 횡포 때문에 제대로 실행되지 못했고, 노동청에서도 이를 묵인했다. 결국 참다 못해 대통령에게 편지를 쓰게 되는데, 이때 전태일이 썼던 편지를 함께 읽어 보며 당시 노동환경을 알 수 있는 부분에 밑줄을 쳐 보았다.

『청년 노동자 전태일』 책

〈아름다운 청년 전태일〉의 한 장면

▶ 1970년대의 노동환경 알아보기 학습지

아래의 글은 청년 노동자 전태일이 대통령에게 보냈던 글입니다. 글 속에서 1970년대 당시의 노동환경을 알 수 있는 부분을 찾아 밑줄 그어 봅시다.

대통령 각하, 저는 동대문 평화시장에서 일하는 재단사입니다. 제가 일하는 공장은 근로기준법에 해당하는 기업인데 저희들은 근로기준법의 혜택을 조금도 받지 못하며 3만 명이 넘는 종업원의 90% 이상이 평균 연령 18세의 여성입니다. 이들은 하루 16시간의 노동을 하고 있습니다. 게다가 견습공(보조 일을 하는 사람들)들은 평균연령 15세의 어린이들로서 하루에 70원 내지 100원의 급료를 받으려고 1일 16시간의 작업을 합니다.

사회는 이 착하고 깨끗한 동심에게 너무나 모질고 메마른 면만을 보입니다. 저는 여기에서 각하께 요구하지 않을 수 없습니다. 저 착하디착하고 깨끗한 동심이 더 상하기 전에 보호해 주십시오. 저는 이 참혹한 현실을 고치기 위해서 노동청과 시청에 있는 근로감독관실을 여러 번 찾아가서 요구했습니다. 한 달의 첫 주 일요일과 셋째 주 일요일, 이틀을 쉬는데 이런 휴식으로는 아무리 강철 같은 육체라도 쇠퇴해 버립니다. 일반 공무원 평균 근무시간 일주 45시간에 비해 15세의 어린 견습공들을 98시간의 작업에 시달립니다. 또한 평균 20세의 숙련된 여공들은 대부분이 햇빛을 보지 못해 안질환과 신경통, 신경성 위장병 환자입니다. 호흡기관장애 또는 폐결핵으로 많은 숙련공들은 힘들어하고 있습니다. 근로기준법에 의해 건강진단을 시켜야 합니다. 한 공장의 30여 명의 직원 중에서 겨우 2~3명만 형식상의 진단을 합니다. 하루 속히 신체적으로 약한 여공들을 보호하십시오.

　저희들의 요구는 1일 14시간의 작업 시간을 단축하십시오. 1일 10~12시간으로, 1개월 휴일 2일을 일요일마다 휴일로 쉬기를 희망합니다. 건강진단을 정확하게 하여 주십시오. 견습공의 수당 70원 내지 100원을 50% 이상 인상해 주십시오. 절대로 무리한 요구가 아닌 인간으로서의 최소한의 요구입니다.

　그리고 전태일 열사의 분신 장면을 영화 영상으로 보았다. "우리는 기계가 아니다! 근로기준법을 준수하라!"고 외치며 분신하던 모습이 아이들에겐 다소 자극적일 수 있지만 분신 그 자체보다는 '왜 그렇게까지 해야 했을까?'에 대한 물음에 집중하도록 했다.

　아이들은 "많이 힘들어서 그런 것 같아요", "그렇게 해서라도 노동환경을 바꾸고 싶었을 것 같아요", "기업이나 정부가 계속 모른 체하니까

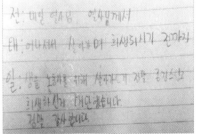

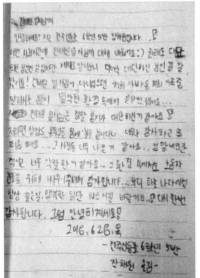

전태일 열사에게 추모 편지 써 보기

답답하기도 하고, 그렇게 해야 힘든 현실을 알릴 수 있을 거라고 생각해서 그런 것 같아요"라고 답했다.

그의 죽음으로 노동자들의 어려움이 널리 알려졌고, 이후 노동자들의 권리를 주장할 수 있게 되었다. 그의 희생을 기리기

2018 최저임금 개정안

위해 세워질 예정인 '전태일노동복합시설'에 대한 이야기를 하며 현재까지도 그 정신을 이어 가기 위한 노력이 계속되고 있다고 알려 주었다. 그다음 전태일 열사를 추모하는 편지 또는 시를 써 보았다. 시 쓰기를 어려워하는 아이들은 전태일 이름으로 삼행시를 지었다.

다음에는 현재 노동환경에서 가장 이슈가 되고 있는 최저임금 문제를 다루었다. 이 수업을 준비할 때만 해도 2018 최저임금 개정안이 큰 화두였다. 최저임금에 기본급과 정기상여금, 복리후생비가 포함되는 것으로 개정된다는 내용이었는데, 아이들이 이해하기 쉽게 설명해 주었다. 정부의 입장과 노동단체의 입장이 어떤 면에서 다른지 살펴보고 어떻게 하는 게 모두에게 좋은 방향일지 생각해 보았다.

수업을 하면서 혹시나 아이들이 분신사건에 충격을 받고 부정적인 생각을 하게 되면 어쩌나 고민이 많았는데, 오히려 아이들은 그 당시 인물의 삶에 몰입해서 공감하는 부분이 많았다. 여러 사람들의 희생이 있었기에 오늘날 우리가 좋은 환경에서 일할 수 있다는 것, 조금 더 나아가기 위해서 지금도 끊임없이 노력하는 사람들이 있다는 것을 알게 된 수업이었다.

수업을 마치며

왜 많은 이들이 박정희에게 반감을 가질까? 아름다운 청춘의 시기에 이름 석 자 대신 국민이라는 이름으로 피와 땀과 눈물로 얼룩진 희생을 강요받아야 했던 그 아픔에 공감하기 때문이다. 그런데 아이러니하게도 박정희 정권의 주요 지지층은 이 시기에 청춘을 보내신 분들이다. 청춘의 기억은 아름답게 포장되니 어르신들은 그 시절을 마냥 좋게만 기억하시는 걸까? 권력의 정당화와 독재를 위해 민중 하나하나의 삶을 가벼이 여긴 박정희 정권을 용서할 수 없었다.

그 암울한 박정희 시대를 살았던 한 젊은이는 의심했다. 왜 한 사람의 국민은, 노동자는 기계 속 부품처럼 다루어져야 하는가? 눈물로 얼룩진 하루하루를 보내면서도 왜 인간다운 삶은 저 멀리에 있는가? 그는 누군가의 눈물과 희생이 당연하지 않은 나라를 만들기 위해 신념을 행동으로 옮겼고 불꽃이 되었다.

전태일과 관련된 수업을 마치면서 보통의 우리들은 엄두를 낼 수 없는 용기와 열정에 감탄했다. 그러나 그 시대를 살아간 보통의 삶들도 조명하고 싶다. 비록 그 서슬 퍼런 암울한 시대를 전태일처럼 위대하게 투쟁하며 살아가진 못했으나, 내 가족과 조국을 위해 묵묵히 하루하루를 견디며 희생해야 했던 평범한 삶들을.

10.
두 얼굴의 사나이, 그는 누구인가?

이승만 대통령은 아이들에게 가르치기 힘든 대통령이다. 독립운동 자금 횡령, 민간인 학살, 보도연맹사건, 정부 수립 과정에서의 만행, 6·25 때 한강 다리 폭파, 빨갱이 마녀사냥, 부정선거, 사법살인 진보당 사건, 극심한 부정부패 등 대통령으로서 해서는 안 되는 일들을 수없이 자행한 사람이기 때문이다. 이승만 수업을 만드는 과정에서 자료를 하나씩 찾아갈 때마다 그 시기를 살아 내야 했던 분들을 생각하며 아픈 가슴을 쓸어내려야 했다.

현대사를 가르칠 때마다 아이들에게 듣는 이야기가 있다. "우리나라 대통령들은 왜 이렇게 다들 나쁜 건가요?", "다른 나라도 이런가요?" 뭐라 할 말이 없어 말문이 막히곤 했다. 솔직히 안 가르치고 넘어가고 싶다는 마음이 든 적도 있다. 그러나 외면할 수 없는 일이다. 이승만이 뿌려 놓은 각종 만행의 씨앗이 싹을 틔워 버젓이 횡행하고 있고, 이를 비호하는 검은 그림자 세력들이 여전히 영향을 미치고 있기 때문이다.

우리가 외면한다면 현재를 어지럽히는 세력들에게 도움을 주는 것이고 이 아픈 역사가 되풀이될 것이므로 안타깝지만 이승만이 걸었던 역사를 미화하지 않고 있는 그대로 가르치기로 했다. 공功은 공대로, 과過는 과대로 아이들에게 가감 없이 보여 주기로 했다.

이 수업은 민족문제연구소에서 만든 영상 〈두 얼굴의 사나이〉를 보면서 시작했다. 이 영상에는 이승만이 행한 악행들이 적나라하게 드러나 있다. 첫 시간부터 아이들에게 충격을 안기는 셈이다. 이후 해방과 분단, 6·25전쟁, 민간인 학살 사건, 부정선거, 4·19혁명 등에 대해서 공부했다. 마지막 소주제에서는 어느 대학생이 지은 우남찬가*를 둘러

---

*우남은 이승만의 호이다.

싸고 벌어진 해프닝에 대해 알아보며 반전이 있는 제2의 우남찬가를 지어 보게 했다.

수업 자료를 만드는 과정에서 새삼 대통령으로서의 공이 정말 없다는 점이었다. 그 긴 시간 동안 집권하면서 그리도 한 일이 없다는 것이 놀라울 따름이었다. 비슷한 독재자였던 박정희, 전두환에 비해서 이승만은 정말 공이 없었던 반면, 과는 셀 수 없이 많았다.

이승만 수업은 고맙게도 교사들에게도 배움의 기회를 제공했다. 수업 자료를 만드는 과정에서 그에 대해 처음 알게 되는 것들이 많았다. 교사들은 학창 시절 이승만 대통령에 대해 제대로 배우지 못했다는 사실을 알게 되었고 우리의 역사교육에 대해 통탄했다. 그동안 어떻게 진실을 꽁꽁 숨겨 놓고 있었을까. 그래서인지 우리라도 아이들에게 이승만을 제대로 가르쳐야 한다는 사명감이 불타올랐다.

우리가 만든 수업들의 제목은 역사적 사실과는 달리 재미있고 유쾌하다. 두 얼굴의 사나이, 복면가왕, 동상이몽, 런닝맨, 니가 가라 하와이 등 수업의 제목은 뭔가 신나는 일들이 일어날 것 같은 느낌을 주지만 이 시기의 역사를 배우고 나면 역설적으로 슬픔이 밀려올 것이

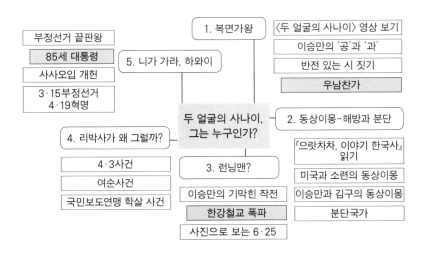

다. 이런 제목으로 아이들은 그 아픈 역사를 더 허탈하게 느낄지도 모르겠다. 어쨌건 우리는 더 나은 세상을 만들기 위해 아이들과 함께 이 슬픔과 허탈함을 직시하기로 했다.

수업의 흐름

	소단원 명	소단원 주요 내용	관련 성취기준	차시량
1	복면가왕	• 〈두 얼굴의 사나이〉 영상 보기 • 이승만의 '공'과 '과' • 반전 있는 시 짓기	사회: -인물의 활동을 중심으로 광복에서 대한민국 정부 수립까지의 과정을 파악한다. -시각 자료와 유물을 통해 6·25전쟁의 원인과 과정 및 피해 상황을 살펴보고, 대한민국에 미친 영향을 탐구한다. -주요 사건에 대한 시각 자료를 중심으로 국민들의 자유민주주의를 위한 노력을 이해한다. 도덕: -우리 각자가 추구하는 통일의 모습이 보편적이고 상생적이며 현실적인지를 살펴보고, 보다 바람직한 통일 한국의 미래상 실현을 위해 노력하는 자세를 기른다. 이를 위해 우리가 추구하는 통일은 우리 민족과 동북아시아 전체가 평화롭고 공동 번영하는 데 기여하기 위한 것임을 제시하고, 통일의 과정과 그 이후 예상되는 문제점을 극복하는 방안을 찾아본다.	3
2	동상이몽 -해방과 분단-	• 『으랏차차, 이야기 한국사』('53. 민족의 힘을 길러 나라를 되찾자') 읽기 • 대한민국 정부 수립 과정 -미국과 소련의 동상이몽 -이승만과 김구의 동상이몽 -분단국가가 된 계기		2
3	런닝맨?	• 한강철교 폭파 사건의 내막 • 사진으로 보는 6·25전쟁		1
4	리박사가 왜 그럴까?	• 제주 4·3사건 • 여순사건 • 국민보도연맹 학살 사건		1
5	니가 가라 하와이	• 부정선거 경험하기 • 사사오입과 3·15부정선거 • 4·19혁명과 하와이 망명 • 4·19혁명의 의의와 자취		2

1.
복면가왕

〈두 얼굴의 사나이〉 영상 보기
⇩
이승만의 '공'과 '과'
⇩
반전이 있는 시 짓기

1. 〈두 얼굴의 사나이〉 영상 보기
- 민족문제연구소 홈페이지 자료실에 있는 영상 시청

2. 이승만의 '공'과 '과'
- 이승만의 잘한 점, 잘못한 전 알아보기

3. 반전이 있는 시 짓기
- 우남찬가에 숨겨진 비밀 찾기
- 우남찬가에 얽힌 해프닝 관련 영상 보기 http://go9.co/NLN
- 제2의 우남찬가 지어 보기

이승만 수업의 첫 시작으로 민족문제연구소가 만든 〈두 얼굴의 사나이〉를 시청했다. 50여 분의 영상에는 충격적인 사실이 가득했다. 인자한 얼굴 뒤에 숨어 있는 냉혹하고 잔인한 그 사나이는 오로지 자기이익을 위해 살아가는 사람이었다. 아이들은 국민보다는 자신의 욕망을 먼저 생각하는 사람이 권력을 가지게 된 대가가 혹독했다는 사실을 영상을 통해 확인했다.

그다음으론 이승만의 '공'과 '과'를 알아보았다. 공은 독립운동을 했다는 것, 대한민국 정부의 수립을 선포한 점(이것을 공으로 보아야 할지는 잘 모르겠다), 독도를 한국의 실효지배 영역으로 공포한 점, 의무교육으로 문맹률을 낮춘 점, 한미상호방위조약을 체결한 점 등을 들 수 있다. '과'로는 독립운동 자금을 개인적으로 사용하고 횡령한 일, 자신의 권력을 유지하기 위해 반민특위를 해산한 일, 북진통일을 주장하면서도 전쟁 대비를 제대로 하지 않은 점, 6·25전쟁 때 자기만 도망간 후 한강 다리를 폭파한 일, 사법살인인 진보당 사건, 사사오입 개헌, 3·15 부정선거, 민간인 대량학살, 극심한 부정부패 등을 들 수 있다. 공에 비해서는 과가 많을뿐더러 그 수위도 매우 심각한 수준이었다.

이승만의 '공'과 '과'를 공부하고 난 후에는 우남찬가에 숨어 있는 비밀을 찾아보았다. 우남찬가는 자유경제원이 주최한 이승만시 공모전에서 대학생 장민호가 지은 시이다. 자유경제원은 처음에는 이 시의 문장만 보고 시상을 했지만, 그 후 이 시의 첫 글자를 연결했을 때 이승만을 냉혹하게 비난하는 문장이 만들어짐을 발견하고 고소를 했다. 이 시는 그냥 읽었을 때에는 이승만을 찬양한 듯 보이지만 세로의 앞 글자만 읽으면 이승만을 조롱하는 내용이 숨어 있었던 것이다. 장민호 학생은 결국 무죄 판결을 받았지만 이승만에 대한 평가에 관심을 갖게 하는 계기가 되었다.

아이들에게 우남찬가를 보여 주며 이 시의 비밀을 찾아보게 했는데, 세로의 첫 글자만 읽었을 때 반전이 숨어 있다는 사실을 쉽게 눈치 채지 못했다. 약간의 힌트를 주자 정답을 맞혔다. '니가 가라 하와이'는 영화 〈친구〉에 나오는 유명한 대사이기도 하다. 이승만이 대통령에서 쫓겨난 후 하와이로 도망간 일을 빗대어 말하는 듯 '니가 가라 하와이'라는 문장이 만들어진다. 소주제의 제목도 이 대사에서 착안하여 붙인 것이다.

우남찬가

한 송이 무른 꽃이 기지개를 피고
반대편 윗동네로 꽃가루를 날리네
도중에 부는 바람 남북에서 왕건만
분란하게 희오하는 길을 어지럽히
역사의 유신, 거꾸러 의지를 모욕하는구나

친족의 안녕은 작은 즐거움이나
일국의 영화는 큰 즐거움이니
인간된 도리가 무엇이겠느냐
시사로운 꾀로는 내 배를 불리지만
고매한 지략은 국민을 배불린다.
용문에 오른 그분은 가슴에 오로지
민족번영만을 품고 계셨으리라
족할줄 모르는 그의 열정은
반대편 윗동네도 모르는 바 아니리
역사가 가슴치며 통곡을 하는구나
지울는 공포로 앞을 수 없다고

한 줌 용기의 불꽃을 흩뿌려
강산 사방의 애국심을 타오르게 했던
다부진 음성과 부드러운 눈빛의 지도자
리승만 대통령 우리의 국부여
푹력배 공산당의 붉은 마수를
파란 기백으로 막아낸 당신

한
반
도
분
열

·
·
·
·
·

To the Promised Land

Now you rest you...
International leade...
Greatness, you st...
A der...cratic sta...
Grounded...
And yet, your nan...
Right voice was c...
Against all reason...
However, your na...
And your people...
With and under id...
And so dearly de...
Indebted, we are,...
In peace, you are.

니
가
가
라
하
와
이

우남찬가의 비밀 찾기

이러한 반전 문장들을 발견한 아이들은 쓴웃음을 지으며 재미있어했다. 아이들에게 우리도 이승만을 주제로 해서 반전이 있는 제2의 우남찬가를 지어 보자고 했다. 우남찬가가 인상 깊게 다가와서인지 제법 그럴듯하게 잘 지어 냈다.

2.
동상이몽 – 해방과 분단

`『으랏차차, 이야기 한국사』 함께 읽기`
⇩
미국과 소련의 동상이몽 알아보기
⇩
이승만과 김구의 동상이몽 알아보기
⇩
분단국가가 된 계기 살펴보기

1. 『으랏차차, 이야기 한국사』 함께 읽기
- 『으랏차차, 이야기 한국사』('53. 민족의 힘을 길러 나라를 되찾자') 함께
  읽기
- 책을 통해 대한민국 정부가 수립되는 과정 간단히 살펴보기

2. 미국과 소련의 동상이몽 알아보기
- 한반도에 대한 미국과 소련의 입장 차이 살펴보기

3. 이승만과 김구의 동상이몽 알아보기
- 대한민국 정부 수립 과정에서의 이승만과 김구의 입장 차이 살펴보기

4. 분단국가가 된 계기 살펴보기
- 이승만이 만들고 싶었던 나라와 김일성이 만들고 싶었던 나라의 차이점
  살펴보기
- 대한민국 정부가 수립되는 과정에서 아쉬웠던 점 생각해 보기

이번 수업은 대한민국 정부가 수립 되는 과정을 배우는 차시이다. 먼저 수업의 제목을 '동상이몽-해방과 분단'으로 짓게 된 이유는 대한민국 정부가 수립되는 과정에서 나타나는 미국과 소련, 이승만과 김구의 정부 수립 등 다양한 의견 차이들을 표현하기 위해서였다. 수업을 준비하는 과정에서 '대한민국 정부 수립 과정'은 아이들이 이해하기 어려운 단어와 복잡한 과정으로 이루어져 있어서 고민에 빠졌다. 그래서 우리는 아이들과 『으랏차차, 이야기 한국사』 53권 '민족의 힘을 길러 나라를 되찾자'를 함께 읽으면서 수업을 시작했다. 이 책은 작년부터 우리가 역사수업을 할 때 애용했던 책인데, 처음엔 '고학년에게 그림책은 시시하지 않을까?'라고 걱정했지만 오히려 아이들은 이 동화책을 읽어 줄 때 집중을 잘했다. 또한 평상시에 역사에 관심이 적었던 아이들도 이 책을 읽어 줄 때면 흥미를 보이곤 했다. 역사수업에 있어 아이들 수준에 맞는 교재를 선정하는 것도 중요하다는 것을 다시 한 번 느꼈다.

다행히도 아이들이 이야기로 먼저 역사를 접하고 난 뒤 대한민국 정부가 수립되는 과정의 프레젠테이션을 살펴보니 훨씬 이해를 잘했다. 또한 이승만과 김구, 미국과 소련의 입장을 만화 형식으로 정리해 둔 것을 활용하고, 어려운 단어는 최대한 이해하기 쉬운 단어로 바꿔서 설명해 주니 아이들이 쉽게 이해했다.

현대사 수업을 계속 진행하다 보니 아이들이 역사적 사건의 정확한

『으랏차차, 이야기 한국사』 53권

이승만과 김구의 입장 차이   미국과 소련의 입장 차이

용어를 아는 것도 중요하지만, 역사적 사건에 몰입하고 그 사건을 자신의 생각에 맞게 정리하기 위해서는 아이들의 수준에 맞는 내용과 적절한 용어를 사용하여 접근하는 것이 중요하다는 생각이 들었다.

대한민국 정부 수립 과정을 살펴본 후 아이들에게 질문을 던졌다. "혹시 대한민국 정부가 수립되는 과정에서 아쉬운 점이 있었나요?" 그러자 "남한 따로 북한 따로 정부가 생겨서 땅이 작아져서 아쉽고, 하나의 정부를 세웠다면 평양도 구경 갈 수 있었을 텐데…"라는 재치 있는 의견도 내줬다.

이 수업을 통해 아이들이 역사적 사건에 대해 스스로 생각하는 능력을 갖도록 하려면 교사가 역사적 사건을 전달해 주는 것보다는 끊임없는 질문을 던져 스스로 생각하는 기회를 주는 것이 중요하다는 것을 알게 되었다. 앞으로 수업을 구성할 때 어떤 질문을 가지고 수업에 접근할 것인가에 대한 고민이 중요한 숙제가 될 것이다.

3.
런닝맨?

이승만의 기막힌 작전
⇩
런닝맨 이승만
⇩
사진으로 보는 6·25전쟁

1. 이승만의 기막힌 작전

-1950년 6월 25일 전쟁 발발

-6월 27일 이승만의 특별방송

-6월 28일 새벽 한강철교 폭파, 북한군 서울 점령

-한강철교 폭파 이유 생각해 보기

2. 런닝맨 이승만

-이승만의 야반도주

-거짓 특별방송의 내막

3. 사진으로 보는 6·25전쟁

-피카소의 「한국에서의 학살」 작품 속에서 전쟁의 비극 살펴보기

-전쟁이 남긴 참혹함, 사진으로 살펴보기

두 얼굴의 사나이, 이승만 대통령을 생각하면 '한강철교 폭파사건'이 떠오른다. 우리 민족에게는 지금까지도 트라우마로 남아 있는 6·25전쟁, 그 가슴 아픈 전쟁, 잔인하고 공포스러웠던 그 전쟁 속에서도 이승

만은 두 얼굴의 사나이였다. 국민들을 버리고 홀로 도망갔던 이승만을 풍자하기 위해 '런닝맨'이라는 제목을 붙였고, 이승만의 기막힌 작전이라는 부제로 아이들에게 '한강철교 폭파사건'을 소개했다.

6월 25일 새벽 4시경 북한의 남침으로 전쟁이 발발, 6월 27일 서울은 안전하다는 이승만의 특별방송, 6월 28일 한강다리 폭파와 북한군의 서울 점령, 한편 이승만의 도주 사실까지 이 여러 사건에 대해 설명하며 아이들에게 몇 가지 질문을 던졌다. 한강철교 폭파로 인해 피난도 가지 못하고 서울에 갇혀 버린 사람들은 어떻게 되었을까? 아이들은 북한군의 포로가 되었거나 살해당했거나 숨어 지냈을 것이라고 대답했다. 한강철교 폭파는 많은 서울 시민들을 혼란에 빠뜨리고 목숨을 잃게 만든 사건이었다. 그렇다면 과연 한강철교는 누가, 어떤 이유로 폭파시킨 것이었을까? 아이들은 당연히 대통령과 시민들이 남쪽으로 피난가지 못하도록 막고 북한군이 폭파시켰을 거라고 예상했다. 하지만 우리나라 국군이 이승만 대통령의 명령에 따라 한강철교를 폭파했다는 사실을 듣고 아이들은 이해할 수 없다는 표정으로 이승만이 왜 그런 명령을 했을지 이유를 추측하기 시작했다. '자신과 서울 시민들이 희생되더라도 최대한 북한의 남하 속도를 늦추기 위해 다리를 폭파시킨 것이 아닐까' 하고 추측을 했다. 실제로 이승만은 북한의 남하를 막기 위해 작전상 다리를 폭파시켰다. 그런데 아이들을 더 큰 충격에 빠

한강철교 폭파 사진

이승만의 기막힌 작전 ▶

Q. 누가 한강철교를 폭파시켰을까?
　　》 대한민국 국군　이승만

Q. 왜 한강철교를 폭파시켰을까?
　　》 북한이 남쪽으로 내려오는 것을
　　　　막기 위해 '작전상 폭파'

한강철교 폭파 이유

뜨린 사실은 이승만은 서울에 없었다는 것이었다. 실제로 이승만은 전쟁 발발 직후 대전으로 도망간 뒤 대전 방송국 과장에게 거짓 방송을 지시했다는 내용들을 알려 주었다. 그러자 아이들은 격한 반응을 보였다. "대통령이 저래도 되는 거예요?"라고 분노하며 이승만은 대통령으로서의 자격이 없다고 말하는 아이도 있었다.

이승만의 이 작전은 6·25전쟁의 아픔을 겪은 국민들에게는 너무나 기막힌 일이었다. 그래서 우리는 이승만은 알지 못했던, 알려고도 하지 않았던 전쟁 당시 국민들의 상처가 담긴 사진을 보면서 아픔을 느껴 보는 시간을 가졌다. 그러면서 프랑스의 천재 화가 피카소도 「한국에서의 학살」이라는 제목으로 그림을 그렸다고 소개해 주었다. 피카소가 한 번도 한국에 오지 않았지만 전쟁에 대한 보도만으로도 그 그림을 그릴 수 있었던 것은 그만큼 한국전쟁이 참혹했다는 것을 반증하는 것이기도 했다. 그리고 전쟁의 참상을 담은 사진을 통해서는 학살된 가족들의 시신 앞에서 울고 있는 유족들의 모습, 거리에 버려진 고아들의 모습, 피난민들이 살던 피난촌의 모습 등을 보며 느껴지는 감정들을 나누며 수업을 마무리했다. 아이들의 마음에는 책임감 없는 지도자에 대한 분노와 그 아래에서 무력하게 죽어 갔던 사람들에 대한 안타까움 같은 감정이 남지 않았을까 싶다.

피카소의 「한국에서의 학살」

6·25전쟁의 참상

4.
리박사가 왜 그럴까?

리박사 그는 누구인가?
⇩
4·3사건과 여순사건?
⇩
국민보도연맹사건을 일으킨 이유는?
⇩
이러한 사실을 기억해야 하는 이유는?

1. 4·3사건과 여순사건?
- 4·3사건과 여순사건의 배경 파악하기
- 당시 정부의 태도 알아보기

2. 보도연맹사건을 일으킨 이유는?
- 보도연맹사건의 배경 파악하기

3. 이러한 사실을 기억해야 하는 이유는?
- 피해자들의 현재 모습 알아보기
- 이 사건을 기억해야 하는 이유 말해 보기

대통령들은 다양한 별명을 가지고 있다. 하지만 이승만 전 대통령은 별명이 거의 없었고, 그가 가장 많이 불렸던 이름은 '이승만 박사'라는 호칭이었다. 그리고 그는 그 호칭 뒤에 잘 숨어 있었다. 그래서 수업의 제목을 '리박사가 왜 그럴까?'로 지었다. 〈김비서가 왜 그럴까〉라는 드라마 제목을 패러디하여 웃음을 주는 한편, 리박사의 이중적인 모습을

'리박사가 왜 그럴까?' 수업 제목   이승만 박사 별명의 이유

말해 주고 싶었다.

먼저 이승만 박사가 리박사가 된 이유를 알려 주었다. 미국에서 유학 생활을 한 이승만은 프린스턴 대학교에서 박사학위를 받게 되면서 'Doctor. Lee'라는 이름을 얻게 되었다. 리박사라는 호칭 덕분에 그는 꽤 많은 것을 할 수 있었고, 그중 하나가 대한민국의 첫 대통령이 된 것이었다. 하지만 그가 한 행동들은 대통령으로서 국민에게 할 수 있는 것이 아니었다.

제주 4·3사건에 대해서도 알아보았다. 이미 학생들은 계기 교육을 통해 4·3사건을 자세하게 배웠기에 간단하게 짚어 주었다.

4·3사건과 더불어 살펴본 것은 당시 이승만의 행동이었다. 이승만은 제주도에서 일어난 사건을 빨리 끝내기 위해서 토벌대를 독려했다. 국민을 보호하기보다는 상대 세력을 줄인다는 명목으로 자행된 학살

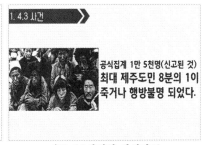

이승만의 토벌대 독려   제주 4.3사건의 희생자들

이었다. 학생들은 대통령의 행동에 어이없어하는 반응을 보였다. 국민들을 공격한 대통령에 분노했다.

다음으로 여순사건을 알아봤다. 제주 4·3사건과 같이 여순사건을 진압하는 과정에서 많은 민간인들이 정부군의 의해 희생되었다. 이 역시 이승만 정권에서 자행된 일이었기에 '리박사가 할 일은 무엇이었을까?'라는 질문에 아이들은 '평화적으로 해결했어야 한다', '국민들을 보호했어야 한다' 등의 이야기를 했다.

마지막 부분에서는 이 수업에서 가장 중요한 사건인 국민보도연맹을 다뤘다. 부끄럽게도 국민보도연맹은 전혀 알지 못했던 사건이었다. 하지만 이 수업을 계기로 국민보도연맹에 대해 공부하면서 많이 분노하기도 했고, 마음이 많이 힘들기도 했다. 이런 엄청난 사건에 대해 우리는 학창 시절에 자세히 배운 기억이 없다. TV 시사 프로그램인 〈그것이 알고 싶다〉를 보고 나니 그 이유가 이해가 갔다. 국민보도연맹은 6·25전쟁 중 국군이 후퇴하면서 좌익세력들을 미리 소탕한다는 명목으로 국민보도연맹이라는 단체에 가입된 사람들을 무차별적으로 학살했다. 이승만 정부의 반복되는 학살에 아이들 역시 이해하지 못하겠다는 반응을 보였다. 단순히 자기의 생각과 다르다는 이유만으로 국민을 대상으로 학살을 자행했다는 사실에 아이들은 많이 분노했다. 그리고 그 사건으로 희생된 피해자들이 너무 불쌍하다고 아이들이 입을 모아

여순사건   정부군의 민간인 진압

6·25전쟁이 일어나자 정부와 경찰은 초기 후퇴 과정에서 보도연맹에 가입한 사람들이 좌익 반동분자가 될 위험이 있다는 이유로 집단 민간인 학살을 일으켰다.

국민보도연맹 민간인 학살

이 사건은 대한민국 정부의 계획적인 자국 민간인 학살로 공식 확인 4939명 추산 20만 명 이상이 사망하였다.

국민보도연맹 사건의 희생자들

말하기도 했다.

지금까지 배웠던 이승만 정권에 대한 내용들을 상기하면서 지속적으로 학살이 반복되었음을 발견했다. 그리고 우리가 할 수 있는 일이 무엇인지 이야기해 보았다. 아이들은 역사를 바르게 배워서 이러한 일이 반복되지 않도록 해야겠다고 말했다. 전하고 싶었던 것을 아이들 스스로 알게 된 것 같아서 뿌듯했다.

5.
니가 가라 하와이

1. 부정선거 끝판왕

2. 사사오입 개헌
-수학적 의미의 사사오입을 통한 부정 개헌

3. 3·15부정선거
-여러 가지 부정한 방법을 통한 대통령 부정선거 시도

4. 4·19혁명
-부정선거의 여파로 마산에서 전국으로 시위 확산
-대통령직에서 하야, 하와이로 망명

이승만, 그 마지막 수업. 아이들은 이미 이승만의 수많은 이모저모를 알게 되었고, 마지막으로 민주주의에 입각한 우리나라 최초의 대통령 선거를 알아보았다. 나는 아이들이 대한민국의 초대 대통령이었던 이승만이 임기가 끝나 갈 대쯤 다음 대통령 선거를 위해 무엇을 했고,

'니가 가라 하와이' 수업 주요 내용

부정선거의 다양한 방법

왜 그렇게 했는지, 그 과정과 결과가 어땠는지 알아야 할 필요가 있다고 생각했다.

미리 만들어 놓은 자료의 순서를 바꾸어 가장 먼저 무엇을 했는지 살펴보았다. 아이들은 이승만이 선거를 위해 정당하지 않은 방법으로 투표와 개표를 조작하려 했다는 사실을 알게 되었다. 생각보다 다양한 부정 투·개표의 방법에 아이들은 적잖이 놀라는 눈치였다. 그중에는 '저렇게 참신한(?) 부정 투·개표 방법을 만들 생각으로 정치를 잘했으면 좋았을 텐데'라는 말이 나오기도 했다. 사실 이전에 교사들끼리 미리 구성해 보여 주었던 운동회 조작 투표 연극 덕분에 아이들이 여러 부정 투표를 쉽게 이해할 수 있었다. 그러고 나서 이승만이 무엇을 위해 이런 부적절한 방법들을 사용했는지 이야기해 보았다. 아이들은 '대통령을 그만두기 싫어서', '자기가 잡은 권력을 놓지 않으려고', '욕심이 많아서' 등의 이야기를 했다. 한 가지 더 추가하여 우리 헌법에 적힌 대통령의 임기와 이승만의 부정행위를 비교해 보며, 이렇게 버젓이 헌법에 명시되어 있음에도 이승만이 왜 여러 부정들을 저질렀는지 이야기해 보았다. 다소 어려운 감이 있었지만, 아이들은 '욕심이 너무 많아서', '법을 지키려는 마음이 없어서', '국민들이 잘 모를 거라 생각하고 무시해서' 등의 답변을 했다.

아이들 답변 중에서 나는 '국민들이 잘 모를 거라 생각했기 때문'이

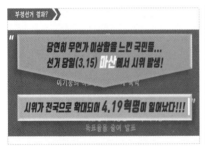
4·19혁명이 일어난 이유

4·19혁명이란

라는 것에 초점을 맞추어 이야기를 확장해 나갔다. 사실 이승만은 우리 국민이 독립을 맞이한 지 얼마 되지 않았고, 때문에 교육 수준이 별로 높지 않아 민주주의를 잘 모를 것이라고 생각했다. 하지만 그것은 이승만의 큰 착각이었고, 우리 국민들은 민주주의를 이미 잘 알고 누구보다 갈망해 왔다는 점을 이야기했다.

그 결과 온 나라에 국민의 분노가 커져만 갔고, 4월 19일 전국적으로 시위가 일어났다는 사실을 알게 되었다. 이미 촛불 시위와 광우병 시위, 6월 항쟁, 5·18광주민주화운동 등 옳은 길을 향한 국민들의 실천 의지와 행동을 충분히 경험한 아이들이 4·19혁명을 이해하는 데는 불과 몇 초도 걸리지 않았다. 이에 아이들과 함께 지금까지 우리의 현대사를 정리해 보았다. 우리의 현대사는 '정치인들의 부적절한 마음가짐' → '이를 바로잡기 위한 국민들의 행동'이 반복되어 왔다는 것을

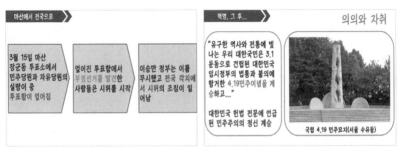
4·19혁명의 전개 과정   4·19혁명의 의의와 자취

알 수 있었다. 이는 곧 국민들이 민주주의에 대해 높은 의식을 갖고 깨어 있는 의식으로 꾸준하게 실천을 해 왔다는 사실을 확인하게 해 주었다.

역시나 이 수업에서 아이들은 놀라움을 표시했다. 4·3사건을 가르칠 때에는 도대체 왜 선량한 사람들을 죽인 건지 이해할 수가 없다는 의견들이 많이 나왔다. 이승만 자신만 도망간 뒤 한강다리를 폭파했다는 대목에서는 대부분의 아이들이 어이없는 웃음을 짓기도 했다. 교사들 역시 이미 알고 있었던 사건들이었음에도 영화처럼 믿기 어려운 이야기였기에 아이들과 함께 탄식할 수밖에 없었다.

교과서에서 벗어나 교사교육과정을 만들어 가면서 느끼는 보람 중의 하나는 교사들도 함께 성장하고 있다는 것이다. 수업의 목표, 의도, 흐름, 과정안을 만들면서 우리도 많은 배움과 깨달음을 얻는다. 이 수업은 더욱 그랬다. 이승만 수업을 통해 학생뿐 아니라 교사의 역사의식 또한 진일보했다. 과거의 역사적 사실이 지금의 현실에 얼마나 많은 영향을 미치고 있는지 알게 되었고, 앞으로 우리가 어떻게 살아야 할지, 아이들을 어떻게 가르쳐야 할지 고민하게 되었다.

아이들이 살아가는 동안 수업을 얼마나 기억할지는 모르겠다. 그러나 우리와 함께 느꼈던 안타까움, 가슴 아픔, 청산에 대한 의지 등은 마음속 작은 불씨로 남아 살아가는 동안 언젠가는 뜨거운 불꽃과 같은 열정이 될 수 있으리라 믿는다.

11.
누가 나눴니? 우리나라

수업의 의도와 개요

6·25전쟁은 우리 민족에게 커다란 상처를 남긴 역사적 사건이다. 해방의 기쁨을 얼마 누리지도 못하고 이념 갈등이라는 소용돌이에 빠져 극심한 혼란을 겪었다. 소수의 권력자들은 이러한 상황을 자신들에게 유리하게 이용하기 위해 머릿속 계산기를 두드리면서 민중들을 선동하고 더욱 불안하게 만들었다. 그리고 그 이면에는 세계 강국들의 이해관계가 같이 얽혀 있다.

분단 전후의 과정에서 주변 국가의 결정에 좌지우지되었던 여파가 지금까지 이어지고 있다. 우리는 여전히 전쟁을 쉬고 있는(휴전) 상태이니 말이다. 그리하여 이번 주제 수업의 제목을 당사자인 우리의 의사결정을 무시하고 그들의 이익 때문에 분단의 상처를 입게 된 남북한의 모습을 그리고자 '누가 나눴니? 우리나라'라고 붙였다. 전쟁을 겪어 보지 못한 우리 세대가 그보다 더 어린 세대에게 우리 민족의 아픈 역사를 알려 주는 것이기 때문에 수업 구상에 고민이 깊었다.

남북정상회담, 북미정상회담 등 남북 관계가 분단 이래로 최고조로 좋은 분위기를 형성하고 있는 지금, 이와 반대로 과거 우리 민족이 겪었던 아픔에 대해 아이들이 공감하고 바람직한 남북 관계에 대해 아이들의 입장에서 생각해 볼 수 있는 시간이 될 수 있도록 수업을 계획했다. 지금의 화해 분위기를 고려하면서 공부한다면 더 깊은 배움을 만들 수 있을 것이라 생각했다.

소주제는 크게 6·25전쟁의 배경, 전개 과정, 전후 남북 관계로 구성했다. 첫 번째, '동상이몽-해방과 분단' 수업에서는 우리나라가 주변 국가들의 이해관계에 의해 해방과 동시에 분단을 맞이하게 됨을 일련의 과정을 통해 이해할 수 있도록 했다. 한반도를 둘러싼 미국과 소련의 입장을 중심으로 6·25가 일어나게 된 배경을 설명하려는 것이다. 그 시기에 워낙 복잡한 일들이 진행되었기에 중요한 내용을 간추려서 만화와 영상을 통해 아이들이 쉽게 이해할 수 있도록 했다.

두 번째 소주제에서는 영화 〈태극기 휘날리며〉를 우선 시청했다. 영화 내용이 6·25전쟁의 전개 과정을 전체적으로 담고 있어서 적절한 수업 자료라 생각했다. 영화 시청 후 영화 속 장면들을 이용하여 6·25전쟁의 전개 과정을 쉽게 이해할 수 있도록 했다.

세 번째 '새살이 돋는 우리의 상처' 수업에서는 6·25전쟁 이후 우리 민족이 겪은 피해와 전후 남북 관계에 대해 알아봤다. 마지막으로 평화로운 남북 관계를 상상해 보도록 했다. 전쟁이라는 아픔이 현재까지 이어지고 있지만 이대로 덮어 두지 않고 바람직한 남북 관계에 대해 아이들의 생각을 서로 공유하도록 했다. 무조건적인 통일이 아닌 현재 아이들이 생각하는 발전적인 남북 관계에 대해서 생각해 볼 수 있는 유익한 시간이 되길 바랐다.

현재의 남북 관계에는 주변 강대국들의 영향이 크다. 이번 주제 수업에서 이러한 사실을 알리고 우리 민족의 문제는 우리의 손으로 해결해 나가야 한다는 자주성을 인식하는 데 초점을 맞추었다.

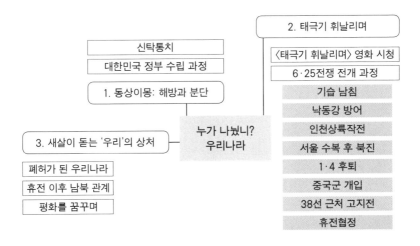

	소단원 명	소단원 주요 내용	관련 성취기준	차시량
1	동상이몽 -해방과 분단	• 신탁통치 • 대한민국 정부 수립 과정	사회: -인물의 활동을 중심으로 광복에서 대한민국 정부 수립까지의 과정을 파악한다. -시각 자료와 유물을 통해 6·25전쟁의 원인과 과정 및 피해 상황을 살펴보고, 대한민국에 미친 영향을 탐구한다. -대한민국의 미래와 평화통일을 위해 할 수 있는 일들을 알아본다. 도덕: -우리 각자가 추구하는 통일의 모습이 보편적이고 상생적이며 현실적인지를 살펴보고, 더욱 바람직한 통일 한국의 미래상 실현을 위해 노력하는 자세를 기른다. 이를 위해 우리가 추구하는 통일은 우리 민족과 동북아시아 전체가 평화롭고 공동 번영하는 데 기여하기 위한 것임을 제시하고, 통일의 과정과 그 이후 예상되는 문제점을 극복하는 방안을 찾아본다.	1
2	태극기 휘날리며	• 영화 〈태극기 휘날리며〉 보기 • 영화 장면을 통해 6·25전쟁 전개 과정 알아보기		4
3	새살이 돋는 '우리'의 상처	• 6·25전쟁으로 인한 피해 • 휴전 이후 남북 관계 • 평화로운 남북 관계 꿈꾸기		1

1.
동상이몽 – 해방과 분단

미국과 소련의 동상이몽: 신탁통치
⇩
이승만과 김구의 동상이몽: 대한민국 정부 수립 과정

1. 미국과 소련의 동상이몽: 신탁통치
- 1945년 8월 15일 해방
- 미국과 소련의 한반도 문제 개입
- 신탁통치

2. 이승만과 김구의 동상이몽: 대한민국 정부 수립 과정
- 이승만과 김구의 의견 불일치
- 대한민국 정부 수립 과정 알아보기

  '동상이몽 – 해방과 분단' 수업은 1945년 8월 15일 광복 이후부터 분단까지의 상황을 학생들에게 자세히 알려 주기 위하여 만든 수업이다. 동기유발로 이승만과 김일성 사진, 그리고 우리나라의 분단에 개입된 강대국들의 국기를 보여 주었다. 아이들이 이러한 사진을 보면서 과연 해방 이후 우리나라에 무슨 일이 있었을지 곰곰이 생각해 보게 했다.
  먼저, 가장 깊게 관여한 미국과 소련의 동상이몽을 생각해 보았다. 신탁통치란 무엇인지, 미국과 소련이 어떠한 과정을 거쳐 대한민국을 신탁통치하고자 했는지 배웠다. 중간 중간에 만화를 삽입하여 학생들의 흥미를 불러일으켜 이해를 도왔다.

이어서 김구와 이승만의 동상이몽을 다뤘다. 김구는 시간이 걸리더라도 북한과 협상하여 통일된 정부를 수립하고자 노력했고, 이승만은 남한만이라도 빠르게 정부를 수립하기를 원했다. 결국에는 남북한이 서로 다른 정부를 수립하게 되는 안타까운 역사를 이야기했다.

아이들이 6·25전쟁을 공부하기 전에 왜 대한민국이 38도선을 두고 분단국가가 되었는지 자세하게 이해할 수 있어서 좋았다.

2.
태극기 휘날리며

영화 〈태극기 휘날리며〉 보기
⇩
6·25전쟁 전개 과정 알아보기
⇩
사진으로 보는 6·25전쟁

1. 영화 〈태극기 휘날리며〉 보기(2시간 30분)
- 영화 〈태극기 휘날리며〉를 보며 6·25전쟁의 참혹함과 전개 과정을 생각해 보기

2. 6·25전쟁 전개 과정 알아보기
- 1950년 6월 25일 전쟁 발발을 시작으로 약 3년 동안의 전개 과정 자세히 알아보기
- 흥남철수 영상 시청 http://go9.co/NLP 5분 36초
- 고지전투 영상 시청 http://go9.co/NLQ 7분 30초

3. 사진으로 보는 6·25전쟁
- 6·25전쟁 당시 실제 사진 보기

〈태극기 휘날리며〉 수업은 하나의 민족이었던 남과 북이 1950년부터 약 3년 동안 겪었던 6·25전쟁에 대해서 자세히 알아보고, 그 참상을 느끼며 아픔에 공감해 보는 시간을 갖는 것이 목적이다. 먼저 〈태극기 휘날리며〉라는 영화를 보았다. 영화에는 6·25전쟁이 발발하는 시

점부터 휴전을 하는 시점까지 전쟁의 전개 과정이 자세히 드러나 있었고, 잔혹하고 처참한 전쟁 상황을 아이들이 생생히 실감할 수 있었다.

1950년 6월 25일 새벽 4시 북한의 기습 남침부터 1953년 7월 휴전협정까지 학생들은 영화 속 캡처 사진과 실제 사진들을 비교해 보면서 6·25전쟁의 흐름을 이해할 수 있었다. 중간 중간 흥남철수 영상과 고지전투 영상을 시청하면서 6·25전쟁의 참혹함과 그 당시의 상황을 알 수 있었다.

휴전협정까지 전개 과정을 자세히 배우고 난 뒤 '사진으로 보는 6·25전쟁'이라는 수업을 진행했다. 이 수업은 6·25전쟁과 관련된 사진들을 차근차근 살펴보면서 그 당시 전쟁 상황의 잔인함에 대해 공감하는 시간이었다. 수업의 마무리에서는 전쟁이 끝난 이후 한국에서는 어떤 변화가 있었을지 인구, 사회, 경제, 정치, 기타 등 다양한 부분으로 나누어서 생각해 보고 추측해 보도록 했다. 이렇게 수업을 마무리한 이유는 다음 차시에서 전쟁 이후 한국에 어떤 변화가 있었는지 자세히 알아보는 수업을 하기 때문이었다.

〈태극기 휘날리며〉 수업을 통해서 학생들이 6·25전쟁을 자세히 이해하고 전쟁으로 인한 민족의 아픔을 느꼈으리라 생각한다.

3.
새살이 돋는 '우리'의 상처

폐허가 된 우리나라
⇩
휴전 이후 남북 관계
⇩
평화를 꿈꾸는 우리의 바람

1. 폐허가 된 우리나라
- 수많은 인명 피해 및 이산가족 발생
- 사회적·경제적 피해 발생

2. 휴전 이후 남북 관계
- 갈등의 순간들
- 협력의 순간들

3. 평화를 꿈꾸는 우리의 바람
- 우리가 원하는 평화로운 남북 관계
- 빈칸을 채워 문장 완성하기

'누가 나눴니? 우리나라' 수업의 마무리는 전쟁으로 인한 민족의 아픔에 대해 공감하고 바람직한 남북 관계를 생각해 보는 시간이다. 이전 학습에서 6·25전쟁의 전개 과정을 배웠기에 전쟁의 참상을 통해 동시대에 살고 있는 전쟁 관련 피해자들의 상처에 공감할 수 있었으면 하는 마음으로 준비했다. 남북 평화를 위해서 과거의 아픔에 공감하고 앞으로 남북 관계가 어떻게 되어야 하는지를 깊게 고민해 보는 것이 중요하다고 생각했다. 요즘 아이들은 통일의 당위성에 대해서 많은 의구심을 가지고 있는 것이 사실이다. 그동안 언론에서 보도한 북한의 모습이 학생들에게 부정적인 이미지를 갖게 하는 데 일조했으리라 생각한다. 그러므로 이 수업의 결론을 '통일은 무조건 해야 한다'로 정해 놓는다면 아이들의 공감을 이끌어 내는 것이 어려울 것이라 생각했다. 그래서 '우리가 바라는 평화롭고 바람직한 남북 관계'로 점진적인 변화에 초점을 맞추었다.

첫 번째 활동으로는 전쟁으로 인해 여러 가지 측면에서 발생한 피해 규모와 실상에 대해 이야기 나눴다. 어마어마한 인명 피해가 발생한 탓에 아이들은 규모에 대한 양감을 잘 느끼지 못했다. 그래서 현재 살고 있는 도시의 인구 및 스포츠 경기장 객석 수 등과 비교하면서 이해를 도왔다. 6·25전쟁의 참상과 관련된 사진 자료들이 적나라하기 때문에 많은 설명이 없이도 아이들은 안타까워했다. 현재 멀쩡해 보이는 여러 문화재들이 6·25전쟁으로 심각한 훼손을 입은 사진을 보면서는 깜짝 놀라기도 했다.

다음 활동으로는 전쟁 이후 현재까지의 남북 관계에서 갈등의 순간들과 평화의 순간들을 알아보았다. 발생한 일련의 사건들에 대한 서로 다른 정치적인 시각이 있으므로 논란이 적고 통일된 결론이 내려진 사건들로 추려서 소개했다. 최근 아이들이 기억하고 있는 갈등의 순간은 북한의 핵무기 위협으로 인해 긴장 상태였던 시기였다. 반대로 아이들이 떠올린 평화의 순간은 평창올림픽 전후로 평화를 위해 노력했던 시기였다. 한 학기 동안의 현대사 수업을 통해 아이들은 남북탁구단 일팀이나 금강산 관광 등의 과거 협력의 순간들을 스스로 떠올리기도 했다.

마지막 활동으로는 빈칸을 완성하여 '남북한의 평화'에 대한 자신만의 정의를 내려 보는 것으로 했다. 무조건 '남북한이 통일을 해야 평화로워진다'고 강요하기보다는 통일이 평화로운 남북 관계의 모습 중 하나이고, 앞으로 전쟁이 없는 평화로운 시대를 살아가기 위해 남북한은 서로 어떠한 관계를 맺고 지내야 할지에 대해 이야기해 보았다. 그런 후 자신이 생각한 평화의 개념을 남북 관계와 결부시켜 학생 나름대로 정의를 내릴 수 있도록 했다. 대다수 의견들이 '평양에 가서 평양냉면을 먹어 보는 것' 또는 '북한을 지나 러시아로 기차여행을 가는 것' 등과 같이 추상적인 접근이 아닌 현실적인 내용들이 나왔다. 평화에 대해 일상적으로 쉽게 공감을 할 수 있었던 시간이었다. 이러한 미래는 과거의 아픔을 반복하지 않도록 다른 나라의 간섭 없이 남·북이 주체적으로 이루어 가야 할 것임을 강조하며 수업을 마무리했다.

정전협정에 대한 논의가 한창이다. 휴전상태로 긴 세월을 살았다. 정전협정이 맺어진다면 얼마나 좋을지 가만히 생각해 본다. 이산가족의 상시 상봉이 가능해지고, 북한을 거쳐 유럽까지 철도가 이어질지도 모른다. 이 얼마나 고무적인 일인가! 6·25전쟁의 아픔을 뒤로하고 남북이 조금씩 가까워지기 시작했다는 것이 너무 기쁘다. 대한민국 국민이라면 지금의 평화 모드를 싫다 하지 않을 것이다.

모처럼의 평화 모드지만 오히려 6·25전쟁의 참상은 다뤄야만 했다. 실감하기는 어렵지만 우리나라가 얼마나 큰 전쟁을 치르고 여기까지 왔는지 아이들도 알아야만 한다. 교사들도 6·25전쟁을 실감하기 어려운 세대인 것은 마찬가지지만 전쟁의 참상을 알리기 위해 노력했다. 이 수업에 영상과 사진이 주를 이루는 이유가 바로 그것이다. 실감하기 어려운 사건이기에 영화나 사진을 통해 그 시대 사람들의 삶을 보여 주려고 했다. 시간관계상 고지전 등 6·25전쟁 관련 영화 몇 가지를 더 보지는 못했다. 시간이 허락한다면 6·25를 이해하기 위한 영화 한두 편을 더 보는 것도 괜찮을 것 같다.

12.
광복절 VS 건국절

수업의 의도와 개요

'대한민국이라는 국가의 시작은 어디서부터일까?' 이 질문에 대한 저마다의 대답은 다를 것이다. 누군가는 근대적 국가의 틀을 갖춘 '대한제국' 시기를 이야기할 수도 있고, 또 다른 이는 '헌법'이 제정된 이후가 아니겠느냐고 주장할 수도 있다. 중요한 것은 대한민국의 시작이 어디서부터인지를 논할 때 우리가 생각하는 국가와 정치가 무엇인지 그 가치관이 드러난다는 점이다.

'광복절? 건국절?'이라는 수업 제목만 들었을 때는 단순히 8월 15일을 어떻게 부를 것인지 그 명칭에 대한 논의만 포함하는 것으로 생각할 수 있다. 그러나 이 제목의 진정한 함의는 이것이다. '과연 대한민국 정부의 시작은 어디서부터일까?' 어떤 정부를 적통 정부의 시작으로 인정하느냐에 따라 우리가 대한민국의 역사를 바라보는 관점이 바뀔 것이다.

1919년 대한민국 임시정부 수립을 새로운 우리 역사의 1장으로 인정하는 이들은 일제에 대한 저항 의지, 먼 이국땅에서도 우리 정부를 세우고자 했던 개척정신과 다른 나라의 도움 없이 오롯이 우리 힘으로 정부를 세우고자 했던 자주정신을 높이 평가할 것이다.

반대로 1948년의 대한민국 정부 수립을 우리 역사의 첫 시작으로 생각하는 이들은 임시정부는 말 그대로 정식 정부가 아닌 '임시적 정부'에 불과하므로 현대화된 정치 제도의 성립과 헌법의 도입이 이루어진 다음에야 안정된 정부로서의 기능에 충실할 수 있다는 입장이다.

당신의 선택은 어떠한가? 저항과 안정이라는 가치 중 어떤 것에 무게를 두는가? 광복절이라는 공식적인 이름이 있는데도 불구하고 보수 정권에서는 왜 광복절보다 건국절이라는 표현을 쓰고 싶어 했는가? 어쩌면 이 수업은 현대사 수업의 끝이지만 시작이었어야 할지도 모른다.

우리의 역사관을 한 번쯤 생각하게 하는, 대한민국이라는 국가의 철학을 묻는 질문이기 때문이다.

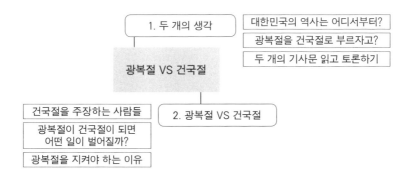

수업의 흐름

편의상 마인드맵을 두 개로 나누었지만 수업의 흐름이나 수업 자료가 하나로 연결되어 진행되었으므로 실제 수업이 진행된 대로 기록했다.

	소단원 명	소단원 주요 내용	관련 성취기준	차시량
1	광복절 VS 건국절	• 광복절, 건국절 논란에 대해 알아보기 • 대통령 축사 읽고 두 개의 관점 분석하기	사회: -인물의 활동을 중심으로 광복에서 대한민국 정부 수립까지의 과정을 파악한다. -주요 사건에 대한 시각 자료를 중심으로 국민들의 자유민주주의를 위한 노력을 이해한다.	2
		• 8월 15일을 건국절이 아닌 광복절로 불러야 하는 이유에 대해 알기		

1.
광복절 VS 건국절

두 개의 생각(광복절과 건국절)
⇩
기사문 읽고 토론하기
⇩
건국절 논란의 숨은 의도 알아보기
⇩
8·15가 광복절인 이유 알기

1. 두 개의 생각(광복절과 건국절)

-두 개의 주장으로 나뉜 사람들의 생각 알아보기

-광복 및 광복절, 건국 및 건국절 의미 알아보기

-광복절을 건국절로 부르자고?

2. 기사문 읽고 토론하기

-두 대통령의 광복절 축사를 비교해 읽어 보고 자신의 입장 정하기

-자신의 입장에 맞는 도움 자료를 받아 읽고 토론 준비하기

-토론하기

-문재인 대 박근혜 광복절 경축사 비교(6분) http://go9.co/NQI

3. 건국절 논란의 숨은 의도 알아보기

4. 8·15가 광복절인 이유 알기

'꼬물꼬물 거꾸로 현대사'의 마지막 수업은 최근 논란이 되었던 '광복절을 건국절로 부르자'는 주장에 대한 논의를 끌어와 '광복절 VS 건국절'이라는 제목으로 수업을 하게 되었다.

　우리나라는 1945년 태평양 전쟁이 끝나고 광복을 맞았다. '광복'이란 말 대신 '해방'이나 '독립'이란 표현도 사용한다. 하지만 우리는 원래 나라가 있었으므로 '해방'이나 '독립'보다는 '광복'이란 표현이 더 적절한 표현이며, 광복을 맞이한 날을 '광복절'로 부르는 것이 알맞다. 그런데 광복절 의미와 맞지 않게 광복절을 건국절로 바꾸려는 시도가 있었다. 이러 논란을 바탕으로 1948년 8월 15일의 건국절 논란의 숨은 배경과 의도를 알아보고자 이 수업을 진행하게 되었다.

　먼저 간단하게 광복 및 광복절, 건국 및 건국절의 의미를 알아보고, 광복절과 건국절 논란에 대한 설명을 해 주었다.

　'광복'의 뜻은 빛 광光 자와 되돌아갈 복復 자를 써서 "빛을 되찾다"는 말로 쓰이며 광복절 뜻도 같다. 어두운 세월을 벗어나서 다시 빛을 찾았다는 얘기이니, 광복절은 "주권을 되찾았다"는 의미로 광복을 기념하는 날이다.

　'건국'의 뜻은 세울 건建 자와 나라 국國 자를 써서 "나라를 세우다"는 의미로, 건국절은 건국을 기념하는 날이다.

　광복 이전에 제대로 된 나라가 없다가 광복 이후에 대한민국이라는

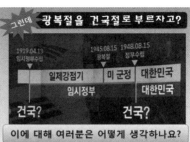

두 개의 생각

광복절 찬성 토론자

건국절 찬성 토론자

국가로 탄생했다는 것인지, 아니면 원래의 나라(대한민국)를 빼앗겼다가 되찾은 것인지에 대한 분분한 의견 때문에 광복절을 건국절로 불러야 한다는 논란이 발생하게 되었음을 아이들에게 알려 주었다.

두 관점을 살펴보면, 8월 15일을 광복절로 부르는 게 맞는다고 주장하는 사람들은 1919년 대한민국 임시정부를 인정하기 때문에, 1919년 4월 11일이 건국일이며 1945년 8월 15일은 광복절이라고 주장하고 있다. 반면 8월 15일을 건국절로 부르자고 주장하는 사람들은 대한민국 임시정부를 인정하지 않고, 정식 정부가 수립된 1948년 8월 15일을 건국절로 보는 입장이다. 그래서 8월 15일을 광복절이 아닌 건국절로 부르자고 주장하는 것이다. 이런 두 입장을 아이들에게 설명해 주고, 두 대통령의 광복절 축사 내용이 적힌 활동지를 나눠 주고 자신의 입장을 정하도록 했다. 입장을 정한 아이들에게 토론에 도움이 될 보조 자료를 더 나눠 주고 토론을 하게 했다.

누구의 대통령 축사인지 모르고, 읽기 활동지만 보고 자신의 입장을 정한 아이들 중 2/3 이상이 건국절을, 1/3에도 못 미치는 아이들이 광복절을 주장했다.

건국절을 주장한 아이들은 1919년에 세워진 임시정부가 '임시'이기 때문에 인정할 수 없다는 것과 국가의 3요소인 국민, 주권, 영토가 모두 갖춰진 게 아니었기 때문에 1919년은 건국이 될 수 없다는 주장을 했다. 반면 광복절로 불러야 한다고 주장한 아이들은 헌법에 근거해 1948년에 정식으로 세워진 정부는 1919년에 세워진 임시정부를 계승했다는 점을 들어 주장을 펼쳤다.

대통령 축사 영상을 보고 있는 아이들

열띤 토론이 끝나고 나서 아이들에게 처음에 나눠 줬던 대통령 축사 영상을 보여 주려고 할 때, 화면에 문재인 대통령과 박근혜 전 대통령 얼굴이 화면에 뜨자 아이들은 탄식과 함께 자신이 선택한 관점이 누군가는 아니길 바라는 마음으로 영상을 빨리 재생시켜 달라고 했다. 영상을 재생 시키자마자 아이들은 "아니야~"라고 외치면서 누가 먼저랄 것도 없이 8월 15일을 광복절로 불러야 한다는 주장을 했던 친구들 쪽으로 우르르 다 몰려가서 영상을 시청했다. 열띠게 토론하던 모습과 사뭇 다르게 자조 섞인 탄식을 내뱉는 아이들 모습이 얼마나 귀엽고 우스웠는지 모른다. 그중에는 "제 입을 꿰매 버리고 싶어요!"라고 해서 더 큰 웃음을 자아내게 만들었던 친구도 있었다.

영상을 재미있게 시청하고 난 뒤 1948년 8월 15일을 건국절로 정하게 된다면 어떤 일이 일어나는지 쉽게 풀어서 설명해 주었다. 특히 독립운동의 역사나 친일파가 했던 행적들이 대한민국에서 제외된다는 것이 가장 심각한 문제라는 점을 아이들에게 더 상세하게 이야기해 줬다. 이때 아이들의 반응은 믿을 수 없다는 표정과 함께 친일파를 깨끗하게 청산하면 좋겠다는 반응을 보였다.

▶ 1948년 8월 15일을 건국절로 정하게 된다면?
- 우리나라는 탄생 100년도 되지 않은 신생국가가 된다.

- 임시정부의 존재가 보잘것없는 '망명정부' 신세로 전락한다.
- 임시정부와 대한민국 사이에 존재하는 미군정 3년이 한국사에서 미국사로 편입될지 모른다.
- 대한민국에서 북한의 존재를 배제해 버림으로써 분단체제를 영구화하게 된다.
- 1910년 8월 29일부터 1948년 8월 14일까지 38년을 우리 스스로 국권상실 또는 국맥 단절기로 만드는 것이 된다.
- 독립운동의 역사, 친일파의 죄상을 대한민국에서 제외시키게 된다.
- 대한민국 헌법정신을 부정하는 자기모순에 빠지게 된다.

　이런 관점에서 볼 때, 보수주의 진영이 광복절을 건국절로 바꾸려는 시도는 광복절 뜻을 무시하는 행위이다. 뿐만 아니라 나라가 없던 우리가 국가를 처음 세운 날이 1948년이 되어 버리기 때문에 '건국절 논란'은 많은 문제점을 안고 있다는 걸 아이들이 알게 되었다.

　8월 15일을 광복절로 불러야 하는 이유에 대해서는 첫째, 대한민국이 국호를 임시정부가 쓰던 명칭으로 승계하고, 둘째, 이승만 정권을 국부로 추앙하는 이들도 1948년 9월 1일에 발행한 '대한민국 정부 제1호 관보'의 발행일에 '대한민국 30년 9월 1일'로 명시된 것을 인정하는 점, 셋째, 현행 헌법에도 "대한민국 임시정부의 법통… 계승"이라고 되어 있기 때문이라는 것을 알려 주었다. 그리고 대한민국 정부는 국호와 헌법 제1조뿐 아니라 국화, 태극기, 애국가를 임시정부로부터 국가 상징물로 물려받았으며, 이것이 대한민국이 임시정부의 법통을 계승했다고 헌법에서 천명하고 있는 이유라는 점을 알려 주었다.

　결론짓자면 우리나라는 1919년 상하이 임시정부를 수립하면서 이때를 대한민국 건국으로 보고, 1945년 8월 15일은 원래 있던 우리나라를 강제로 빼앗겼다가 다시 찾은 우리 민족에게 가슴 뜨거운 날이기 때문에 광복절로 부르는 게 맞는다.

'광복절 VS 건국절' 수업을 통해 우리 아이들이 '광복'의 진정한 뜻을 배우고, 광복을 맞이한 날을 '광복절'이라고 부르는 게 얼마나 큰 의미를 담고 있는지 깨닫게 되는 소중한 수업이었다.

수업을 마치며

이 수업은 '꼬물꼬물 거꾸로 현대사' 수업에서 시기적으로 가장 오래된 사건인 대한민국 정부 수립을 다루고 있다. 수업을 하고 난 뒤 '역사수업은 너무 어렵다'는 말이 절로 나왔다. 다른 수업보다 이 수업이 어려웠던 이유는 1945년의 광복절과 1948년의 정부 수립이 3년의 시간 간격을 두고 같은 8월 15일에 이루어졌기에 헷갈리기도 했고, 객관적 사실을 암기하거나 기계적으로 학습하는 것이 아닌 내가 세상을 어떻게 바라보느냐는 가치판단과 관점이 담겨 있기에 더더욱 그렇다. 이제까지의 수업도 물론 그러했지만, 이 수업이 이전 수업과 다른 점은 대통령이 드러나지 않은 채로 광복절 축사와 기사문을 읽고 8월 15일을 어떻게 불러야 하는지 판단하는 활동에서 아이들 스스로 깊이 생각해 볼 만한 계기를 마련했다는 점이다. 이미 갖고 있는 편견이나 정치적 생각을 소거한 채 가치에 대해 깊이 탐구하는 시간을 마련해 주고 싶었다. 끝부분에서는 건국절이 아니라 광복절이라고 불러야 한다는 일정한 가치를 지향했지만 아이들 스스로 역사의 시작이 어디서부터인가 판단하게 했다는 점이 새롭다. 이전 수업이 처음부터 지향하는 가치와 목적이 뚜렷한 상태에서 구체적인 활동이 이루어졌다면, 이 수업은 처음에는 수업의 의도가 명확하게 드러나지 않는다.

이 수업은 지금도 계속되고 있는 '대한민국 정부의 시작'이라는 뜨거운 논쟁을 담고 있다. 우리가 역사를 어떻게 바라보는가가 왜 중요한지 다시 한 번 생각할 수 있는 수업이기도 하다. 아이들이 꼬물꼬물 현대사 수업을 마친 뒤에도 기억하고 논쟁하는 일을 멈추지 않았으면 좋겠다.

꼬물꼬물 거꾸로 현대사 수업을 마치며

수업을 마치고 생각해 보니 역연대기적 접근 방식의 현대사 수업은 많은 장점이 있다. 우선 지금·여기에 존재하는 모든 것들이 사료가 되기 때문에 살아 있는 배움이 될 수 있다. 눈앞에 존재하는 수많은 사건, 그리고 가까운 사료들을 통해서 아이들은 상상력과 추리력을 자유롭게 발휘할 수 있고, 이는 아이들이 차츰 과거로 들어가며 배우게 될 여러 역사 속에서의 공통점을 찾는 귀납적 사고를 가능하게 한다. 결국 현대사를 역순으로 배우는 것은 어렵지 않게 접하고 생각할 수 있는 주변의 사실로부터 과거 역사와의 공통점을 쉽게 찾고, 나아가 미래의 역사를 미리 그릴 수 있도록 하는데 그 의미가 있다. 궁극적으로 이 방식은 아이들이 성인이 되어 처하게 될 수많은 선택의 장 속에서 합리적인 선택을 할 수 있게 가치판단의 기준을 설정하는 데 큰 역할을 하게 될 것이다.

물론 실제 교실에서는 이론이나 계획과는 달리 현대사의 여러 가치를 수업으로 발현해 내기가 쉽지 않다. 다뤄야 할 사실과 가치는 넘쳐나지만 무슨 내용을 어떤 목적과 근거로 구성해야 하는지부터가 많은 고민을 하게 한다. 그래서 많은 사료들을 객관성을 잘 유지한 채 수업 자료로 만드는 일은 쉽지 않다.

하지만 교사들은 교육과정 전문가이다. 스스로의 전문성에 확신을 갖고 풍부한 사료들을 적절히 활용한다면 양질의 수업 자료를 만들 수 있다고 생각한다. 이러한 확신 속에서 가르치는 거꾸로 현대사는 아이들이 성인이 되어 자기 앞에 놓인 선택과 판단의 기로에서 현명하게 대처할 수 있는 사고력을 분명 길러 줄 것이다.

우리는 역사 자체를 배우는 것이 아니라 역사를 통해서 배운다. 꼬리에 꼬리를 물어 거꾸로 알아 가는 현대사 수업은 많은 교사들과 아

이들에게 역사수업에 대한 새로운 인식과 기회를 가져다줄 혁신적인
수업이 되리라 믿는다.

2부

과정 드라마로 만난 'Time in 조선'

'꼬물꼬물 거꾸로 현대사' 수업을 했던 1학기가 끝나고 여름방학이 될 무렵, 우리는 또 다른 난관에 봉착했다. 2학기 시작과 동시에 배우게 될 조선 후기 부분은 이전의 수업과 연결되는 지점이 없었기 때문이다. 1학기의 현대사 수업은 비교적 최근의 인물과 사건들로 구성되어 지금 이곳에서 살아가는 우리들이 공감하기가 어렵지 않다는 장점이 있었다.

 그런데 조선 후기는 경제의 발달로 농촌 중심의 신분질서가 흔들리기 시작하는 '변화와 격동의 시대'이고 아이들이 쉽게 공감하기가 어렵다. 현대사와 비교할 때 멀게 느껴지는 조선 후기를 배우면서 아이들이 그 시대적 상황과 인물들의 마음에 쉽게 공감할 수 있을까? 자칫 조선 후기라는 시대가 '그들만의 세상, 그들만의 이야기'로 여겨지지 않을까 고민되었다.

 아이들이 즐겁게 배울 수 있는 조선 후기 수업을 계속해서 고민하던 중 공동체 한 선생님의 제안으로 과정 드라마를 접하게 되었다. 교육연극에 대해 전혀 지식이 없던 우리는 반신반의하며 조선왕조 의궤에 대한 과정 드라마를 경험해 보았다. 우리가 경험한 과정 드라마는 병인양요 때 프랑스에 빼앗긴 의궤를 되찾기 위해 프랑스 도서관의 한국인 사서가 노력하는 내용이었다. 분명 연극이라는 것을 알고 있는데도 분하고 화가 났다. 그 시대의 인물이 되어 기자와 인터뷰를 하고, 1인 시위에 참여하는 등 의궤반환운동을 하면서 신기하게도 우리 마음속에 불꽃이 일어났다. 아이들에게도 우리가 겪었던 이 몰입의 경험을 선사하고 싶었다.

 과정 드라마 역사수업을 개발하기로 결심한 후, 조선 후기 역사적 사건들 중에서도 초점이 되는 사건을 선정하고, 시나리오를 세세하게 작성하여 검토하는 일은 끈기가 필요했다. 틈만 나면 모여 아이디어를 구상하고 과정 드라마의 단계에 반영하고 검토하는 단계를 거쳤다. 이 새로운 도전과제에 직면하며 포기하지 않을 수 있었던 힘은 어디에서 나왔을까? 우리가 만든 과정 드라마가 6학년 아이들이 주인공이 되어 적극적으로 참여하는 새로운 역사수업이 될 거라는 기대에서였다.

과정 드라마 역사수업은 아이들뿐만 아니라 우리 교사들에게도 큰 기쁨을 주었다. 바로 조선 후기, 그 격동의 시대에 역사의 무대를 설계하는 '설계자', '창조자'로서의 기쁨을, 또한 이 무대에서 순수한 몰입의 즐거움을 경험하는 6학년 아이들을 보며 참 뿌듯하고 행복했다. 과정 드라마 역사수업 현장의 생생함을 그대로 살리기 위해 수업 후기 양식에 대해 끊임없이 토론한 결과, 과정 드라마 시나리오를 지면에 구체화하여 실었다. 다른 수업 후기와 달리 생소하고 어려운 부분도 있으리라 짐작하지만 활동 중심 역사수업을 고민하는 선생님들께 도움이 되었으면 한다.

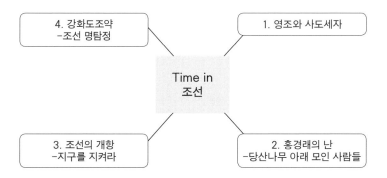

1.
영조와 사도세자

1. 초점 선정하기

사도세자가 뒤주에 갇혀 죽은 사건이 어떤 이유와 배경에서 일어났는지 살펴보고 각 인물의 심경 알아보기

2. 플롯 구성하기

조선 후기 영조가 집권하던 시기에는 노론과 소론 두 당파가 치열하게 붕당정치를 했다. 그렇게 치열한 붕당정치의 소용돌이는 영조와 사도세자, 다시 말해 부자간의 관계에까지 막대한 영향을 미쳤고 결국 사도세자가 뒤주에 갇혀 죽는 비극적인 사건이 일어나게 되었다. 기본적인 플롯은 부자(영조와 사도세자)간의 비극적인 관계를 그려 봄으로써 당시의 시대적 배경을 알아보고, 영조와 사도세자의 심경을 더욱 입체적으로 탐구해 보는 것으로 구성했다.

3. 스토리 구성하기

첫 번째 과정 드라마의 주제는 조선 후기의 천재 군주라 일컬어지는 영조와 정조 그리고 사도세자이다. '시작이 반이다'라는 말처럼 아이들이 처음에 흥미를 느껴야 뒤에 이어질 과정 드라마를 재미있게 할 수 있기 때문에 첫 수업을 구성하는 데 부담이 있었다.

먼저 영·정조 시대의 역사적 사건 중 어떤 것을 과정 드라마로 만들 수 있을까 고민했다. 이를 선정하기 위해 아이들과 어떤 가치를 이야기할 수 있을지 생각해 보는 게 우선이었다. 동학년 교사와의 열띤 회의를 통해 영조와 사도세자 간의 갈등 끝에 사도세자가 뒤주에 갇히는 사건을 다루기로 결정했다. 그 이후로도 많은 회의를 거쳐 피드백을 주고받으며 드라마를 구조화하고 플롯을 구성할 수 있었다.

영조와 사도세자

- 교사를 위한 드라마: 붕당정치의 흐름 이해하기
- 참가자를 위한 드라마: 사도세자가 뒤주에 갇히게 된 배경과 영조와 사도세자의 심경 알기

역할 카드 뽑기
⇩
사도세자의 비행
⇩
영조와 사도세자의 기자회견
⇩
사도세자의 유언장
⇩
사도세자에게 한마디

1. 역할 카드 뽑기
■ 역할 카드
- 카드를 뽑아 역할 입기
- 역할 카드: 영조 1, 사도세자 1, 정조 1, 세자궁 궁녀 2, 왕의 궁녀 2, 사도세자의 신하 10, 영조의 신하 10, 혜경궁 홍씨 1(28명 기준)

2. 사도세자의 비행
- 소문 전달하기
- 방(벽보) 만들기
- 부정의 소리터널

3. 영조와 사도세자의 기자회견
- 영조와 사도세자가 각각의 신하들과 대화하기
- 영조와 사도세자 기자회견하기

4. 사도세자의 유언장

■ 유언장 학습지

-유언장 쓰기

-정지극

5. 사도세자에게 한마디

-긍정의 소리터널

영조와 사도세자(대본)

1. 역할 카드 뽑기

-여러분은 지금 조선시대에 와 있습니다. 영조 시대에 여러분은 각각의 역할을 맡고 있습니다.

-교사가 시대적 상황 및 인물을 간단히 소개하고 아이들은 역할 카드를 뽑는다. 역할은 본인만 확인한다.

2. 사도세자의 비행

-당시 사도세자의 비행은 절정에 다다랐습니다. 왕세자인 사도세자는 정사를 멀리했고, 아버지인 영조에게 문안 인사도 올리지 않았으며, 밤마다 유흥과 음주가무를 즐겼습니다. 또한 영조에게 받은 스트레스가 누적되어 영조 공포증이 생기거나 정신병에 걸리는 지경까지 이르렀습니다. 이로 인해 궁녀를 죽이는 등 횡포가 심해졌으며 걷잡을 수 없이 망가져 갔습니다.

① 소문 전달하기

-여러분, 지금 궁에서 이상한 소문이 돌고 있다고 합니다. 바로 사도세자와 관련된 소문인데요. 무슨 일이 일어나고 있는 걸까요? 선생님이 방금 들은 소문을 몰래 알려 줄게요.

* 아이들은 큰 원으로 앉는다. 교사는 첫 번째 아이에게 사도세자의 비행과 관련된 소문을 하나씩 귓속말로 전달한다. 전달받은 아이는 옆 사람에게 차례차례 전달하여 마지막 아이까지 이어서 전달한다(교사가 원에 참여하여 소문을 일부러 부풀린다).

② 방 만들고 댓글 포스트잇 붙여 보기
* 들은 내용을 글과 그림으로 표현하여 방(벽보)을 그려서 교실 곳곳에 붙인다.
* 포스트잇에 역할에 맞게 댓글을 써서 방에 붙인다. 댓글을 붙인 후 함께 읽는다.

③ 소리터널
- 사도세자의 비행을 담은 소문은 삽시간에 퍼져서 영조의 귀까지 들어가게 되었습니다. 또한 사도세자 역시 영조가 자신을 미워하고 싫어한다는 소문을 지속적으로 들었습니다. 여러분은 이제 영조와 사도세자에게 소리터널에서 자신이 알고 있는 사실과 소문을 전달해 주어야 합니다.

3. 영조와 사도세자의 기자회견
- 영조와 사도세자는 서로에 관한 소문을 듣고 나날이 오해가 쌓이고 불신이 깊어져 갔어요. 이 일에 대한 기자회견이 곧 열리는데, 그전에 각 신하들과 대책회의를 할 것입니다. 어떤 질문을 해야 좋을지 생각해 봅시다.
- 기자회견: 영조와 사도세자를 제외한 나머지 친구들은 기자가 되어 영조와 사도세자에게 궁금한 것을 질문해 봅시다.

4. 사도세자의 유언장
- 결국 영조는 사도세자에게 자결하라는 명령을 내립니다. 하루 내내 실랑이를 벌이다 결국 영조는 자결하지 못한 사도세자를 뒤주에 가두라

고 명령합니다. 사도세자는 이곳에 갇혀 일주일 동안 뙤약볕 아래서 타는 듯한 갈증과 더위, 허기짐을 이기지 못하고 결국 죽음을 맞이합니다. 이제 여러분은 뒤주 속에서 죽어 가고 있는 사도세자가 되어 마지막으로 하고 싶은 말을 유언장에 적어 보도록 합시다.

-사도세자의 마지막 추억을 정지극으로 표현하기

5. 사도세자에게 한마디

- 결국 사도세자는 비극적인 결말을 맞이합니다. 영조 역시 자신의 친아들이자 왕세자인 사도세자를 죽이는 결정은 쉽지 않았을 것입니다. 영조와 사도세자를 위로하는 긍정의 소리터널을 해 보도록 하겠습니다. 영조와 사도세자에게 따뜻한 위로의 한마디를 전달해 주세요.

4. 수업 후기

교사와 아이는 과정 드라마 속 중심인물을 맡아 연기를 펼친다. 과정 드라마 수업의 성공 열쇠는 교사와 아이가 얼마나 그 역할을 이해하고 공감하여 몰입할 수 있는지에 달려 있다. 이를 위해서는 교사의 보여 주기가 중요하다. 교사의 주된 역할은 드라마 속 한 인물이 되어 과정 드라마를 진행하는 것이다. 또한 교사는 아이들이 맡은 역할에 공감하고 몰입할 수 있도록 충분한 배경지식과 시청각 자료를 제공해 줘야 한다. 아이들은 과정 드라마의 주인공이 되어 봄으로써 역사적 사실 및 인물의 심경을 머리로 인지하는 것에서 나아가 그 상황을 충분히 공감하고 마음으로 이해하게 될 것이다.

과정 드라마를 시작하기 위해 먼저 책상을 교실 뒤쪽으로 밀고 함께 둘러앉았다. 아이들은 처음 해 보는 활동이라 그런지 눈이 반짝반짝 빛났다. 과정 드라마에서 아이들의 참여는 다른 어떤 것보다 중요하다. 그렇기에 이 부분을 강조하여 함께하는 수업을 만들어 갈 것을 약속하며 수업을 시작했다.

조선시대라는 배경에 몰입시키기 위해 분위기를 가라앉히고 말했다.
"지금은 조선시대입니다. 그리고 이곳은 조선시대의 왕이 살고 있는
궁궐입니다. 여러분은 궁 안에 살고 있습니다. 이 궁 안에서 여러분은
어떤 일을 하고 있을까요? 역할 카드를 한 장씩 뽑아 봅시다. 역할은
자신만 확인하고 비밀로 하도록 합니다."

이 과정 드라마는 영조, 정조 그리고 사도세자 같은 주요 인물의 역
할이 매우 중요하기 때문에 학급에서 적극적이고 공감을 잘하는 아이
가 주요 역할을 맡으면 더 매끄러운 수업이 될 수 있다. 역할 카드에는
각각의 역할이 취해야 할 입장과 그 역할이 느낄 심경에 대해서 간략
히 소개가 되어 있다. 역할 카드를 뽑은 후 역할에 대한 설명을 자세
히 읽어 보고 어떤 말과 행동을 해야 하는지 생각해 보는 시간을 가
졌다.

사도세자
영조의 아들. 처음에는 촉망 받는 왕세자로 영조에게 큰 신임과 이쁨을 받았으나 여러 가지 사건으로 오해와 불신으로 점차 멀어져 미움을 받게 됨. 아버지에게 스트레스를 많이 받아 몹시 정신적으로 혼란스러우며 아버지를 무서워함.

영조
영조는 정조와 더불어서 조선 후기의 전성기를 이끈 대표적인 왕으로 불리며 신하들을 고루 기용하였으나 당파 싸움에 휘말리기도 함. 처음에는 사도세자를 이뻐하였으나 오해와 불신이 쌓여 사도세자를 몹시 못마땅해 함.

정조
사도세자의 아들이자 조선 후기 최고의 군주로 꼽히는 인물. 사도세자의 죽음을 눈앞에서 지켜보았으며, 왕 즉위 후 사도세자 반대 세력들과 정면으로 맞섬. 아버지인 사도세자를 좋아하고 보고 싶어 함.

혜경궁 홍씨
혜경궁 홍씨는 정조의 어머니이자 사도세자의 부인이다.

역할 카드

다음으로 사도세자의 비행에 대한 활동을 했다. 당시 사도세자가 왜 그러한 행동을 하였을까 상상하고 이해해 보는 활동이다. 그리고 장면에 어울리는 배경음악도 깔아 주었는데, 이때 배경음악은 긴장감을 조성하거나 감정을 고조시켜 더욱 드라마에 몰입할 수 있도록 돕는다.

첫 번째 활동인 소문 전달하기에 앞서 아이들에게 사도세자의 비행 행동에 대한 배경을 설명해 주었다.

"여러분, 당시에 사도세자의 비행은 정말 심각했다고 합니다. 왕세자인 사도세자는 국정을 돌보기는커녕 아버지인 영조에게 문안 인사도 올리지 않았으며 밤마다 유흥과 음주가무를 즐겼다고 합니다. 또한 영조에게 받은 스트레스가 누적되어 아버지 영조를 두려워하게 되고 정신병에 걸리게 됩니다. 이로 인해 궁녀를 죽이는 등 각종 비행을 하게 되고 걷잡을 수 없이 망가져 가게 됩니다.

하지만 처음부터 사도세자가 이렇게 비행을 저지르는 망나니 왕자는 아니었다고 합니다. 처음에는 사도세자가 총명하여 아버지의 사랑을 받았으나 영조와 사도세자 서로 간의 오해 때문에 생긴 불신 그리고 신하들의 권력다툼 속에서 그들은 더욱 멀어져 갔다고 합니다."

배경을 설명하고 소문 전달하기 활동을 했다. 아이들을 둥그렇게 앉도록 했다. 소문은 교사가 한 아이에게 귓속말로 전달하고 그 아이는 옆 사람에게 전달한다. 이러한 방법으로 모든 아이가 소문을 들으면 끝난다.

"사도세자가 영조를 몰아내어 왕의 자리를 노리려 한다." 또는 "사도세자가 학업 정진은 멀리하고 밤마다 나가서 음주가무를 즐긴다." 등의 소문을 전달했다. 아이들에게 소문은 전해지면서 과장되고 확장될 수 있다고 했더니 이른바 '카더라 통신'처럼 소문이 변질되었다.

다음 활동으로 방을 만들고 댓글 포스트잇을 붙여 보는 활동을 했다. 먼저 모둠별로 방을 만들어 보았다. 방은 A4 용지를 이용하여 글과 그림으로 꾸며 보았다. 시간이 너무 오래 걸리지 않게 간단히 만들 수 있도록 안내했다. 아이들은 "사도세자가 미쳐서 궁녀를 죽이고 날 뛴다", "사도세자가 조만간 군사를 일으켜 궁으로 쳐들어갈 것이다" 같은 소문과 연관 지어서 방을 만들었다. 그리고 각자 만든 방을 몰래 망토를 뒤집어쓰고 붙이도록 했다. 아이들은 너무 재미있어하며 살금 살금 걸어가서 방을 붙여 놓았다. 그 후 포스트잇에 댓글을 적도록 안 내했다. 이때 아이들 각각의 역할에 맞게 방의 내용을 옹호하거나 반 박하는 댓글을 쓰도록 했다. 사도세자 쪽이었던 아이는 "내가 알고 있 는 사도세자는 저런 사람이 아니야. 분명 모함일 거야", 영조 쪽이었던 아이는 "사도세자가 드디어 갈 데까지 갔구나, 미친 게 분명해"와 같은 내용을 작성했다. 댓글 작성이 끝난 후 다 같이 방과 댓글들을 살펴보 았다.

다음 활동으로는 소리터널을 진행했다. 소리터널은 연극 기법 중 하 나로, 아이들이 두 줄로 길게 서서 마주보는 가운데 그 길을 주인공이 천천히 지나가게 하는 것을 말한다. 주인공이 소리터널 안을 지나가는 동안 마주보고 서 있는 아이들은 주인공에게 자신이 생각하는 긍정의 말 또는 부정의 말에 감정을 담아 전달한다. 사도세자와 영조를 각각 소리터널로 지나가게 했는데, 아이들은 영조가 지나갈 때는 "사도세자 가 오만방자하여 설치고 다니니 가만히 두고 보면 아니 되옵니다.", "역

방을 붙이는 모습

방에 붙은 포스트잇 댓글

영조의 소리터널

사도세자의 소리터널

모를 꾸미고 있습니다. 즉각 처단하셔야 하옵니다"라면서 실감 나게 연기했다. 반면 사도세자가 지나갈 때는 "영조가 세자를 가만히 두지 않을 것입니다. 특단의 조치가 필요합니다", "지금이 하늘이 주신 기회입니다. 결단을 내리소서"라고 말했다. 소리터널을 지나갔던 사도세자 역할, 영조 역할을 한 아이는 눈을 감고 걸으니 친구들이 하는 말이 더 잘 들리고 감정이입이 되었다고 말했다.

다음으로 사도세자와 영조가 신하들과 대화하며 기자회견을 준비했다.

"지금까지의 사건들로 인하여 영조와 사도세자는 서로에 대해 나날이 오해와 불신이 쌓여 갔습니다. 이런 상황에서 각자의 신하들을 소집하여 대책회의를 하게 됩니다."

여기서 핵심은 영조 측 신하와 사도세자 측 신하들이 서로의 권력을 지키기 위해서 상대방을 모함하고 음해하는 방향으로 회의가 진행되어야 하는 것이다. 예를 들어 영조 측에서는 "사도세자가 나날이 망가져 가니 더 이상 지켜볼 수 없습니다", "아들이라고 계속 감싸다가 후회하실 겁니다", "역모를 꾀한다는 소문이 들리고 있사옵니다", 사도세자 측에서는 "지금 영조대왕이 세자를 처벌하려 한다는 소문이 들리고 있습니다", "지금 움직이지 않으면 우리가 먼저 죽습니다"라고 할 수 있다.

회의가 진행된 후 사도세자와 영조를 대상으로 한 가상 기자회견을 진행했다. 아이들은 기자가 되어 사도세자와 영조에게 질문을 하면 되는데, 상대 측의 질문에 곤란하고 대답하기 어려우면 같은 편에서 대신 대답해 줄 수 있도록 했다.

　아이들은 다음과 같은 질문을 했다.

　"영조대왕의 사도세자에 대한 솔직한 심경은 무엇입니까?"

　"앞으로 어떻게 국정을 이끌어 가실 겁니까?"

　"사도세자는 아버지인 영조대왕을 어떻게 생각하십니까?

　"사도세자는 정말 역모를 꾀한 것이 사실입니까?"

　"사도세자가 정말 사람을 죽인 게 사실입니까?"

　기자회견이 끝난 후 사도세자가 되어 유언장을 적어 보는 활동을 했다. 이 활동의 의도는 죽어 가는 사도세자의 심경을 이해하는 것이다. 잔잔하고 슬픈 배경음악을 깔고 아이들에게 무겁게 말했다.

　"결국 영조는 사도세자에게 자결하라는 명령을 내립니다. 하루 내내 실랑이를 벌이다 자결하지 못한 사도세자에게 영조는 결국 사도세자를 뒤주에 가두라고 명령을 내립니다. 여러분은 이제 뒤주 속에서 굶어 죽어 가고 있는 사도세자입니다. 여러분이 사도세자가 되어서 마지막으로 하고 싶은 말을 유언장에 적어 봅시다."

　아이들은 사도세자의 마지막 유언을 "너무 억울하고 분통해 죽어서

영조가 신하들과 회의를 하고 있는 모습

사도세자의 유언장

도 한이 맺힐 것 같다", "다음 생에 다시 태어난다면 평범한 집 자제로 태어나고 싶다"라고 발표했다.

다음으로는 죽어 가는 사도세자의 마지막 추억을 회상하는 정지극으로 구성해 보았다.

"사도세자가 마지막으로 눈을 감기 전, 추억이 하나둘 떠오릅니다. 사도세자의 방, 자주 갔던 곳, 친구들 등. 사도세자가 마지막으로 떠올린 기억은 무엇이었을까요? 우리가 그 추억 속으로 들어가 봅시다."

교실은 이제 사도세자의 방이 되었다. 그리고 사도세자를 제외한 나머지 아이들은 방 안의 물건 또는 사람이 되었다. 1분 정도 되는 시간 동안 아이들은 방 안의 거울, 화분, 침대 등 사도세자가 좋아했을 만한 물건이 되어 보았다. 사도세자는 방 안을 돌아보며 아이들에게 한 명씩 손을 댄다. 아이들은 사도세자에게 마지막으로 하고 싶은 말을 전한다. 아이들은 "그동안 수고했어. 그곳에서는 행복해. 여기서 힘든 일들은 이제 다 잊어. 아버지도 어쩔 수 없는 선택이었을 거야." 등 위로의 말을 전했다.

마지막으로 사도세자와 영조를 위로하는 긍정의 소리터널 활동을 했다. 이전까지의 단계에서 계속적으로 서로를 향한 부정적인 행동 위주로 활동을 꾸미다 보니 영조와 사도세자 서로에게 많은 상처가 되었을 것이며 부정

정지극 모습

적인 인식이 각인되었을 것이다. 이러한 상처를 위로해 주자는 의도로 이 활동을 계획했다.

"결국 사도세자는 비극적인 결말을 맞이합니다. 영조 역시 자신의 친아들이자 왕세자인 사도세자를 죽이는 결정은 쉽지 않았을 것입니다.

여러분은 이제 영조와 사도세자를 위로하는 긍정의 소리터널을 해 보도록 하겠습니다."

소리터널에서 아이들은 영조에게는 "가슴 아픈 결정이었지만 대의를 위해 어쩔 수 없는 선택이었어! 힘내!", "하늘은 너의 맘을 이해할 거야", "괜찮아 다 잘될 거야!", 사도세자에게는 "얼마나 고통스러울지 감히 상상할 수가 없구나. 이제 편히 쉬어!", "아버지에게 받은 상처, 하늘나라에서는 사랑 많이 받길 바라!"라고 이야기했다.

긍정의 소리터널을 끝으로 과정 드라마 '영조와 사도세자' 편이 마무리되었다. 준비하는 데 있어서 많은 노력이 들고 힘든 부분도 있었지만 아이들이 즐겁고 재미있게 참여하는 모습을 보니 많은 보람을 느낄 수 있었다. 교사와 아이들 간에 허용적인 분위기가 형성된다면 어떤 주제라도 그 수업의 성취기준 및 소기의 목적을 효과적으로 달성할 수 있을 것이다.

2.
홍경래의 난
-당산나무 아래 모인 사람들-

1. 초점 선정하기

첫 번째 '당산나무 아래 모인 사람들'은 홍경래의 난이 일어나게 된 배경을 알아보기 위한 과정 드라마이다. 아이들이 세도정치 시기에 많은 관리들이 부당하게 세금을 거둬들였던 상황에서 어떤 일들이 벌어 졌는지 알고, 지역 차별과 멸시를 당하는 일련의 과정을 간접적으로 체험하면서 불만을 느끼길 바랐다. 그리하여 당시 민중들이 왜 봉기를 일으키게 되었는지 깊이 이해하게 하는 데 초점을 맞추었다.

2. 플롯 구성하기

'당산나무 아래 모인 사람들' 과정 드라마는 살리도*라는 지역에 살고 있는 사람들의 피폐한 삶과 그 지역 사람들이 겪고 있는 지역 차별에 대해 알고, 그들이 자신의 삶과 세상을 바꾸기 위해 무엇을 해야 하는지 생각해 보는 드라마다. 따라서 '어떻게 하면 함께 이 어려움을 극복할 수 있을까?'라는 물음을 플롯의 기본 흐름으로 정했다.

3. 스토리 구성하기

아이들은 '살리도'라는 허구의 마을에 살고 있는 주민이 되어 세금을 납부한다. 하지만 관리들의 과중한 세금 부과에 억울하고 황당한 상황을 겪게 된다. 생활고에 부당한 세금 부과까지 이중고를 겪고 있는 와중에 ○○주식회사 입사시험에 응시하는데, 이마저도 지역 차별로 인해 낙방하게 된다. 이로 인해 살리도 지역 사람들의 불만이 계속적으로 쌓이면서 홍경래의 난이 일어나게 되는데, 여기까지의 과정을 드라마로 담았다.

---

* '살리도'라는 이름은 수탈로 힘든 마을이라는 것을 강조하기 위해 살려 달라는 의미로 살리도라고 이름 붙였다.

당산나무 아래 모인 사람들

- 교사를 위한 드라마: 세도정치 시기 탐색하기
- 참가자를 위한 드라마: 세도정치와 지역 차별로 생긴 불만에 대한 백성의 행동

마을에 떠도는 말 짐작하기
⇩
세도정치와 백성의 삶
⇩
격문 쓰기
⇩
홍경래 소개하기

1. 마을에 떠도는 말 짐작하기
- '살리도' 마을 지도 살펴보기
- 찢어진 글자 조각 맞추기

2. 세도정치와 백성의 삶
- 세금 납부하기(역할극)
- 세금을 많이 내는 이유 알아보기(세금 공무원 인터뷰)
- 지역 차별(입사 면접시험 즉흥극)

3. 격문 쓰기
- 백성을 부추기는 격문 쓰기
- 격문 스타 환호하기

4. 홍경래 소개하기
- 간단하게 홍경래 소개하기

당산나무 아래 모인 사람들(대본)

1. 마을에 떠도는 말 짐작하기

① '살리도' 마을 지도 살펴보기

- 선생님이 지도를 한 장 나눠 줄게요.(그냥 쓱 보게 한다.)
- 지금부터 우리는 선생님이 나눠 준 지도 속 마을인 살리도 마을에 살고 있는 사람이에요.

② 찢어진 글자 조각 맞추기

- 이 마을에는 이상한 말들이 아주 은밀하게 오가기 시작했어요.
  (이상한 말들이 쓰인 화선지를 찢고 교실에 뿌린 뒤 아이들에게 조각을 맞추어 보라고 한다.)
- (찢겨진 종잇조각) 오늘 밤이 그날이야. 당산나무 근처에 작은 횃불을 켜 놓을 터이니 우리와 뜻을 같이하고 싶으면 부엉이가 울 때 그것을 가지고 거기로 와.
- 여러분은 쪽지 내용을 보고 어떤 생각이 들었나요?
- 당산나무 근처로 모일 때 여러분은 무엇을 들고 가고 싶나요?
- 왜 살리도 마을 사람들은 부엉이가 우는 밤 은밀하게 당산나무 근처에 모이려고 할까요?

③ '살리도' 마을 지도 다시 살펴보기

- 수업을 시작할 때 선생님이 나누어 준 지도를 다시 한 번 살펴볼까요?
  (지도를 자세히 살펴보면서 마을에 대해 알 수 있는 것을 모두 찾아본다.)
- 우리가 지금 살고 있는 마을은 어떤 마을인 것 같나요? 들판인가요? 바다인가요?
- 이 마을 사람들은 주로 무슨 일을 하며 살아가는 것 같나요?
- 이 마을 사람들이 당산나무 근처에서 모인다면 무엇을 가지고 만날 것 같나요?

2. 세도정치와 백성의 삶

① 세금 납부하기(역할극)

- 이 마을에 왜 이상한 말이 떠돌고 있는지, 마을 사람들이 왜 당산나무 근처에서 모이려고 하는지 짧은 역할극을 통해 알아봅시다.
- 모둠별로 미션지에 적힌 내용을 짧은 역할극으로 표현해 봅시다.

〈역할극을 하고 난 후〉

- 무엇을 하는 장면인가요?
- 살리도 마을 사람들이 살아가는 모습은 어떠한가요?
- 마을 사람들이 살아가는 모습을 보니 어떤 마음이 드나요?

② 세금을 많이 내는 이유 알아보기(세금 공무원 인터뷰)

- 역할극을 하고 난 살리도 지역민인 여러분은 세금을 내고 나서 억울하고 부당하다고 느끼고 있네요.
- 그래서 살리도 마을 사람들은 왜 이렇게 계속 억울한 일이 생기는지 궁금해서, 세금 공무원을 찾아가 항의하기로 했습니다.
  (즉석에서 질문을 만들어도 되지만 시간을 주고 만드는 것이 좋다.)
- 세금 공무원(교사)인 저에게 항의하고 싶은 것이나 궁금한 점이 있으면 질문해 보세요.

〈Tip〉

세금 공무원은 세도정치의 폐해에 대해서 이야기해 줄 수 있어야 한다. 세금을 왜 이렇게 많이 거두냐고 물을 때 '삼정 문란, 매관매직' 등을 이유로 대답을 해야 한다. 그리고 중앙 정부에서 세금을 많이 거둬 가기 때문이라고 계속해서 중앙 정부 핑계를 대도록 한다.

〈세금 공무원 인터뷰 후〉

세금 공무원을 인터뷰하고 나서 어떤 생각이나 느낌이 들었나요?

③ 지역 차별(입사 면접시험 즉흥극)

- 그런데 여러분! 살리도 마을에 살고 있는 사람들이 또 다른 문제에서도 많이 화가 나고 억울하다고 하는데, 그것이 무엇인지 살펴봅시다. (선생님은 빈 의자 4~5개 정도를 준비해 둔다.)

- 여러분은 여전히 살리도 지역에 살고 있는 마을 사람입니다. 살리도 지역에 살고 있는 사람 중 ○○주식회사에 면접시험을 치르는 사람이 두 명 있네요.(면접시험 볼 학생 두 명 필요)

- 의자에 와서 앉아 주세요.(면접을 보는 학생은 자리에 앉고 나머지 자리는 비워 둠)

- 지금 여러분은 ○○주식회사 필기시험에 합격하고, 최종 관문인 면접시험만을 남겨 놓고 있네요. 모두에게 좋은 결과가 있기를 기대합니다.

- ○○○님, 정말 1차 시험에서 높은 점수를 받았네요. 우리 회사에 입사하게 된다면 어떤 자세로 일할 생각이세요?

- 아주 마음에 드는 답변을 해 주셨네요.(선생님은 면접자(학생)의 대답에 맞게 반응하기)

- 지금 살고 있는 지역은 어디시죠?

- 아, 이런 우리 회사는 살리도 마을 사람을 좋아하지 않습니다. 안타깝네요.

- ○○○님 역시 우수한 성적으로 1차를 합격하셨군요. 그럼 질문하겠습니다. 자신의 장점 하나를 말해 보시죠.

- 우아, 우리 회사에 딱 적합하고 필요한 인재인 것 같네요. 정말 반갑습니다.

- 혹시 주소지, 그러니까 살고 있는 곳이 어디시죠?

- 네? 이런! 정말 마음이 씁쓸하네요. 우리 회사는 살리도 마을 사람을 뽑지 않습니다.

〈즉흥극을 하고 난 후〉

- 방금 보았던 장면들은 무엇을 하고 있는 장면인가요?

- 이 시험에서 떨어진 이유는 무엇인가요?

- 살리도 마을 사람이라는 이유만으로 불합격한 것을 보니 어떤 생각이 드나요?

- 처음 선생님이 전달한 은밀한 말을 떠올려 봅시다.

- 왜 당산나무 근처에서 밤에 몰래 만나려고 할까요?(마을과 멀고, 밤이라 눈을 피하기 쉬움)

- 살리도 마을 여러분! 첫 번째 역할극과 두 번째 즉흥극을 떠올려 보세요. 이런 상황에 처한 여러분은 앞으로도 계속 짓눌리는 삶을 살고 싶나요?

- 이런 삶이 되풀이되지 않기 위해서는 어떻게 하면 좋을까요?

- 귓속말로 퍼졌던 은밀한 말을 처음 전했던 사람이 누구인지 모르겠지만, 그 사람과 뜻을 함께할 생각이 있나요?

3. 격문 쓰기

- 당산나무 근처에 모여 있는 여러분에게 이름 없는 농민으로부터 편지 한 통이 도착했어요. 제가 이 편지를 읽어 주도록 할게요.(결의에 찬 느낌으로 편지 읽어 주기)

- 이처럼 여러 사람에게 알려서 어떤 행동을 하도록 부추기는 글을 격문이라고 하는데요.

- 세금 공무원을 인터뷰하고 나서 느끼는 한계나 어려움, 그리고 지역 차별을 겪은 뒤 느낌을 떠올려 보며 모둠별로 격문을 써 보고 발표해 봅시다.

- 격문에는 여러분이 느낀 문제점이나 국민의 삶을 위해서 고쳐야 할 점, 지역 주민이나 국민들에게 뜻을 함께하자는 내용도 함께 써 보면 더 좋겠죠.

- 격문을 쓴 후 마음을 담아서 큰 소리로 발표해 봅시다.
- 나머지 친구들은 마음에 드는 격문을 발표한 사람 뒤에 서서 격문 발표자 이름을 외치도록 해요.
- 자유롭게 교실을 돌다가 대장(격문 발표자)끼리 만났을 때 대장 뒤에 서 있는 지지자의 수가 더 많은 쪽에 합해집니다. 이렇게 2~3번 정도 더 진행하면 한 줄이 되겠죠.
- 마지막에는 맨 앞에 선 대장(격문 발표자) 이름을 외치며 교실을 한 바퀴 돌아요.

4. 홍경래 소개하기
- 여러분이 과정 드라마를 통해 느꼈던 억울함을 똑같이 느끼고 사람들과 함께 마음을 모아 민중 봉기를 일으켜 많은 지지를 받았던 사람이 바로 '홍경래'라는 인물이에요.
- 맨 앞에 서 있는 격문 스타 ○○○ 친구가 '홍경래'였던 거죠. 다 같이 격문 스타 ○○○ 학생 이름 대신 '홍경래' 이름을 다시 외쳐 볼까요? (홍경래, 홍경래, 홍경래!)

〈Tip〉
- 아이들의 격문 발표가 끝나면 선생님이 홍경래에 대해 백성들과 난을 일으킨 인물 정도로 짧게 소개한다.
- '홍경래의 난'까지 과정 드라마로 진행하기가 부담스럽다면 읽기 자료나 기타 자료를 참고하여 세도정치와 삼정 문란 등으로 난을 일으킨 홍경래에 대해 설명해 준다.

4. 수업 후기
'영조와 사도세자'에 이어 두 번째 과정 드라마가 시작된다고 하자 아이들의 눈에는 호기심이 가득했다. 첫 번째 과정 드라마를 할 때와 마찬가지로 우리가 입은 역할에 따라 진지하게 참여해야 즐겁게 몰입할 수 있다고 이야기했다.

"두 번째 과정 드라마에 들어갈 거예요. 지난 과정 드라마와 마찬가지로 몇 가지 약속을 해야 해요. 선생님과 여러분이 맡게 되는 역할을 진짜인 것처럼 믿어 주고 감정을 실어 주세요. 우리 교실도 때때로 다른 장소로 바뀌게 될 텐데, 그때마다 그 장소로 변한다는 것도 믿어 주세요. 무엇보다 과정 드라마를 잘하려면 여러분이 표현하려고 하는 것은 최대한 많이 표현해 주고 드러내어야 해요. 그것이 표정일 수도 있고, 목소리나 행동일 수도 있어요. 그리고 다른 친구들이 표현하는 것에 대해 이상하다고 웃거나 비난하지 않았으면 좋겠어요. 그렇게 되면 자신의 생각을 드러내는 것이 부끄러워서 제대로 역할을 하지 못하게 되고 몰입도가 떨어질 수 있기 때문이죠. 친구들이 맡은 역할을 표현할 때 대사는 유심히 들어 주고 표정이나 행동은 잘 살피면서 집중해 주면 다음 활동에 도움이 될 거예요."

교사는 아이들에게 이러한 약속을 지킬 수 있는지 묻고, 약속을 받은 후 수업을 시작했다. 수업에 들어가기 전 교사는 미리 화선지에 '오늘 밤이 그날이야. 당산나무 근처에 작은 횃불을 켜 놓을 테니 우리와 뜻을 함께하고 싶으면 부엉이가 울 때 그것을 가지고 당산나무 아래로 와'라고 붓펜으로 쓴 후 화선지를 조각조각 손으로 찢어 교탁 위에 올려놓고 수업을 시작했다.

"선생님이 지도를 한 장씩 나누어 줄 거예요. (지도를 나누어 준 후) 지금부터 우리는 이 지도에 나와 있는 살리도라는 마을에 살고 있는 사람들이에요. 그런데 이 마을에는 얼마 전부터 이상한 말들이 은밀하게 오가고 있다지 뭐예요. 무슨 말이 은밀하게 오가고 있는지 여러분이 맞혀 보세요"라고 말하며 찢어진 종잇조각을 교실에 뿌렸다. 아이들은 무슨 말이 오갔는지 궁금해하며 신나게 종잇조각을 맞추기 시작했다.

"이 마을에 퍼지고 있는 말을 여러분도 이제 듣게 되었군요. 왜 당산나무 아래로 모이라고 했을까요? 당산나무 근처로 모일 때 여러분이라면 무엇을 들고 가고 싶은가요?"라고 질문했다. 아이

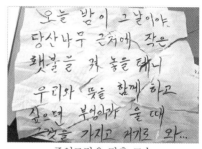
종잇조각을 맞춘 모습

들은 전혀 관련이 없는 엉뚱하고도 재미있는 대답을 많이 했지만 모두 수용하고 들어 주었다. 수업 초반에 아이들이 하는 대답과 수업 말미에 가서 하는 대답이 어떻게 바뀌는지 아이들 스스로 깨닫는 과정을 통해 이 수업의 의도를 좀 더 분명하게 느끼기 때문에 허용적인 분위기를 조성해 주는 것이 중요했다.

자유롭고 재미있는 대답을 다 듣고 난 후 처음에 나누어 주었던 살리도 마을 지도를 다시 살펴보았다. 지도에서 보이는 것과 이를 통해 알 수 있는 정보를 다 이야기해 보라고 했다. 소소한 것까지도 다 찾아내 이야기하도록 충분히 다 들어 준 뒤 핵심 질문을 했다.

"지금 우리가 살고 있는 마을은 농촌일까요, 어촌일까요? 마을 사람들은 주로 무슨 일을 하면서 살아갈까요?" 이 질문을 통해 아이들은 살리도 마을 주민의 주요 직업이 무엇인지 알 수 있었다. 마을 지도를 살펴보고 나서 처음에 했던 질문을 반복했다. "당산나무 근처로 여러분이 나간다면 무엇을 가지고 갈 것 같나요?" 처음에는 먹을 것, 장난감, 귀신놀이 분장, 손전등 등과 같은 대답을 했었지만, 지도를 살펴보고 난 후에는 호미, 괭이, 낫 등 자신이 살고 있는 마을에서 구할 수 있는 도구로 바꾸어 대답을 하면서 조금씩 과정 드라마 속으로 몰입하게 되었다.

교사가 모둠별로 미션지를 나누어 주면 아이들은 미션지에 적힌 내

역할극으로 표현한 살리도 사람들 모습

용을 짧은 역할극으로 표현해 보며 당산나무 근처로 모이는 이유를 알아 가도록 했다.

"여러분 여전히 풀리지 않는 의문, '왜 이 마을에 이렇게 이상한 말이 떠돌고 있는가?', '왜 이 마을 사람들은 당산나무에 모이려고 하는가?'에 대한 답을 찾지 못한 상태예요. 그런데 그 답을 찾을 만한 일기장 몇 개가 발견됐다고 하네요. 살리도 마을 사람이 쓴 일기장을 모둠별로 나누어 줄 테니 짧은 역할극으로 만들어 보면서 살리도 마을 사람들이 당산나무 아래 모이려고 하는 이유에 대해 알아보도록 해요. 이 일기를 쓴 사람이 우리 가족이라고 생각하고 일기장 속의 아픔이나 고민을 잘 드러나도록 하세요. 특히 상황에 맞는 말과 행동, 그에 맞는 표정을 지으면 좋겠죠." 이렇게 말하며 교실에 있는 다양한 물건(긴 자, 보자기, 모자, 바구니 등)을 주었다. 그랬더니 물건들을 재주껏 활용해 맡은 상황을 실감 나게 표현했다.

① 논에서 허리 한번 제대로 펴지 못하고 모내기를 하고, 논에 피(풀)를 뽑고, 돌도 주워 내면서 힘들게 일을 한다. 이렇게 열심히 일을 해도 쌀농사는 잘 안 된다. 농사짓는 우리 땅은 얼마 크지도 않은데 세금 공무원은 농사지은 쌀을 팔아 토지세를 120만 원이나 내라고 한다. 세금을 너무 많이 거둬 가서 앞으로 1년을 어떻

게 살아가야 할지 막막하다.

② 논에 가서 허리 한번 제대로 못 펴고 벼를 베었다. 수북하게 쌓인 볏단이 우리 것이라면 얼마나 좋을까 생각하면서 저녁 늦게까지 타작을 했다. 수북하게 쌓인 볏가마니를 들고 주인에게 가지고 가서 머리를 조아리며 땅을 빌린 대가를 갖다 바쳤다. 대가를 지불하고 나니 남은 쌀이 별로 없지만, 내년에도 또 토지를 빌려야 하기 때문에 토지 주인에게 잘 보여야 한다.

③ 우리 집은 농사지을 땅이 없다. 그래서 어제는 아랫마을 사람 논에 가서 모내기를 하고, 오늘은 윗마을 사람 밭에 가서 잡초를 뽑았다. 그 대가로 돈을 조금 받아 왔다. 그런데 이걸로는 우리 가족 입에 풀칠하기도 힘들다. 게다가 세금 공무원이 토지세를 60만 원이나 내라고 한다. 우리는 가진 땅도 없는데 막무가내로 세금을 내야 한다고 우긴다. 이번에 세금을 안 내면 이자까지 붙여 더 많은 세금을 내야 한다고 한다.

④ 우리 아들이 아장아장 걷는 모습을 본 후 들에 일하러 나서는데, 세금 공무원이 아들 군대를 면제해 주는 대신 세금을 내야 한다며 찾아왔다. 1년에 한 명당 40만 원씩이니 총 80만 원을 내라고 한다. 아내가 우리 집에는 남자 어른이 남편밖에 없다고 따졌더니, 아들 군대 면제 세금도 내야 한다고 한다. 어린아이에게 무슨 군대 면제를 해 준단 말인지… 억울해 죽겠다.

⑤ 2년 전 여름 아들이 전염병으로 죽었다. 여름만 되면 아들 생각에 슬퍼지는데 아내는 팔순이신 아버지 밥상을 차리며 이젠

잊으라고 말한다. 그때 세금 공무원이 세금을 받으러 왔다. 또 무슨 세금을 받으러 왔나 했더니 군대를 면제해 주는 대신 내는 세금을 받으러 왔다고 했다. 나는 미리 준비해 둔 군대 면제 세금 40만 원을 바쳤다. 하지만 세금 공무원은 팔순(80세)이신 아버지와 죽은 아들에 대한 것도 내야 한다고 우겼다.

⑥ 올 봄에 쌀이 다 떨어져서 우리 집은 나물을 캐서 겨우 끼니를 때웠다. 이러다 굶어 죽겠다는 생각이 들어 나라(국가)에서 빌려주는 돈 100만 원을 빌렸다. 이번 가을에 추수한 쌀을 팔아서 생긴 돈으로 빚을 갚으러 갔다. 근데 220만 원을 내라고 하는 것이다. 올 봄에 빌린 돈과 이자에, 작년 봄에 빌린 돈까지 갚으라고 한다. 우리 집은 작년엔 돈을 빌린 적도 없는데, 세금 공무원이 나라 장부에는 적혀 있다며 바득바득 우겼다. 빌리지도 않은 돈에, 비싼 이자까지… 세금 공무원이 도둑이나 날강도처럼 느껴졌다.

충분한 연습 시간을 준 후, 역할극을 관람하는 바른 태도에 대해 짚어 주었다. 친구가 표현하는 극이 우리 집 이야기이거나 바로 옆집에 사는 이웃의 이야기일 수 있다고 말하며 공감 분위기를 조성했다. 무엇을 하는 장면인지, 마을 사람들이 살아가는 모습은 어떠한지, 그들이 살아가는 모습을 보니 어떤 마음이 드는지 발문하며 감상했다. 실제로 위 여섯 개의 극은 삼정(전세, 군포, 환곡)의 문란으로 ①~③은 전세, ④~⑤번은 군포, ⑥번은 환곡의 폐해를 나타낸 것이다. 삼정(전세, 군포, 환곡) 등의 용어가 어려울 것 같아 쉽게 각색해 보았다.

여섯 개의 역할극이 모두 끝나고 나서 감상 소감을 물어보니 아이들은 '너무 억울하고 부당한 것 같다' 등의 반응을 쏟아냈다.

"살리도 마을 사람들의 모습을 연극으로 표현해 보니 여러분은 세금 때문에 많이 억울하고 부당하다고 느끼고 있네요. 그래서 살리도 마을 사람들이 왜 이런 일이 생기는지 억울해서 세금 공무원을 찾아가 항의를 하려고 합니다. 시간을 줄 테니 세금 공무원에게 항의하고 싶은 내용이나 궁금한 점을 떠올려 질문해 보도록 합시다."

즉석에서 궁금한 점을 만들어도 되지만, 시간을 주고 질문을 만드는 게 좋을 듯했다. 아이들이 역할극으로 표현하면서 가졌던 불만을 질문으로 만들어 깊이 있는 인터뷰가 되도록 했고, 모둠에서 질문을 할 친구를 정해 기자처럼 질문을 하도록 안내했다. 교사는 세금 공무원을 데리고 오겠다며 교실 밖으로 나가서 가슴에 '세금 공무원 ○○○' 명찰을 달고 깔끔한 재킷을 입은 뒤 다시 교실로 들어왔다.

"안녕하세요. 저는 세금 담당 공무원 ○○○입니다. 이렇게 바쁘신 와중에 많은 기자 분들과 마을 주민들께서 참석해 주셔서 감사드립니다. 질문을 하시면 성심성의껏 답변을 드리도록 하겠습니다."

세금 공무원인 교사는 아이들이 하는 질문에 즉흥적으로 답변을 했다. 이때 세금 공무원으로서 살리도 마을 사람들의 궁금증을 풀어 주기보다는 의도적으로 답답한 상황을 연출했다. 아이들은 대부분 부당한 세금 부과에 대해 많이 질문했다. 세금 공무원이 된 교사는 삼정 문란이나 매관매직 등을 이유로 들며 능청스럽게 답변을 했다. 물론 이때 삼정(전세, 군포, 환곡) 문란이나 매관매직 등 이런 용어들을 직접적으로 사용하지 않고 아이들이 이해할 만한 말로 풀어서 이야기해 주었다. 예를 들어 아이들이 "왜 죽은 아이에게도 세금을 내라고 하나요?"라고 물으면 "저는 그런 것까지는 잘 모르겠고요. 중앙 정부에서 내려온 세금 대장에 명단이 들어 있어서 내라고 한 겁니다"라고 대답을 했다. 그리고 중앙 정부에서 세금을 많이 거둬 가기 때문에 어쩔 수 없이 세금을 더 거둘 수밖에 없다면서 중앙 정부의 핑계를 댔다. 세금 공무원과의 인터뷰에서도 살리도 마을 사람들이 가진 의문은 해결되지 않았고, 아이들은 오히려 답답함만 느끼게 되었다.

교사는 인터뷰가 끝난 후 질문이 더 없으면 다시 세금 업무를 하러 가야 한다며 급하게 인사를 하고 교실 밖으로 나갔다. 그렇게 인터뷰가 끝나고 교실 밖에서 명찰과 재킷을 벗고 다시 교실로 들어가니 아이들은 다시 선생님이 나타났다며 환호하며 즐거워했다. 아이들에게 세금 공무원을 인터뷰하고 나서 어떤 생각이나 느낌이 들었는지 물었더니, "계속 중앙 정부 핑계를 대면서 자기는 어쩔 수 없다고 대답만 해서 답답했어요" 등의 반응이 나왔다.

아이들의 반응에 공감해 주며 다음 활동을 위해 빈 의자 4~5개를 교실 앞쪽으로 준비하며 이야기를 이어 나갔다.

"그런데 여러분! 안타깝게도 살리도 마을에 살고 있는 사람들이 세금뿐만 아니라 또 다른 문제 때문에 억울하고 화가 났다고 하는데, 그것이 무엇인지 살펴보도록 할게요. 여러분은 여전히 살리도 마을에 살고 있는 사람입니다. 여러분은 지금 부당하게 세금을 많이 거둬 가니 사는 것이 팍팍해서 농사만으로 더 이상 살아갈 수 없다고 느끼고 있네요. 그래서 다른 일을 찾아보려고 하고 있어요. 그런데 마침 ○○주식회사에서 사원을 모집한다고 하네요. 이 시험에 지원을 해 최종 면접을 앞두고 있는 살리도 마을 사람이 두 명이나 있다고 하는데요. 면접 장소로 함께 가서 살리도 마을 사람을 응원해 줍시다."

이렇게 말한 뒤 살리도 마을 사람 역할을 할 두 명의 지원자를 받았다. 아이들은 이미 과정 드라마에 몰입하여 소극적인 아이들도 서로 살리도 마을 사람이 되어 면접을 보겠다고 했다. 혹시 지원자가 없을 경우 "누가 면접을 보더라도 쉽게 대답할 수 있는 쉬운 질문을 할 거라서 괜찮아요"라고 안심시켜 주면 지원자가 나타날 것이다. 적절하게 아이들을 선정해 미리 준비해 둔 의자에 앉히고 나머지 세 자리 정도는 그냥 비워 두었다. 빈 의자는 살리도 마을이 아닌 타 지역 사람이 앉아 있는 자리라고 간단하게 설명을 하고 계속 비워 두었다. 면접을 보는 아이들과 면접을 지켜보는 아이들에게 곧 ○○주식회사 심층 면접관이 들어올 예정이니 조용히 기다려 달라고 부탁하며 교실 밖으로 나갔다. 이쯤 되니 아이들은 교사가 교실 밖으로 나가는 행위만으로도 즐거워하고 어떤 역할로 선생님이 들어오실까 궁금해하는 반응을 보였다. 교사는 단정한 옷차림과 안경, 그리고 체크리스트와 볼펜 등의 소품을 가지고, 깐깐하고 냉정한 표정을 지으며 교실로 입장해 면접관이라고 간단히 자기소개를 한 후 자리에 앉았다. 교사는 면접관이 되어 앉아 있는 살리도 마을 사람에게 차례로 질문을 했다.

"○○○님, 1차 시험에서 높은 점수를 받았군요. 우리 회사에 입사하게 된다면 어떤 자세로 일할 생각이세요?"라고 물으니 즉흥적으로 '성실히 일하겠다' 정도의 평범한 대답을 했다. 아주 마음에 드는 답변을 해 주었다며 면접자의 대답에 긍정적이고 호의적인 반응을 보였다. 그랬더니 면접을 보고 있는 아이나 지켜보고 있는 아이들 모두 합격할 거라는 기대감을 가지며 자연스럽게 응원을 했다. 다음으로 "어느 지역 출신인가요?"라고 물었다. 면접자는 "살리도 지역 사람입니다"라고 답했다. 이 답을 듣고 ○○주식회사에서는 살리도 지역 출신은 원하지 않는다며 다음 지원자 인터뷰를 계속 진행했다.

"○○○님, 역시 우수한 성적으로 1차 합격하셨군요. 그럼 질문하겠습니다. 자신의 장점을 말해 주세요"라고 물었다. 살리도 마을 면접자의 답변을 듣고 "우아, 우리 회사에 딱 적합한 인재인 것 같아요. 우리 회사는 이런 장점을 가진 인재를 필요로 하고 있죠"라며 살가운 표정과 반응을 보였다. 앞선 면접자에게 했던 질문과 마찬가지로 어느 지역 출신인지 묻고 살리도 지역 출신이라는 답변을 들은 후에는 "정말 씁쓸하고 안타깝네요. 우리 회사는 살리도 지역 사람을 뽑지 않습니다"라고 말하고 고개를 절레절레 흔들어 보였다. 면접관은 살리도 마을 사람이 앉아 있는 곳과 다른 지역의 사람이 앉아 있다고 가정한 빈 의자를 같이 쭉 훑어보며 면접 보러 오느라 수고 많았고, 좋은 결과가 있길 바란다는 말을 남기고 교실 밖으로 나간다.

다시 교실로 들어와서 아이들에게 물었다.

"무엇을 하고 있는 장면이었나요? 살리도 마을 사람 둘은 합격할 것 같나요?"

아이들은 자신이 지켜봤던 상황을 떠올리며 살리도 마을 사람이 00 주식회사에 합격하지 못할 거라고 대답했다. 그 이유는 무엇이라고 생각하는지 아이들에게 물었다. 아이들은 "그냥 살리도에 산다는 이유만으로 떨어질 것 같아요"라고 대답했다. 바로 이어 "살리도 마을 사람이라는 이유로 차별당하는 것을 보니 어떤 생각이 드나요?"라고 물었다. 아이들은 대부분 "어이없고 화난다"라는 반응을 보였다.

아이들이 분노하고 불편한 마음을 갖게 된 후 과정 드라마 초반부에서 종잇조각을 맞추었던 첫 장면을 상기시켰다. 아이들은 과정 드라마의 첫 장면이 살리도 마을 사람들이 겪은 고통이나 억울함과 연관되어 있을 거라고 짐작했다.

이어서 물었다. "왜 밤에 당산나무 근처에서 몰래 만나려고 했을까요?" 아이들은 "다른 사람들 몰래 만나려고요. 당산나무는 마을과 좀 떨어져 있고, 밤이니까 다른 사람의 눈을 피하기 쉬워서요"라고 답했다.

이제 아이들에게 중요한 질문을 던졌다. "살리도 마을 여러분! 첫번째 역할극과 두 번째 즉흥극을 떠올려 보세요. 이런 상황에 처한 여러분은 앞으로도 계속 차별받고 짓눌리는 삶을 살고 싶나요?" 아이들은 절대로 그러고 싶지 않다고 대답했다. 이어 "이런 삶이 되풀이되지 않기 위해서 어떻게 하면 좋을까요?"라고 물으니 "당산나무 아래 모여

서 시위를 일으킬래요", "나쁜 세금 공무원을 가만두지 않겠어요" 등의
반응을 보였다.

"마을 사람들에게 처음 은밀한 말을 전한 사람이 누구인지 모르겠
지만, 그 사람과 뜻을 같이할 생각이 있나요?"라고 질문하니까 아이들
이 "네!"라고 대답했다.

"뜻을 같이하기로 한 사람들은 지금 당산나무 근처에 모여 있습니
다. 여러분 앞에 이름 없는 농민이 보낸 편지 한 통이 도착했어요. 제
가 편지를 읽어 줄게요"라고 말하며, 결의에 찬 느낌과 강한 어조로 편
지를 읽어 주었다.

　　뜻을 함께할 살리도 지역 여러분

　　나는 내 땅도 없어 김 대감 댁 땅을 빌려 농사를 지어 먹고 사
는 농민이오.

　　힘들게 고생하며 농사지은 쌀을 수확하면 김 대감 댁에 토지를
빌린 대가를 지불해야 한다오. 게다가 지독한 나라 세금까지 내야
지….

　　고생고생해서 농사지어 놓으면 남 좋은 일만 시키는 꼴이고, 정
작 우리 가족은 입에 풀칠할 쌀도 돈도 없어서 배고파 울기만 합
니다.

　　나라에서 바치란 것은 죄다 바치면서 바보처럼 살았습니다. 하
지만 더 이상 이렇게는 못살겠습니다. 말이 좋아서 마을 사람들
을 위해 일하는 공무원들이지 공무원이 아니라 순 도둑놈이야,
도둑놈!

　　가진 것이 없어서 세금을 내려고 해도 더 낼 것도 없습니다.

　　이젠 더 이상 못 참겠습니다. 저 공무원들한테 겁이라도 한번

주고 죽어야겠습니다! 굶어 죽으나, 공무원 겁주다 경찰한테 잡혀 죽으나 죽는 건 매한가지 아닙니까!

아니, 내가 죽긴 왜 죽어!

나쁜 공무원들 다 몰아내고 좋은 세상에서 한번 살아 보고 죽어야죠!

우리 모두 같은 처지니, 나와 함께 뜻을 모읍시다.

두 주먹, 괭이, 호미 들고 우리 함께 쳐들어갑시다!

우리가 한마음 한뜻으로 다 같이 행동한다면

분명히 승산이 있는 싸움이니 다 같이 함께합시다!

살리도 마을 어느 농사꾼이

"이 편지처럼 여러 사람에게 알려서 어떤 행동을 하도록 부추기는 글을 '격문'이라고 해요. 살리도 마을 사람들의 생활을 드러낸 역할극과 세금 공무원을 인터뷰하고 나서 느끼는 어려움이나 한계, 그리고 지역 차별을 겪은 뒤 느낌을 떠올려 보며 격문을 써 봅시다. 격문에는 여러분이 느낀 문제점, 마을 사람들의 삶을 위해서 고쳐야 할 점, 지역 주민에게 뜻을 함께하자는 내용을 함께 써 보면 더 좋겠죠."

격문 쓰기가 끝나고 발표하는 시간을 가졌다. 아이들이 발표하는 격문을 환호하고 호응해 주도록 했다. 친구의 발표 내용이 살리도 사람들의 심정을 잘 대변해 준다고 생각하면 그 친구 뒤에 가서 이름을 외치며 환호하는 방식으로 진행했다. 이름을 부르며 교실을 돌면서 맨 앞에 선 대장(격문 발표자)이 다른 줄 대장과 만나게 됐을 때 지지자가 적은 쪽이 많은 쪽에 합해진다. 그러면 또다시 맨 앞에선 격문 발표자의 이름을 다 같이 외치면서 교실을 돈다. 이렇게 교실을 2~3바퀴 환호하면서 돌고 나면 한 줄이 되는데, 마지막엔 격문 발표자의 이름을 더 크게 환호하며 돌게 한다.

신나게 격문 스타 ○○○을 환호하고 난 뒤 그 자리에 잠깐 서 있게 했다. 멋지게 격문을 써서 발표한 아이들, 도움을 준 아이들, 그리고 격문 스타를 환호했던 모든 아이들을 칭찬했다. 그리고 홍경래를 소개했다.

"살리도 마을에 살고 있던 여러분은 더 이상 가만있으면 안 되겠다는 생각으로 현실을 바꾸고자 뜻을 같이하는 사람들과 함께 행동했는데요. 조선시대에도 여러분처럼 사람들과 함께 마음을 모아 민중 봉기를 일으켜 많은 지지를 받았던 사람이 실제 있었답니다. 바로 '홍경래'라는 인물입니다. 지금 여러분의 격문 스타 ○○○ 친구가 조선 후기의 홍경래였던 거죠. 다 같이 격문 스타 ○○○ 이름 대신 홍경래의 이름을 외쳐 볼까요?"

아이들은 다 같이 "홍경래! 홍경래! 홍경래!"라고 외치며 교실을 한 바퀴 돌았다. 교실을 한 바퀴 돌고 나서 홍경래에 대해 더 자세히 설명해 주었다.

"홍경래라는 인물은 여러분처럼 세금 문제와 지역 차별에 불만을 가지고 민중 봉기를 일으켰답니다."

격문 발표

홍경래의 난이 일어나게 된 이유를 함께 이야기하며 수업을 마무리했다.

'당산나무 아래 모인 사람들' 과정 드라마는 홍경래의 난이 일어나게 된 역사적 배경을 기반으로 개발된 수업 자료이다. '살리도'라는 가상의 마을에 살고 있다는 가정에서 출발하여, 아이들이 스스로 느끼고 생각하도록 했다. 과정 드라마 속의 활동은 홍경래의 난이 일어나게 된 역사적 배경을 글이나 설명으로 배우는 것이 아니라 시각·청각·공간적인 매체를 이용해 자신의 생각을 적극적으로 표현하며 참여하도록 하는 데 그 첫 번째 목표가 있다. 그리고 역사적 사실을 공감해 가는 과정에서 나와는 멀게 느껴졌던 역사가 살아 있는 우리의 역사로 인식하게 하는 것에 두 번째 목표가 있다.

아이들이 기대하며 수업에 참여했고, 홍경래의 난이 일어날 수밖에 없었던 사실들에 대한 퍼즐을 스스로 맞추어 가면서 역사적 사실에 몰입하고 공감할 수 있어 좋았던 수업이다. 무엇보다 역사를 좋아하는 아이들만 이 수업을 즐긴 것이 아니라 모든 아이들이 수업의 주인공, 역사 속의 주인공이 된 점이 좋았다.

3.
조선의 개항
-지구를 지켜라-

1. 초점 선정하기

세 번째 과정 드라마 '지구를 지켜라'는 조선이 개항을 하는 과정에서 조선 사람들이 느꼈던 생각과 입장을 느껴 보기 위한 수업이다. 지금은 당시의 개화 혹은 척화의 입장에 대해 평가하기 쉽다. 하지만 지금 우리에게 비슷한 상황이 닥친다면 과연 어떤 선택을 할까? 낯설고 무서운 위험을 피하는 안전을 선택할지, 과감한 도전을 택할지는 명확하지 않을 것이다. 본 수업에서는 아이들이 어떤 선택을 할지 고민하는 과정을 통해 당시 사회에 대해 깊이 있게 생각해 보는 기회를 제공했다.

2. 플롯 구성하기

'지구를 지켜라'는 낯설고 두려운 존재가 나타났을 때 아이들이 어떠한 생각과 느낌을 갖게 되는지, 어떻게 행동하게 되는지에 초점을 두었다. 그렇기 때문에 이미 알고 있는 조선시대가 아니라, 비현실적이지만 한 번쯤 상상해 봤을 만한 이야기로 구성했다.

우주비행을 하던 우주비행사는 미지의 외계 행성인 '우쮸쮸행성'으로부터 교류를 원한다는 메시지를 받는다. 우주비행사는 지구인들에게 이 소식을 알리고, 지구에서는 외계 행성의 제안을 받아들여야 하는지를 두고 뜨거운 논의가 펼쳐진다. 아이들은 그 상황 속으로 몰입하여 낯설고 두려운 존재를 어떻게 받아들여야 할지 생각한다. 과정 드라마가 끝난 후 19세기 조선시대로 배경을 바꾸어 프랑스와 미국 등 서양 세력과 일본이 조선에 개항을 요구하는 상황과 연결 지어 본다. 더 나아가 병인양요와 신미양요, 척화파와 개화파 간의 갈등, 그 당시 조선 사람들의 입장과 생각을 느껴 본다.

3. 스토리 구성하기

지구를 지켜라

• 교사를 위한 드라마: 19세기 조선에서 일어나는 척사파와 개화파의 갈등과 개항 요구에 대한 반응
• 참가자를 위한 드라마: 외계 행성과의 수교 성사에 대한 찬성과 반대

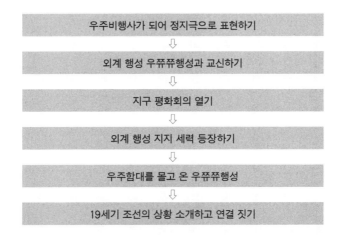

우주비행사가 되어 정지극으로 표현하기
⇩
외계 행성 우쮸쮸행성과 교신하기
⇩
지구 평화회의 열기
⇩
외계 행성 지지 세력 등장하기
⇩
우주함대를 몰고 온 우쮸쮸행성
⇩
19세기 조선의 상황 소개하고 연결 짓기

1. 우주비행사가 되어 정지극으로 표현하기
- 우주비행사가 되어 무엇을 하고 있을지 정지극으로 표현하기

2. 외계 행성 우쮸쮸행성과 교신하기
■ 암호문, 배경음악, 종이
- 교신 내용 이해하기
- 왜 교신할지 궁금해하기
- 우쮸쮸인 상상해서 그리기

3. 지구 평화회의 열기
- 우쮸쮸행성과의 수교에 대한 찬반 토론

-우쮸쮸행성을 두려워하여 배척하기

4. 외계 행성 지지 세력 등장하기
-우쮸쮸행성이 좋을 수도 있다는 생각하기
-우쮸쮸행성의 생활 모습 상황극으로 표현하기

5. 우주함대를 몰고 온 우쮸쮸행성
-수교를 맺을 것인가, 우주 전쟁을 할 것인가 결정하기
-이어말하기 놀이하기

6. 19세기 조선의 상황 소개하고 연결 짓기
-병인양요, 신미양요 설명
-척화파, 개화파 설명
-드라마 〈미스터 션샤인〉 1화 중 신미양요 부분 감상하기

지구를 지켜라(대본)

1. 우주비행사가 되어 정지극으로 표현하기
-여러분은 지금부터 보이저호 우주비행사입니다. 보이저호는 미항공우주
국 NASA에서 발사했으며, 현재 태양계를 벗어나 아직도 우주를 여행하
고 있습니다.
-여러분이 우주비행사라면 우주선 안에서 어떤 일들을 하고 있을까요?
컴퓨터로 일을 하고 있을 수도 있고, 잠을 자고 있을 수도 있고, 우주선
의 부품을 고치고 있을 수도 있을 거 같아요. 어떤 일을 하고 있을지 상
상해서 모둠끼리 정지극으로 표현해 봅시다.

2. 외계 행성 '우쮸쮸행성'과 교신하기
-배경음악 재생하기(영화 〈스타워즈〉 메인 테마)

-그런데 외계 행성으로부터 갑자기 교신이 왔습니다.

"외계 행성으로부터 교신이 왔다. 전 대원들은 모두 원위치해 주기 바란다."

(선생님 안내방송 연기 필요)

-외계 행성에서 이런 메시지를 보내왔어요. 외계어로 쓰여 있는데, 여러분은 외계어 분야에서 뛰어난 성적을 거둔 최고의 우주비행사입니다. 분명히 이 외계어를 해독할 수 있을 겁니다.

(암호 해독) '우리는 우쮸쮸행성이다. 우리는 너희 지구행성과 적극적으로 교류하길 원한다.'

〈Tip〉

아이들이 해독표 없이도 잘 맞힌다. 하지만 어려워할 경우 해독표를 나눠 주어도 무방하다.

-우쮸쮸행성의 외계인은 왜 지구와 교류하고 싶어 할까요?

-보이저호 우주비행사인 여러분은 우쮸쮸행성으로 몰래 탐지기를 보내서 우쮸쮸인들을 관찰해 보기로 합니다. 탐지기에는 어떤 모습이 담겨 있을지, 우쮸쮸인들은 어떤 모습을 하고 있을지 상상해서 그려 봅시다.

3. 지구 평화회의 열기

-여러분은 교신 내용과 함께 아까 나온 의견을 토대로 간단한 코멘트를 덧붙여서 지구에 전달합니다. 그리고 지구에서는 긴급하게 회의가 열립니다. 선생님과 함께 지구로 이동하도록 하겠습니다.

-여기는 UN 지구평화회의가 열리는 국제회의장입니다. 각국의 대표들이 한자리에 모였는데요.

(아이 한 명 지목하며) 어느 나라에서 오셨나요? 최근 발생한 우쮸쮸행성 교신 내용에 대해서 어떻게 생각하시나요?

〈Tip〉

교사가 먼저, "저는 이 지구평화회의 의장을 맡은 ○○에서 온 ○○○입니다." 이렇게 연기를 하고 시작하면 좋다. 그러면 아이들이 자신이 하고 싶은 나라를 말하면서 재치 있는 이야기들을 많이 할 수 있는 분위기가 조성된다.

- 외계 행성 우쮸쮸행성에서 지구와 수교 맺기를 원하는데, 이에 대해 지구의 입장을 정하기 위해 회의가 열렸습니다. 회의에 앞서서 우선 우쮸쮸행성 외계인에 대해서 알아보려고 합니다. 보이저호에서 우쮸쮸행성 외계인을 촬영한 사진을 보내왔습니다.(활동 2에서 그린 그림 준비)
- 외계인들의 모습을 보니 어떤가요?
- 다음으로 전문가 의견을 듣기 위해 천재 물리학자 스티븐 호킹 박사님을 모셨습니다.

(교사는 나갔다 들어오면서 스티븐 호킹 이름표를 달고 들어온다.)
이 외계인은 영화 ET처럼 친숙한 이미지의 외계인이 아닐 수도 있습니다. 자기 행성의 자원을 다 써 버린 외계인이 지구를 침공해서 자원을 약탈하려는 목적이 있을 수도 있어요. 그러다 보면 결국 지구를 지배하게 될 가능성도 있으며, 지구는 황폐해지고 망하게 될 위험도 있지요. 나라 대표 여러분이 잘 생각하셔서 합리적인 결정을 내려 주시기 바랍니다.
(다시 나갔다 들어온다.)

- 스티븐 호킹 박사님의 의견을 들으니 어떤 생각이 드나요?
- 우쮸쮸행성과의 수교에 대한 찬반 이야기하기(첫 번째 결론: 배척)

〈Tip〉

만약에 첫 번째 결론이 배척으로 나오지 않는다면 교사가 외계인이 지구에 침공했을 때 따라오는 위험성을 좀 더 강조를 해도 좋다. 지구의 운명이 달린 결정이기 때문에 신중하게 생각해 달라고 요청을 한 뒤 다시 투표를 하면 원하는 결과가 나올 것이다.

4. 외계 행성 지지 세력 등장하기
- 회의에서 우쮸쮸행성을 배척하기로 결론이 난 후, 지구는 다시 평화로워졌어요.
- 몇 달 후 이번엔 우쮸쮸행성 외계인들이 UFO를 타고 지구에 몰래 들어왔어요. 그리고 몇몇 사람들을 납치하기 시작했어요. 그런데 이게 웬일? 납치되었다가 돌아온 사람들이 우쮸쮸행성에 대해 좋게 이야기하고, 우쮸쮸행성의 우수성을 알리며 적극적으로 교류하자고 주장하고 있어요.

〈Tip〉
위의 내용을 아까 나왔던 '스티븐 호킹 박사 실종 사건'으로 각색해서 진행해도 좋다. 외계인들에게 납치되었다가 다시 돌아온 박사가 인터뷰한 내용을 교사가 짚어 준다. "여러분, 제가 수년간 외계인에 대해 연구했는데, 막상 갔다 와 보니 전혀 다른 모습이었어요. 우쮸쮸행성은 선진 문물이 발달해서 지구보다 훨씬 앞서 있습니다." 등등.

- 이 사람들은 우쮸쮸행성의 어떤 모습을 보고 왔길래 그렇게 변했을까요? 상상해서 상황극으로 발표해 봅시다.

〈Tip〉
보자기, 막대기, 고리, 라바콘 등등 활용할 수 있는 소품을 준비하면 아이들이 더 쉽고 재미있게 연극을 만들 수 있다.

- 상황극 발표하기
  예) 초능력을 사용하는 장면, 날아다니는 장면, 우주여행, 타임워프 등
- 여러분의 연극을 보니 우쮸쮸행성의 문명이 우수해서 배우고 받아들일

점이 많은 거 같네요. 하지만 여전히 외계 문명을 받아들였을 때 일어날 위험한 일들도 무시할 수는 없습니다.

- 그렇다면 우쮸쮸행성과의 교류에 대해서 다시 생각해 볼까요? 찬성으로 마음이 바뀐 사람은 손을 들어 주세요.

5. 우주함대를 몰고 온 우쮸쮸행성

- 이렇게 지구는 여러분처럼 우쮸쮸행성과 교류 찬성하는 입장과, 반대하는 입장으로 대립하여 어지러운 상황이 되었습니다. 바로 그때! 우쮸쮸행성에서는 우주함대를 앞세워 지구로 들어옵니다. 그리고 이렇게 말합니다.

"지구를 개방하지 않으면 전쟁이다!"(암호) 이후에는 어떻게 됐을까요?

- 이 이후의 이야기는 이어말하기 놀이로 진행하겠습니다.
- 처음은 교사가 "우쮸쮸행성이 우주함대를 몰고 지구에 왔다"로 시작하고, 아이들은 돌아가며 이야기 상상해서 한마디씩 덧붙이기
- 결말 정하고 이어말하기 "우쮸쮸행성과 지구는 교류하기로 결정했다"라고 맨 마지막 아이에게 정해 주고 시작하기
- 여기까지는 우쮸쮸행성과 지구에 대한 이야기였습니다.
- 과정 드라마를 하면서 여러분이 느끼는 우쮸쮸행성의 이미지는 어땠나요?

(낯설다, 무섭다, 이상하다)

- 지금으로부터 약 150년 전에도 이렇게 낯설고 두려운 존재가 조선에 찾아왔습니다. 바로 서양 세력입니다. 지금은 가까워진 프랑스와 미국과 같은 서양 국가들이 당시 조선에서는 외계인과 같이 낯설었습니다. 그들은 조선의 배와 다른 모양을 한 이양선을 타고 조선에 왔습니다. 그리고는 조선에 개항(항구를 열어 외국과 문물을 주고받는 일)을 요구했습니다. 조선 사람들은 이를 쉽게 받아들였을까요?

6. 19세기 조선의 상황 소개하고 연결 짓기

1) 고종과 흥선대원군 시대의 배경 설명하기

2) 우쮸쮸행성 이야기와 병인양요, 신미양요를 연결 지어 설명

(스티븐 호킹 박사 → 최익현, 우쮸쮸행성 갔다 온 사람들 → 박규수)

3) 드라마 〈미스터 션샤인〉 1회에서 나온 신미양요 장면 감상하기

4. 수업 후기

과정 드라마를 진행하기 위하여 책상을 교실 뒤로 밀고 가운데에 동그랗게 모여 앉았다. 이미 세 번의 과정 드라마를 해서인지 이번에도 역시 기대하는 눈빛으로 앉아 있었다.

"여러분은 지금 우주여행을 하고 있는 우주비행사예요."

태양계를 벗어나 우주여행 중인 보이저호의 사진을 보여 주며 말했다.

"지금 우주선 안에 있는 우주비행사는 무슨 일을 하고 있을까요?"

"잠을 잘 것 같아요. 밥을 먹을 것 같아요. 우주선을 고치고 조종하고 있을 것 같아요."

우주비행사 정지극

여러 의견이 나왔다. 이번에는 이를 정지 장면으로 표현해 보기로 했다. 1분 동안 생각할 시간을 주었고, 하나, 둘, 셋을 센 뒤 다 같이 표현했다. 잠을 자려고 누워 있는 모습, 우주를 유영하는 모습, 앉아서 우주선을 조종하는 모습, 외부와 교신하는 등 아이들은 각자의 모습을 다양한 정지 장면으로 표현하였다.

그때 의문의 외계 행성에서 메시지가 왔다. 외계어로 쓰여 있는 메시지를 자료 화면으로 보여 주며 말했다.

"그런데 갑자기 외계 행성으로부터 교신이 왔습니다. 외계어로 쓰여 있네요. 여러분은 사실 우주에 관한 여러 학문을 전공하고 외계어에 능통한 아주 유능한 우주비행사이기 때문에 이 글을 해석할 수 있을 것입니다. 지금부터 외계어로 쓰인 이 글을 해석해 볼까요?"

아이들은 순간 당황하는 기색을 보였지만 이내 곳곳에서 모둠별로 모여 토의를 시작했다. 어떤 글자랑 비슷하게 생겼는지, 어떤 뜻을 가지고 있을지 얘기를 나누며 퍼즐 맞추듯 하나씩 해결해 나갔다. 먼저 해결한 모둠은 다른 모둠에 가서 도와주라고 했다. 그 뜻을 해석하면 다음과 같다.

'우리는 우쮸쮸행성이다. 우리는 너희 지구행성과 적극적으로 교류하길 원한다.'

아이들에게 물었다.

"왜 우쮸쮸행성이 지구와 교류하자고 했을까요?"

"좋은 목적은 아닐 거 같아요. 지구가 궁금한 거 같아요. 쳐들어오려고 하는 것 같아요."

"그러면 우쮸쮸행성이 어떤 곳인지 우리가 탐사선을 보내서 한번 관찰해 볼까요?" 아이들에게 탐사선을 보내서 탐사선이 보내온 영상을

우쮸쮸행성의 암호와 암호를 풀고 있는 모습

함께 관찰하자고 말한 후, A4 용지에 우쮸쮸행성과 외계인의 모습을 상상해서 그려 보자고 안내했다. 아이들은 자신들이 상상한 외계의 모습을 종이에 마음껏 나타냈다.

이제 공간적 배경은 우주에서 지구로 이동했다. 아이들은 우주비행사가 아니라, 각국의 대표가 되어 UN 지구평화회의에 참가하기로 했다. 먼저 둥그렇게 앉아 돌아가며 자기소개를 했다. 교사가 즉흥 인터뷰를 하는 형식으로 진행했다. 미국, 북한, 프랑스, 카자흐스탄, 이스라엘 등 다양한 나라가 나왔고, 이름을 그 나라에 맞춰서 바꾸어 이야기하는 게 재미있었다.

이전 활동에서 아이들이 그렸던 우쮸쮸행성의 모습을 칠판에 부착한 뒤 지구평화회의의 의장이 된 교사가 말했다.

"보이저호에서 보내온 사진입니다. 이곳은 우쮸쮸행성이라고 하는 곳인데, 지구와 교류하기를 원한다는 메시지를 보내왔습니다. 각 나라의 대표인 여러분은 이에 대해 어떻게 생각하시는지 의견을 이야기해 주시기 바랍니다."

각 나라별로 돌아가면서 자신의 입장을 말했다. 찬성하는 의견과 반대하는 의견이 분분했다. 찬성하는 쪽은 우쮸쮸행성과 교류를 하면 더 발전된 기술을 배울 수 있을 것이라는 근거를 제시했고, 반대하는 쪽은 지구를 침공하여 전쟁을 일으킬지도 모른다는 위험성을

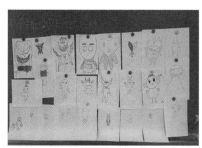

상상 속의 외계인 그림

역할극으로 표현한 우쮸쮸행성

내세웠다.

이때 교사는 이 분야의 전문가를 모시고 오겠다고 말하며 교실 밖으로 나가 'Dr. 스티븐 호킹'이라고 쓰인 명찰을 단 뒤 다시 교실로 들어왔다. 그리고 스티븐 호킹 박사 연기를 하면서 능청스럽게 이야기했다. 연기를 할 때 조금 부끄럽기도 했지만 아이들이 이미 과정 드라마에 몰입을 해서 더 진지하게 할 수 있었다.

"여러분, 저는 스티븐 호킹 박사입니다. 우쮜쮜행성의 외계인은 영화 ET처럼 친숙한 이미지의 외계인이 아닐 수도 있습니다. 자기 행성의 자원을 다 써 버린 외계인이 지구를 침공해서 자원을 약탈하려는 목적이 있을 수도 있어요. 그러다 보면 지구를 지배하게 될 가능성도 있고, 결국 지구가 황폐해지고 망하게 될 위험도 있지요. 각 나라 대표 여러분이 잘 생각해서서 합리적인 결정을 내려 주시기 바랍니다."

전문가인 스티븐 호킹 박사의 의견이기 때문에 아이들은 점점 반대 의견에 동조하기 시작했다. 다시 지구평화회의의 의장으로 돌아온 교사는 지구의 운명이 여러분의 손에 달려 있는 중대한 결정이라고 말하며 회의장의 분위기를 무겁게 만들었다. 그리고 투표에 부쳤더니 결국 찬성보다 반대가 많아 우쮜쮜행성과 수교를 하지 않기로 결정했다.

이렇게 일단락되는 듯했지만 교사는 지구의 다음 상황을 안내했다.

"그런데 몇 달 후, 중요한 임무를 맡은 지구인들이 실종되는 사건이 발생합니다. 알고 보니 우쮜쮜행성에서 납치해 간 것입니다. 그리고 신기한 일이 벌어집니다. 우쮜쮜행성에 납치되었다 풀려난 사람들이 다 우쮜쮜행성에 대해서 긍정적으로 이야기하는 것이 아니겠어요? '우쮜쮜행성은 과학기술이 발달해 있고 우리가 상상도 못할 만큼 발전된 곳입니다'라고요. 과연 어떤 모습을 보고 왔길래, 사람들이 그렇게 말을 할까요? 소품들을 이용하여 우쮜쮜행성의 모습을 연극으로 표현해 봅시다."

(이 내용을 아까 등장했던 스티븐 호킹 박사의 실종 사건으로 각색해서 진행해도 좋다.)

그리고 아이들이 연극을 만들 때 각종 보자기, 고리, 막대기 등 교실에서 쉽게 구할 수 있는 다양한 소품들을 주었다. 그러고 나서 모둠별로 협의할 시간을 주었고, 10분 정도 지난 후 발표했다.

어떤 모둠은 투명 망토, 소식을 전달하는 보자기, 마법의 양탄자, 광선검, 사람의 마음을 읽는 기술 등 지구에 없는 새로운 문물을 표현했다. 다른 아이들은 마법으로 사람들에게 지구에 돌아가서 우쮸쮸행성이 좋다고 말하라고 세뇌시키는 장면까지 다양하게 표현했다. 소품을 이용하여 연극을 하면 아이들이 부끄러워하지 않고 자연스러운 행동을 할 수 있다는 장점이 있다.

모둠 연극을 하고 나서 아이들에게 우쮸쮸행성에 대해 물었다.

"사람들을 편리하게 해 주는 물건이 많이 있어서 더 발전된 곳 같아요."

"새로운 문물들이 있어서 가 보고 싶어요."

이처럼 긍정적인 의견이 나왔다. 우쮸쮸행성과 교류해서 새로운 문물만 받아들이자는 찬성 측 의견도 많아졌다. 그러고 나서 우쮸쮸행성과 교류하는 문제에 대해 다시 투표에 부쳤더니 정확히 13 대 13으로 반반이 되어 혼란스러운 상황이 되었다.

혼란스러운 상황을 깨는 음악이 흘러나왔다. 영화 〈스타워즈〉의 OST 중 'The Imperial March'가 웅장하게 흘렀다. 그때 우쮸쮸행성에서 우주함대를 몰고 지구를 침공했다는 뉴스가 나왔다. '지구를 개방하지 않으면 전쟁이다!' 아이들은 화면에 나온 글을 보고 모두 깜짝 놀랐다.

"왜 갑자기 쳐들어와요?"

"우리가 교류하지 않겠다고 해서 쳐들어왔나 봐요."

이 같은 반응이 많았다.

"그 이후로 지구는 어떻게 되었을까요?"라는 질문을 끝으로 이 과정 드라마는 끝이 났고, 뒷이야기는 열린 결말이 되었다. 아이들은 허무한 표정을 지었지만, 이후의 이야기는 우리가 만들어 보자고 제안하자 다시 눈빛이 반짝거렸다.

다시 원으로 둥글게 앉아 이어말하기 놀이로 이야기를 이어 갔다. 한 사람이 한 문장씩 내용을 상상하며 이야기로 이어 가는 놀이다. 처음에는 결말을 정해 놓지 않고 했다. 교사가 먼저 "지구인들은 끝까지 우쮸쮸행성과 교류하지 않기로 결정했다"라며 운을 띄웠다. 시작을 망설여 하는 아이들에게 가벼운 마음으로 이야기를 툭 던져 보라고 조언을 해 주었다. 케로로, 도라에몽, 아이언맨 등 각종 만화 주인공과 히어로들이 등장하며 이야기가 산으로 가기도 했다. 허무맹랑한 이야기가 나오기도 했지만 아이들이 너무 좋아했다.

마지막 이어말하기 놀이는 결말을 정해 놓고 해 보았다. 중간 이야기가 어떻게 되든 상관없이 마지막 아이는 '결국 지구는 우쮸쮸행성과 교류하기로 결정했다'라고 말해야 하는 것이다. 그러다 보니 아이들도 중간에 어떤 일이 벌어질까 생각하면서 신중하게 말을 이어 갔다.

과정 드라마를 마치고 아이들에게 "우쮸쮸행성을 처음 들었을 때 느낌은 어떠했나요?"라고 질문했다.

이어말하기

결말을 정해 놓고 이어말하기

"처음 들었을 때 느낌은 뭔가 두렵고 낯설고 이상했어요."

"우쮸쮸행성이 지구를 도와줄지 아니면 망치려고 할지 걱정됐어요."

아이들은 저마다 자신이 느낀 바를 이야기했다. 이야기를 듣고 난 후 이 과정 드라마는 지구와 우주 행성의 이야기지만, 사실은 150년 전 조선에서 일어났던 일을 각색한 것이라고 말해 주었다. 이어서 시대적 배경에 대해서 이야기를 나누었다. 1860년대 조선은 왕실의 몇몇 가문이 권력을 잡은 세도정치 때문에 삶이 피폐해진 백성들이 반란을 일으켜 혼란스러웠던 시대였다. 그런데 서양 세력이 낯선 이양선을 몰고 조선에 들어왔다. 아이들에게 난생처음 본 모양의 배와 서양인들을 보면서 조선 사람들은 어떤 느낌이 들었을지, 그들을 쉽게 받아들일 수 있었을지 물었다. 아이들은 과정 드라마 속에서 우쮸쮸행성을 쉽사리 받아들이지 못했던 것을 떠올리며 쉽지 않았을 것이라고 대답했다. 그런가 하면 우쮸쮸행성과 교류를 해서 좋은 문물을 받아들일 수도 있다는 것을 떠올리며 서양 세력과 교류를 맺는 것도 필요했을 거라고 말하는 아이들도 있었다. 또 우쮸쮸행성이 결국 지구를 침공한 결말을 보면서 서양 세력도 자기들의 이익을 위해서 조선으로 쳐들어왔을 거라고 추측하기도 했다.

마지막으로 드라마 〈미스터 션샤인〉 1회 중 신미양요가 나온 부분을 잠깐 시청한 뒤에, 병인양요와 신미양요에 대해서 배우고 수업을 마쳤다.

세 번째 과정 드라마인 '지구를 지켜라(조선의 개항)' 수업은 세 차시 분량의 수업이다. 하지만 이야기와 활동 위주로 진행되기 때문에 지루한 느낌은 적었던 것 같다. 한편으로는 이 과정 드라마의 시대적 배경이 실제 조선의 개항 사건과는 다르다 보니 자칫 초점을 흐릴까 염려가 된 부분도 있었다. 그러나 아이들은 "역할극을 하면서 재미있게 활동하니까 그 시대 사람들이 어떻게 생각했었는지 더 잘 와닿았어요", "막상 지금 내게 비슷한 일이 닥치니까 선택하기가 참 어려웠어요. 그때 사람들도 무척 어려웠을 것 같아요"라며 긍정적인 반응을 보였다. 그리고 그 시대 사람들이 처한 상황에 대해 깊게 생각해 볼 수 있었다고 했다. 과정 드라마 수업은 아이들과 함께 호흡하며 아이들의 다양한 대답과 반응에 따라 우리 학급만의 특별한 수업을 만들어 갈 수 있기 때문에 더 매력적인 것 같다.

4.
강화도조약
-조선 명탐정-

1. 초점 선정하기

조선 명탐정 과정 드라마는 아이들이 탐정으로 활동하며 의뢰된 사건의 범인을 잡는 내용이며, 이는 1876년에 체결된 강화도조약(조일수호조약)의 불평등한 내용을 알게 하는 데 초점을 두었다. 강화도조약은 총 12개의 조항으로 구성되었는데, 본 과정 드라마에서는 제10조 치외법권 조항을 경험해 보도록 했다.

2. 플롯 구성하기

때는 1876년, 시대적으로 급변하는 시기로 조선의 항구가 열리게 되었다. 사는 곳은 부산, 직업은 조선 명탐정으로 어느 날 부산항에서 살인사건이 발생하게 된다. 일본과의 무역에 종사하던 상인 '한배달'이 살해당한 것이다. 의뢰인은 살해당한 한배달의 형 '한복달'이다.

한복달로부터 사건을 의뢰받은 탐정은 범인을 잡을 증거를 충분히 수집하여, 용의자 6명 중에서 드디어 범인을 잡기에 이르렀다. 범인은 무역에 종사하며 조선을 왔다 갔다 하던 일본인 '나카무라'이다. 그런데 범인을 관청에 데려갔더니 관청에서는 처벌할 수 없다고 하는데… 그 이유는 무엇일까?

3. 스토리 구성하기

조선 명탐정

- 교사를 위한 드라마: 강화도조약의 불평등 내용 알기
- 참가자를 위한 드라마: 조선 명탐정으로 활동하며 범인 잡기

탐정 역할 하기
⇩
한배달 살해사건 해결하기
⇩
범인에 대한 판결은?
⇩
1인 시위하기

1. 탐정 역할 하기

- 〈조선 명탐정〉 도입 영상 보기

- 탐정 전단지 또는 명함 만들기

- 다잉 메시지를 활용한 간단한 사건 해결하기

2. 한배달 살해사건 해결하기

■ 증거물 여섯 가지(화투패 1장, 빨간 색종이, USB, 일왕 사진, 생선, 히라가나가 적힌 종이), 용의자 사진 자료

- 한배달의 형인 '한복달'이 탐정을 찾아와 사건을 의뢰함

- 증거 찾기 활동으로 교실은 현장이 되고, 곳곳을 다니며 증거를 찾음

- 용의자 찾기(증거를 통해 일본인이라는 결론에 도달)

- 목격자 등장하고, 새롭게 등장한 단서 풀기

- 범인 나카무라를 잡아 관청으로 넘기기

3. 범인에 대한 판결은?

- 범인이 어떤 판결과 처벌을 받게 될지 그 모습을 모둠별로 정지극으로 표현하기

- 범인에 대한 판결문 낭독

4. 1인 시위하기

- 1인 시위 피켓 만들기

- 1인 시위 현장으로 가서 우리 땅에서 일어난 살인사건의 범인을 왜 처벌할 수 없는지 생각하기
- 실제 강화도조약의 불평등한 내용 살펴보고, 평등한 내용으로 바꿔 보기

조선 명탐정(대본)

1. 탐정 역할 하기

① 홍보 전단지 또는 명함 만들기

- 여러분의 역할을 안내하는 영상을 보며, 과정 드라마 속으로 들어가 봅시다!(〈조선 명탐정〉 인트로 영상 보기)
- 여러분은 1876년에 살고 있는 조선의 명탐정이군요!

  영상을 보아하니, 탐정 중에서도 해결하지 못하는 사건이 없다는 뛰어난 명탐정이군요! 그런데 요즘 명성에 걸맞지 않게 사건을 해결해 달라는 의뢰가 별로 없나 보군요. 쯧쯧, 이렇게 다들 사무실 책상에 덩그러니 앉아만 있으니 말입니다. 이대로는 안 되겠어요. 다들 가족들도 있을 텐데, 사건을 맡아야 가족들도 먹여 살릴 것 아닙니까?
- 전단지(명함)를 만들어서 사람들에게 나눠 주며 홍보합시다. 탐정 사무실을 홍보하는 전단지(명함)를 만들어 봅시다.

  (*전단지(명함) 만들기 활동이 미술 시간이 되지 않도록 주의하며 10분 안에 간단히 끝내기)
- 만든 명함을 친구들과 교환하며 자신의 탐정 사무소를 홍보하세요.

② 다잉 메시지를 활용한 간단한 사건 해결하기

- 여기저기에 명함을 돌렸으니, 이제 사건 의뢰가 많이 들어올 것을 기대해 보겠습니다.
- 아! 여기저기서 사건을 해결해 달라는 의뢰가 많군요. 그중에서 다잉 메시지가 담긴 살인사건 하나가 눈에 띄는군요! 설마 다잉 메시지가 무슨

뜻인 줄 모르진 않겠죠? 다잉 메시지는 피해자가 죽어 가면서 남긴 단서를 말해요.

-사건을 한번 해결해 봅시다(첫 번째 사건 다잉 메시지 사진을 보여 주고 모둠별로 사건 해결하기).

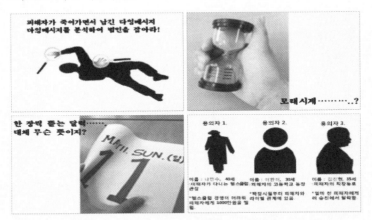

-죽어 가는 사람이 모래시계와 한 장씩 뜯는 달력을 들고 있군요! 음, 무슨 의미일까요? 그리고 이 살인사건의 용의자로 지목된 사람이 3명이 있습니다. 나민수, 이한이, 김진현 과연 누가 범인일까요?

(정답: 모래시계는 뒤집는다는 뜻. 달력에는 일요일이라고 표시되어 있다. 일요일처럼 거꾸로 읽어도 같은 이름인 '이한이'가 범인이다. 마지막 슬라이드 용의자 사진은 화면으로 계속 띄워 두고, 모래시계와 달력 슬라이드는 출력해서 모둠별로 주도록 한다.)

-자, 해결해 보았나요?

-사건을 완벽히 해결했군요!

-하하. 역시 여러분은 해결 못하는 게 없는 조선 명탐정이 틀림없네요!

2. 한배달 살해사건 해결하기

① 살인사건 의뢰

(그러던 어느 날)

- 앗, 탐정 사무소 밖에 누군가 찾아왔군요!

  (교사는 한복달 역할-문밖으로 나갔다 들어오면서 '한복달' 명찰을 달고 온다. / 아이는 탐정 역할)

- 한복달: 제 동생이 죽었습니다. 도와주세요, 탐정님! 억울하게 죽었다고요! 분명 죽은 사람은 있는데 죽인 사람이 없다는 것이 말이 됩니까? 제 동생은 생선 건어물 가게를 해요. 그런데 늦은 저녁 집에 돌아올 시간이 되었는데 오지를 않아서 걱정되는 마음에 가게로 갔더니 칼에 찔려서… 그만… 조선에 제일가는 명탐정이시니 꼭 범인을 잡아 주세요!

  (이렇게 말하고 한복달은 교실 문밖으로 나간다. 교사는 다시 들어와서 스토리를 진행한다.)

- 여러분, 살인사건의 범인을 잡는 일이 쉽진 않겠는데요? 하지만 여러분은 조선 명탐정이니 해낼 수 있어요. 사건을 맡을 건가요? 그럼, 사건 현장인 건어물 가게를 살펴보는 일이 급선무이겠군요. 한배달의 건어물 가게로 얼른 가 봅시다!

② 사건 증거 찾기 활동

  (교실은 사건 현장인 건어물 가게가 된다.)

- 이곳에 아직 사건의 흔적이 있을지 모르니 증거를 샅샅이 찾아봅시다.

  (아이들은 교실 곳곳에 숨겨 둔 증거 여섯 가지를 찾는 활동을 한다. 증거물은 수업 전에 미리 숨겨 놓도록 한다.)

- 증거를 찾았나요?(총 여섯 가지: 빨간 색종이, 벚꽃 그림 화투패 1장, 생선, 히라가나가 쓰인 종이, 일왕 사진, 일본 경극이 담긴 USB. 히라가나가 쓰인 종이는 어려운 곳에 숨기거나 찢는 게 좋다.)

-드디어 여섯 개의 증거를 찾았군요. 공통점이 무엇일까요? 모둠별로 공통점을 찾아보세요!(만약 공통점을 찾는 데 어려움이 있다면 'USB에는 무엇이 담긴 걸까?'라는 발문을 하며 함께 영상을 보면 공통점이 '일본'임을 쉽게 발견할 것이다.)

-아이들: 공통점을 찾았어요.

-교사: 하하. 여러분 공통점을 찾았군요. 여러분 덕분에 범인의 국적이 드러났어요. 용의자가 6명이 있네요. 이제 범인을 잡는 것은 식은 죽 먹기가 되겠어요.(범인으로 추정되는 용의자 6명의 사진을 화면에 띄우기, 용의자는 드라마의 재미를 위해 각 반 교사들이 사진을 찍어 편집했다.)

③ 용의자 6명 중에서 범인 찾기 활동

-(화면에 용의자 6명 얼굴 띄워 놓기) 용의자 6명 중 한 명이 범인일 텐데, 도통 누군지 알 수가 없네요. 아! 이때 소식이 들려옵니다. 목격자가 있다는 소식이에요. 목격자는 자신이 범인에 대해 이야기를 하면 목숨이 위태로울 것 같아서 그동안 망설였다고 하네요. 얼른 만나 봅시다.
(교사가 문밖으로 나갔다 들어오면서 목격자 역할을 함. 야구 모자, 선글라스, 마스크, 명찰 착용. 아이에게 목격자 역할을 맡겨도 무방하다.)

- 교사(목격자): 제가 범인을 봤어요. 그런데 저는 말 못해요. 제가 말한 걸 알면 범인이 분명 저를 죽일 거예요. 죄송해요. 양심의 가책이 느껴져서 저도 너무 힘들어요. 한배달이 평소에 되게 잘해 주었거든요. 하지만 탐정님, 저는 누군지 절대 말 못해요!(목격자는 종이쪽지를 몰래 학생 1명에게 건네주고 문밖으로 뛰어나가 버린다. 교사는 다시 교실로 들어온다.)
- 학생(탐정): 범인을 알려 줄 순 없지만, 중요한 내용이 담겨 있는 종이를 주고 갔어요.
- 교사: 아! 그래요? 그게 뭐죠?
- 다 함께 종이쪽지를 보고 단서를 해석해 본다.
  (정답: '모'라는 글자를 반으로 나누면 52가 된다. 이것은 범인의 나이다. 따라서 범인은 52세의 나카무라.)

$$모 \div 2 \; 모 \div 2$$

- 종이쪽지 안의 단서를 이용하여 화면 속에 있는 용의자 6명 중 누가 범인인지 찾아봅시다(용의자 사진을 화면에 띄워 주고, 모둠별로 해결해 보도록 한다).
- 교사: 범인을 찾았나요?
- 학생: 네. 범인은 바로 나카무라예요!
- 교사: 대단해요. 여러분은 진정 명탐정이네요! 그럼 범인을 검거하러 갑시다.
  (아이 한 명과 교사는 문밖으로 나간다. 문을 열고 교실로 들어올 때 교사는 범인 나카무라가 됨. 검정 도화지를 잘라서 만든 콧수염을 붙이고 흉터 그려 넣기)
- 나카무라: 흥! 대단한데? 나를 잘도 찾았구나.(비열한 연기를 한다.)
- 아이 1: 너를 관청에 넘길 거야. 이놈아! 죄를 달게 받아라!(문밖으로 범

인을 데리고 나가서 관청에 넘기는 액션을 취한다. 다시 교실 문을 열고 들어와 아이는 자리에 앉고 교사는 진행한다.)

-교사: 여러분 대단해요! 범인을 잡다니. 자, 한배달을 잔혹하게 살해하고도 저렇게 뻔뻔한 나카무라가 어떤 처벌을 받으면 좋을까요? 정지극으로 표현해 봅시다. 교실에 있는 소품을 활용해서 표현하고 선생님이 10까지 세면 정지하세요.

(교사는 정지해 있는 아이들에게 다가가서 손을 대고, 학생들은 무슨 벌을 받는 장면인지 이야기한다.)

3. 범인에 대한 판결은?

-교사: 드디어 오늘이 나카무라에 대한 판결이 나는 날이군요. 무슨 판결이 날지 관청 앞으로 가 볼까요?

(미리 종이에 크게 써 놓은 판결문을 붙이거나 자료 화면을 띄운다.)

-교사: 판결문이 붙어 있군요!

〈판결문〉

나카무라 처벌 불가!
강화도조약 제10조에 의거하여 조선 법으로 처벌할 수 없음.

-교사: 아니! 조선 땅에서 일어난 살인사건의 범인을 잡고도 우리 조선 법으로 처벌할 수 없는 상황이라니! 말도 안 돼! 강화도조약 제10조?

-학생: 어처구니가 없네요. 가만히 있을 수는 없어요. 이대로 나카무라를 풀어 주면 절대 안 돼요!

-교사: 나카무라를 처벌하지 못한다는 소식을 듣게 된 부산 항구의 조선인들이 분노하기 시작했어요.

4. 1인 시위하기

-교사: 우리도 함께합시다! 한 명이라도 도움을 줄 수 있다고요. 우리도

피켓을 만들어 1인 시위를 해 봅시다.(도화지에 간단히 문구를 적어서 만들기, 강화도조약을 규탄하는 피켓을 만들어 1인 시위하기)

- 아이들이 교실 곳곳에 서서 자신이 만든 구호를 외치며 1인 시위를 한다.
- 교사는 기자가 되어 1인 시위를 하고 있는 현장으로 가서 간단한 인터 뷰하기

(질문 예시: 조선 땅에서 일어난 살인사건의 범인을 잡고도 처벌할 수 없다는 상황에 어떤 생각이 드나요? 그 이유가 이해가 되나요?)

4. 수업 후기

아이들은 한껏 기대하는 표정으로 과정 드라마 수업을 기다리고 있었다. '조선 명탐정'은 아이들이 조선시대의 탐정이 되어 살인사건의 범인을 잡는 과정을 담았다. 아이들은 여러 가지 단서를 통해 사건을 해결하고 범인을 잡게 되는데, 일본과 조선 사이에 체결된 조약으로 인해 범인을 처벌할 수 없음을 알게 된다. 본 과정 드라마는 교사가 다양한 역할(드라마 이끔이, 한복달, 나카무라)을 수행해야 하며, 상황에 알맞은 연기력이 필요하다.

먼저, 아이들이 드라마 안으로 더욱 몰입될 수 있도록 역할을 안내하는 영상을 보며 수업을 시작했다. 도입 영상은 영화 〈조선 명탐정〉의 예고편에 자막을 넣어 만들었고, 아이들은 예상했던 대로 '재밌겠어요!'라며 사건을 해결하는 탐정의 역할에 흥미를 가졌다.

"여러분은 조선시대에 살고 있는 탐정이군요. 영상을 보아하니, 탐정 중에서도 해결하지 못하는 사건이 없다는 뛰어난 조선 명탐정입니다. 그런데 명성에 걸맞지 않게 요즘 사건을 해결해 달라는 의뢰가 별로 없나 보군요… 쯧쯧, 이렇게 다들 사무실 책상에 덩그러니 앉아만 있으

니 말입니다. 이대로는 안 되겠어요. 다들 가족들도 있을 텐데, 사건을 맡아야 가족들도 먹여 살릴 것 아닙니까?"

홍보를 위해 무엇을 하면 좋을지 묻자 아이들 스스로 전단지, 현수막, 명함을 만들자는 의견을 냈다. 아이들은 각자 탐정 사무소 홍보를 위해 전단지, 현수막, 명함을 만들었는데, 만드는 시간은 10분을 넘지 않도록 했다. 전단지와 현수막은 칠판에 게시하고, 명함은 친구들과 서로 교환하며 자신의 탐정 사무소를 홍보했다. 이로써 아이들은 조선 명탐정 역할에 몰입할 준비를 끝냈다.

탐정이 된 후, 첫 번째 활동은 간단한 사건을 해결해 보도록 하기 위해 다잉 메시지가 담긴 사건을 제시해 주었다.

"여기저기에 명함을 돌렸으니 이제 사건 의뢰가 많이 들어올 것을 기대해 보겠습니다. 아! 여기저기서 사건을 해결해 달라는 의뢰가 많군요. 그중에서 다잉 메시지가 담긴 살인사건 하나가 눈에 띄는군요. 설마 다잉 메시지가 무슨 뜻인지 모르진 않겠죠? 다잉 메시지는 피해자가 죽어 가면서 남긴 단서를 말해요. 사건을 한번 해결해 봅시다."

본 사건인 '한배달 살인사건'으로 곧바로 들어가지 않은 이유는 탐정 역할의 성취감을 주면서 드라마에 더욱 몰입하도록 하기 위해서였다. 주어진 사건은 피해자가 죽기 전 남긴 사진 2장을 해석하여 용의자 3명 중에 범인을 찾아보는 간단한 활동이지만 사건을 해결하는 성

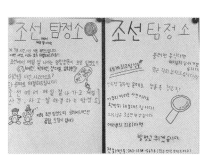

명탐정 전단지

증거를 분석하는 장면

취감을 갖게 하기에 충분했다.

모둠별로 사진 2장(모래시계를 들고 있는 사진, 한 장씩 뜯는 달력을 들고 있는 사진)과 살인사건의 용의자로 지목된 3명의 사진이 주어지자, 아이들은 '이게 뭐지?' 하면서도 사건을 해결하기 위해 많은 대화를 주고받으며 범인을 찾았다. 아이들이 정말 재미있어했고 모든 모둠이 10분 안에 범인을 찾아냈기 때문에 난이도 역시 적절했다고 생각한다.

"사건을 완벽히 해결했군요. 역시 여러분은 해결 못하는 게 없는 조선 명탐정이 틀림없네요."

"선생님, 수업 너무 재미있어요. 저희가 해결할 사건 더 없나요?"

아이들의 흥미와 관심이 극에 달했을 때 본 수업의 중요 내용을 담은 '한배달 살인사건'으로 넘어갔다. 누군가 찾아왔다며 교사가 교실 밖으로 나간 뒤, '한복달'이라는 명찰을 달고 교실로 다시 들어왔다. 다음과 같이 긴장감 있게 말했다.

"제 동생이 죽었습니다. 도와주세요. 탐정님! 제 동생은 억울하게 죽은 거예요. 범인을 꼭 찾아야 되지 않겠습니까? 제 동생은 생선 건어물 가게를 해요. 그런데 늦은 저녁 집에 돌아올 시간이 되어도 오지를 않아서 걱정이 되는 마음에 가게로 갔더니, 칼에 찔려서 그만… 죽고 말았어요. 조선 명탐정이시니 꼭 범인을 잡아 주세요!"

이렇게 말하고 한복달(교사)은 교실 문밖으로 나갔다가 다시 교실 문을 열고 들어왔다.

"여러분! 살인사건의 범인을 잡는 일이 쉽진 않겠는데요? 하지만 여러분은 조선 명탐정이니 해낼 수 있어요. 사건을 맡을 건가요?"

"네! 당연하죠!"

"그럼, 사건 현장인 건어물 가게를 살펴보는 일이 급선무겠군요. 한배달의 건어물 가게로 얼른 가 봅시다."

아이들은 신나게 대답하며 건어물 가게가 어디냐고 빨리 가자며 재촉하기도 했다. 그때, 종을 2번 울리며 이곳은 한배달의 건어물 가게라고 말한다.

"살인사건의 현장이 그대로 잘 보존되어 있군요! 범인이 무언가 흔적을 남겼을지 몰라요. 함께 찾아봅시다."

이때 교사는 수업 전에 6개의 증거물을 미리 교실 곳곳에 숨겨야 한다. 실제로 아이들에게 들키지 않도록 수업 전날 아이들이 하교한 후 숨겼다. 아이들은 신나게 보물찾기를 하듯 교실 구석구석을 뒤져 6개의 증거물을 모두 찾아왔다. 하나의 증거물을 찾을 때마다 '심봤다'를 외치며 환호하기도 했고, 다른 아이들은 벌떼처럼 몰려들어 증거물을 확인했다.

아이들이 힘을 합쳐 찾은 6개의 증거물을 한곳에 모아 두고 이것들이 무엇과 관련이 있는 물건인지 생각했다.

"선생님, 이거 공통점이 일본 아니에요? 빨간 색종이는 일장기, 벚꽃은 일본 국화, 생선, 일왕의 사진이잖아요."

"마지막 증거물인 USB 안에 담겨 있는 것도 무엇인지 볼까요?"라며 USB에 담긴 영상을 틀어 주었다. 영상에는 일본 경극이 담겨 있다.

아이들은 "맞아요. 일본 맞아요!" 하며 환호를 했다.

"여러분, 공통점을 찾았군요. 여러분 덕분에 범인의 국적이 드러났어

증거 찾기 활동

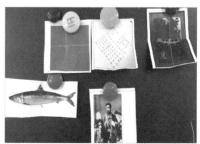

숨겨 둔 증거들

요. 용의자가 6명이 있네요. 이제 범인을 잡는 것은 식은 죽 먹기가 되겠어요."

교사는 범인으로 추정되는 용의자 6명의 사진을 화면에 띄웠다. 드라마의 재미를 위해 6학년 각 학급의 교사들이 용의자가 되어 사진을 찍었고, 사진 아래에 이름과 나이를 적었다. 나이를 적은 이유는 아이들에게 앞으로 줄 단서를 해석하면 범인의 나이가 나오도록 해 놓았기 때문이다. 화면에 용의자로 변신한 선생님들의 사진이 나오자 아이들은 배꼽을 잡고 웃으며 수업에 더욱 빠져들었다.

"선생님, 6번이 범인 같아요. 제일 힘이 세 보여요."

"아니야! 4번이 범인 얼굴이야!"

아이들은 나름대로 이유를 가지고 범인을 추측하기 시작했다.

"글쎄… 용의자 6명 중에 한 명이 범인일 텐데, 도통 누군지 알 수가 없네요."

이때 매우 기쁜 목소리로 아이들에게 말을 했다.

"여러분! 목격자가 있다는 소식이에요. 그런데 목격자는 자신이 범인에 대해 이야기를 하면 목숨이 위태로울 것 같아서 그동안 망설였다고 하네요. 얼른 만나 봅시다."

교실 밖으로 나갔다가 '목격자' 명찰과 야구 모자를 눌러쓰고 다시 교실로 들어와 목격자 역할을 했다.

"제가 범인을 봤어요. 그런데, 저는 말 못해요. 제가 말한 걸 알면 분명 저를 죽일 거예요. 죄송해요. 그런데 한배달이 평소에 저한테 되게 잘해 주었거든요. 양심의 가책이 느껴져서 저도 너무 힘들어요. 탐정님, 하지만 저는 누군지 절대 말 못해요!"라고 외친 후 교실 밖으로 뛰어나가며 손에 들고 있던 종이쪽지를 한 아이에게 쥐어 준다. 그리고 교사는 다시 교실로 들어온다.

"선생님, 목격자가 범인을 알려 줄 순 없지만, 중요한 내용이 담겨 있는 종이를 주고 갔어요."

"아, 그래요! 확인해 볼게요."

교사는 궁금증을 유발하며 종이에 쓰인 쪽지의 내용을 보여 주었다. 쪽지에 담긴 내용을 모둠별로 한 장씩 주고 의미를 해석하도록 시간을 주었다. 화면에는 나이와 이름이 적힌 용의자 6명의 사진을 계속 띄워 놓는다. 아이들은 진짜 탐정이라도 된 듯 진지한 모습으로 고민하고 또 고민했다.

모둠별로 범인이라고 생각되는 용의자와 그 이유를 포스트잇에 적어서 앞으로 제출하도록 했다. 적어 낸 내용을 함께 확인한 후 아이들에게 물었다.

"범인을 찾았나요?"

"네. 범인은 바로 나카무라예요! 왜냐하면 단서를 해석하니 범인의 나이가 52살이거든요."

범인을 잘 찾아낸 아이들은 모두 뿌듯해하며 박수를 치고 환호했다.

"와! 대단해요. 여러분은 진정 명탐정이네요. 그럼 범인을 검거하러 갑시다!"

교실 밖으로 학생 한 명을 데리고 나갔다. 이번에는 학생에게 범인을 검거하는 경찰 역할을 줘 보기로 했다. 간단한 역할이지만 아이들은 다들 서로 하겠다고 가위바위보를 하기도 했다.

교사는 '나카무라' 명찰을 달고, 함께 나간 아이는 '경찰' 명찰을 달고 교실로 들어오게 했다.

"나카무라(교사): 흥! 대단한데? 나를 잘도 찾았구나!"

"학생(경찰): 너를 관청에 넘길 거야, 이놈아! 죄를 달게 받아라!"

아이들은 모두 한목소리로 나카무라를 보고 외쳤다. 나카무라는 학생들을 쏘아보며 교실 밖으로 나가고 다시 문을 열고 들어왔다.

"여러분, 대단해요! 범인을 잡다니. 자, 한배달을 잔혹하게 살해하고도 저렇게 뻔뻔한 나카무라가 어떤 처벌을 받으면 좋을까요? 정지극으로 표현해 봅시다. 교실에 있는 소품을 활용해서 표현해 보고 선생님이 10까지 세면 정지하세요."

아이들은 살인범 나카무라가 무슨 처벌을 받으면 좋을지 서로 이야기를 나누었다. 그리고 교사가 10까지 세자 아이들은 몸동작을 모두 멈추었다. 교사가 다가가 손을 대면 그 아이는 무슨 벌을 받는 장면인지 이야기했다.

"최고의 형벌로 교수형을 받는 모습이에요."

"평생 감옥에 가두어야 해요."

살인범 나카무라가 받아야 할 처벌로 대부분의 아이들은 사형을 선고했다. 살인범을 용서하면 안 된다며 모두 단호하게 한목소리를 냈다.

일본인의 처벌을 표현한 정지극

나카무라가 받아야 할 처벌에 대해 아이들이 충분히 표현할 수 있도록 한 다음 수업을 진행했다. 조선 명탐정의 가장 핵심적인 부분이므로 아이들의 궁금증을 더욱 유발시키며 매우 긴장감 있게 판결문을 읽어야 한다.

"여러분, 드디어 오늘이 나카무라의 죄에 대한 판결이 나는 날이군요! 무슨 판결이 나는지 관청 앞으로 가 볼까요?"

종이에 크게 써 놓은 판결문을 칠판에 게시했다.

"판결문이 붙어 있군요."

'나카무라 처벌 불가! 강화도조약 제10조에 의거하여 조선의 법으로 처벌할 수 없음'이라는 판결문을 읽은 아이들은 모두 황당하고 어이없다는 표정을 지었다. 순간 교실에는 정적이 흘렀고, 잠시 후 온갖 짜증과 한탄이 섞여 나왔다.

"아니! 조선 땅에서 일어난 살인사건의 범인을 잡고도 우리 조선의 법으로 처벌할 수 없는 상황이라니. 말도 안 되지!"

"어처구니가 없어요. 무슨 판결이 이래요?"

"가만히 있을 수 없어요. 이대로 나카무라를 풀어주면 절대 안 돼요!"

"강화도조약 제10조요? 그게 뭔데요?"

아이들은 판결에 대해 짜증을 내며 온몸과 표정으로 분노했다.

아이들의 감정에 공감해 주며 다음 이야기를 차분히 이어 갔다.

"나카무라를 처벌하지 못한다는 소식을 듣게 된 부산 항구의 조선인들이 여러분처럼 분노하기 시작했어요. 우리도 함께할까요?"

교사는 아이들에게 강화도조약 10조의 내용과 나카무라를 처벌하지 않는 것이 부당하다는 것을 알리는 간단한 피켓을 만들어 1인 시위를 하게 했다.

1인 시위 모습

단체 시위 모습

아이들은 도화지에 간단히 문구를 적어 피켓을 만든 후, 자신이 만든 구호를 외치며 교실과 복도 곳곳에서 피켓을 들고 1인 시위를 했다. 이때 교사는 기자가 되어 1인 시위를 하고 있는 현장에 가서 간단한 인터뷰를 해 보았다.

"조선 땅에서 일어난 살인사건의 범인을 잡고도 처벌할 수 없는 상황에 대해 어떤 생각이 드나요? 그 이유가 이해가 되나요?"라고 질문을 해 보았다.

"강화도조약은 무효예요."

"말도 안 돼요. 사람을 죽였는데 처벌을 못하다니요…."

"우리에게 너무 불리하잖아요. 우리가 나카무라를 찾는 데 얼마나 힘들었는데요."

아이들은 한목소리로 조약의 내용이 공평하지 않아 화가 난다고 말했다.

"여러분, 너무 억울하고 분하죠? 1876년에 조선이 일본과 강화도조약(조일수호조규)을 체결하면서 조선에서 일어난 일본인의 범죄 행위를 우리 법으로 처벌할 수 없게 되었어요. 강화도조약은 총 12개의 조항이 있었는데 그중 오늘 우리가 드라마로 경험해 본 강화도조약 제10조의 내용은 조선의 항구에서 죄를 지은 일본인은 일본인 관리가 심판한다는 내용이었어요. 이 외 다른 조항들도 조선에게 불평등한 내용을 담고 있답니다."

외국과 맺은 최초의 근대적 조약이자 불평등조약인 강화도조약에 대해 충분히 안내한 후 이야기를 나누었다.

[강화도조약의 주요 내용]

제1조: 조선은 자주국이며, 일본과 평등한 권리를 가진다.

제4조: 조선은 부산 이외의 두 곳의 항구를 개항하고 일본인이 와

서 통상하는 것을 허가한다.

제7조: 일본인이 조선의 해안을 자유롭게 측량하는 것을 허가
한다.

제10조: 조선의 항구에서 죄를 지은 일본인은 일본 관리가 심판
한다.

[아이들이 바꾸어 본 조항의 내용]

제4조: 조선은 일본이 정중하게 개항을 부탁할 때만 항구를 열
수 있다.

제7조: 일본인의 무조건적인 조선 해안 측량 시 처벌을 내리고, 일
본은 벌로 식량의 일부를 조선에 가져와야 한다.

제10조: 조선의 항구에서 죄를 지은 일본인은 조선 관리가 심판
할 수 있도록 하며, 일본이 참견할 시 사형 또는 일본 식
량의 일부를 가져와 조선의 가난한 백성들에게 나누어
준다.

아이들의 의견을 반영하여 평등한 조약으로 바꾸어 보았다.

과정 드라마 수업이 끝난 후에 아이들이 자주 했던 말이 있었다.

"과정 드라마 진짜 재밌어요! 선생님들은 이 수업을 어떻게 이렇게
재밌게 연결해서 만드세요? 완전 짱이에요!"

교사로서 아이들을 가르치면서 들을 수 있는 말 중에 이보다 더 좋
은 말이 있을까?

과정 드라마로 만난 'Time in 조선'을 마치며

과정 드라마 역사수업을 만드는 과정은 고민의 연속이었다. 이 수업을 고쳐 나가는 협의를 얼마나 했는지 기억이 나지 않을 정도이다. 협의를 하는 도중에도 '이 수업이 가능할까?', '만족할 만한 좋은 수업이 나올까?' 하는 생각에 불안해했었다.

과정 드라마 역사수업을 시도하는 선생님들께 정보를 드리고자 우리가 가졌던 고민 몇 가지를 정리해 보았다.

첫 번째 고민은 '아이들이 이 수업의 의미를 이해할까?'였다. 혹여 '드라마'라는 형식에만 치중하여 메시지를 깨닫지 못하지는 않을지 우려되었다. 그러나 아이들은 과정 드라마로 익힌 부분을 오히려 더 잘 기억해 냈다. 역사 속 상황에 몰입했던 그때 그 감정이 아이들의 기억을 떠올리는 데 도움을 주었다. '우리가 배웠던 강화도조약이 기억나나요?'라고 질문하면 '아! 범인이 나카무라였잖아요! 불공평한 조약이었어요.' 하는 식이었다.

두 번째로는 우리들의 역량에 대한 우려였다. 과연 우리가 참신한 과정 드라마 극본을 만들 수 있을까? 교육연극을 접해 본 경험이 없는 교사들이 대부분이었고, 이 수업을 만들기 전 관련된 책을 몇 권 보거나 단기 속성 연수를 한 번 받았을 뿐이었다. 우리가 알고 있는 교육연극 기법은 한정되어 있었기에 연수를 받으며 경험해 보았던 것과 같은 치밀한 과정 드라마를 구성할 자신이 없었다.

하지만 동학년 교사와의 협력이 자연스럽게 문제를 해결해 주었다. 아이디어가 떠오르면 즉각 회의를 했고 피드백을 주고받았다. 그렇게 모의 면접, 범인 찾기 추리 게임, 암호 해독 등 다양한 아이디어를 만들 수 있었다. 한두 사람만의 노력으로는 불가능했을 것이다.

세 번째 고민은 진행자와 연기자 역할을 동시에 수행하는 교사의 연기력에 대한 우려였다. 아이들의 드라마 몰입을 위해 교사의 연기력과 동시에 진행자로서의 역량, 즉 통제와 자율성의 균형이 필요한데, 우리가 그 역할들을 소화할 수 있을지 걱정되었다. 이 역시도 네 번의 수업을 거치는 동안 자연스럽게 해결되었다. 처음에 다소 어색하고 불안정했지만 네 번의 수업을 거치며 점점 나아졌다. 교사들이 아직 마음의 준비가 되지 않아 긴장되고 어색했던 첫 수업에서도 아이들은 기대 이상으로 즐거워했다. 그래서 더욱 용기를 얻어 수업을 진행해 나갈 수 있었다.

우리가 이 수업을 통해 깨달은 사실은 과정 드라마에 그 구조적인 장치가 잘 구현된다면 이야기는 스스로 굴러간다는 것이었다. 교사는 연기로 드라마를 이끌어 가는 것이 아니라 구조적 이야기로 시작하고, 끝난 이야기의 의미를 알게 하는 역할을 맡을 뿐이기에 연기에 대한 걱정은 할 필요가 없었다.

아직 용기가 나지 않는 분들께는 이 책에 실려 있는 다양한 과정 드라마 시나리오를 각색하여 과감하게 시도해 보시라 권하고 싶다. 과정 드라마 역사수업은 평범한 교사인 우리도 아이들이 몰입할 수 있는 수업을 만들 수 있다는 자신감까지 안겨 주었다. 이 수업으로 아이들도 교사도 모두 행복했다.

3부

'여섯 개의 시선'으로 본 일제강점기

2018년에 일어난 일 중 가장 큰 사건을 꼽으라면 아마도 남북정상회담일 것이다. 남한과 북한의 정상이 만난 이 역사적 장면은 다양한 매체를 통해 방영되었는데, 이들 중 우리의 시선을 끈 방송이 하나 있었다. 바로 초등학생의 시선, 외신기자의 시선, 행동분석 전문가의 시선, 정치인의 시선 등 각자의 입장에서 남북정상회담이 어떤 의미를 지니고 있는지를 다룬 SBS스페셜 〈여섯 개의 봄〉이었다. 이 프로그램을 본 후 우리 스스로에게 남북정상회담은 어떤 의미인지 질문을 던져보았다. 그 대답이 우리가 이 시대를 읽어 내는 우리의 시선일 것이다. 역사를 공부하고 가르치면서 아이들에게 바라는 건 바로 이런 시선, 즉 관점을 갖는 것이다. 편협한 관점이 아니라 다양한 각도에서 시대를 바라 볼 줄 알게 하는 것이 우리가 추구하는 역사수업의 목표이기도 하다.

일제강점기 수업을 개발하는 과정에서 가장 큰 고민은 '이 시대와 아이들을 어떤 방식으로 만나게 할 것인가'였다. 대부분 일제강점기 학습 내용은 일본에 저항한 굵직한 독립운동 사건과 인물 중심으로 구성되어 있다. 초등학교 과정에서 이 정도면 충분하다고 할 수도 있겠지만 우리는 이러한 내용만으로는 아이들이 제대로 이 시대를 이해하기가 어렵다고 생각했다. 이 시대를 살아간 사람들 중에는 치열하게 산 독립운동가도 있었지만 나라를 잃은 설움을 온몸으로 맞닥뜨린 아이들, 일본군 위안부 여성들, 평범한 백성들도 있었다. 그리고 이와 다른 선택을 한 친일파들도 있었다. 또한 우리와 직접 연관이 있었던 일본과 서구 열강들의 입장도 존재했을 것이다.

우리는 여러 번의 논의 끝에 아이들이 일제강점기를 입체적으로 이해할 수 있도록 여섯 가지 시선으로 수업을 풀어 가기로 했다. 독립을 위해 목숨 바친 독립운동가의 삶을 이해하는 '독립운동가의 시선', 일제 식민지 시대를 살았던 아이들이 어떤 교육을 받고 어떤 경험을 했는지 알아보는 '아이의 시선', 그들은 왜 친일파가 되었는지 생각해 보는 '친일파의 시선', 우리나라를 둘러싼 중국, 러시아, 미국 등 '열강의 시선', 우리나라를 침략한 '일본의 시선', 여전히 해결이 안 되고 있는 일본군 위안부 문제와 일본의 경제수탈에 힘들어했던 '민중의 시선'까지 수업을 계획하게 되었다.

각 주제별 시선으로 바라본 일제강점기는 아이들에게 어떻게 비쳐질까? 역사 공부는 몇 년도에 무슨 일이 있었는지를 외우는 것이 아니라 시대를 이해하는 것이고, 시대를 이해하는 것은 그 시대를 살아 낸 사람들의 삶을 이해하는 것이다. 우리 아이들이 여섯 개의 시선을 공부함으로써 일제강점기라는 암흑기를 살아온 우리 선조들의 삶을 머리뿐만 아니라 가슴으로 이해하는 시간이 되기를 바란다.

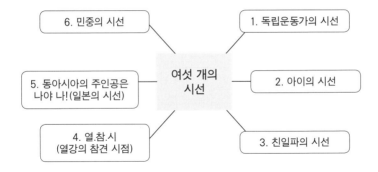

1.
독립운동가의 시선

아이들은 일제강점기를 어떻게 생각할까? 독립운동가의 고단한 삶을 아이들은 이해할까? 이 수업을 준비하면서 많은 질문이 생겼다. 일제강점기 수업을 기획할 무렵, 케이블 방송에서 〈미스터 션샤인〉이라는 드라마를 하고 있었다. 기울어 가는 대한제국을 구하고자 나라를 지켰던 이름 모를 의병들의 이야기였다. 평범한 삶을 살았던 백성들이 무기를 들고 의병이 되어야만 했던 드라마 속 이야기는 이번 독립운동가의 시선과 맞아떨어지는 부분이 많았다. 실제 독립운동을 하신 분들도 누군가의 아들, 딸, 아버지, 어머니였다. 목숨을 건 독립운동은 아무나 할 수 있는 일은 아니다. 아이들이 독립운동을 선택하고 용기 있게 행동한 것에 대해 공감하고 시대에 관심을 갖고 살아간다는 것이 무엇인지 느끼게 하고 싶었다.

'독립운동가의 시선'은 일제강점기를 만나는 첫 시선이다. 첫 번째 소단원 '어서 와, 독립운동은 처음이지?'에서는 영화 〈암살〉을 보며 그 시대에 대한 이해와 질문을 갖게 했다. 그리고 을사늑약부터 국권피탈까지의 과정을 살펴보며 당시 우리나라 상황을 이해한 후 독립운동가로 살아 보기 활동을 통해 독립운동가의 마음을 이해해 보도록 했다. 두 번째 소단원 '태극기를 부탁해'에서는 독립운동가와 연결된 사건들을 살펴보며 태극기를 만드는 활동으로 수업을 마무리했다. 세 번째 소단원 '독립운동 Ver. 2018'은 독립운동가 후손의 삶과 독립운동가들을 기억할 수 있는 활동으로 수업을 개발했다. 이 수업을 통해 우리 아이들이 나라를 소중히 여기고 독립운동가들의 삶을 이해하며 감사히 여기는 마음을 가지길 바란다.

독립운동가의
시선

3. 독립운동 Ver. 2018

독립운동가 후손으로
산다는 것

뉴스: 독립운동하면
3대가 망한다?

정부, 사회의 관심

잊혀 버린 이름,
여성 독립운동가

[기억공간] 미술:
독립운동가 종이 액자 만들기

2. 태극기를 부탁해

나의 소원은

비폭력 저항,
3·1운동(1919년)

대한민국 임시정부

김구 '나의 소원'

상해 임시정부 활동

아는 형님들

봉오동, 청산리 전투

문학, 한글, 역사 연구

우리 반 태극기 만들기

**1. 어서 와,
독립운동은 처음이지?**

영화로 만나기

영화 〈암살〉 보기

영화 보고 생각 나누기

영화 속 독립운동가
인터뷰하기

감상 소감 나누기

을사늑약, 그것이 알고 싶다

팩트 체크,
을사늑약(1905년)

을사늑약에 저항한 사람들

경술국치(1910년)

독립운동가로 살아보기

비밀결사대, 신민회(1907년)

안창호

학생활동:
나는 항일운동 비밀결사대

활동 소감 나누기

기억해야 할 독립운동가:
안중근, 이토 히로부미 저격
(1909년)

	소단원 명	소단원 주요 내용	관련 성취기준	차시량
1	어서 와, 독립운동은 처음이지?	• 영화로 만나기 -영화 〈암살〉 보고 생각 나누기 -영화 속 독립운동가 인터뷰하기	사회: -의병과 독립협회 및 대한제국의 구국을 위한 노력을 인물의 활동을 중심으로 파악한다. -주요 인물 이야기를 통해 3·1운동과 대한민국 임시정부, 독립군의 전투 등 일제강점기에 국내외에서 전개된 민족 독립운동을 탐구한다. 국어: -적절한 이유나 근거를 들어 주장하는 글을 쓴다. -문학은 가치 있는 내용을 언어로 표현하여 아름다움을 느끼게 하는 활동임을 이해하고 문학 활동을 한다. 미술: -다양한 시각 이미지에서 의미를 효과적으로 전달하기 위해 사용하는 방법을 이해하고 활용한다.	4
		• 을사늑약, 그것이 알고 싶다 -을사늑약 체결 과정 -을사늑약 무효인 이유 찾기 -을사늑약에 저항한 사람들 -경술국치 과정 알기		2
		• 독립운동가로 살아 보기 -비밀결사대, 신민회 활동 -독립운동가로 살아 보기 -기억해야 할 독립운동가, 안중근		3
2	태극기를 부탁해	• 나의 소원은 -3·1운동 과정 및 의의 -대한민국 임시정부 수립 과정 및 활동		6
		• 아는 형님들 -청산리·봉오동 전투 -한글, 한국사, 문학 분야 독립운동 -우리 반 태극기 만들기		
3	독립운동 Ver. 2018	• 독립운동가 후손의 삶 -정부, 사회의 관심 -여성 독립운동가 -독립운동가 기억 공간 만들기		4

1.

어서 와, 독립운동은 처음이지?
① 영화로 만나기

영화 〈암살〉 보기
⇩
영화 보고 생각 나누기
⇩
영화 속 독립운동가 인터뷰하기
⇩
영화 〈암살〉 감상 소감 나누기

1. 영화 〈암살〉 보기

- 영화 〈암살〉을 보면서 일제강점기 우리나라 모습을 살피고 독립운동에 대해 알아보기

2. 영화 보고 생각 나누기

- 영화 시청 후 모둠원과 인상 깊은 장면과 궁금한 점 질문 만들기

3. 영화 속 인물 인터뷰하기

- 학생 중 한 명이 영화 속 인물이 되어 인터뷰를 하고 활동 소감 말하기

4. 영화 〈암살〉 감상 소감 나누기

- 영화를 보고 활동을 한 후 소감문 쓰기

아이들은 우리나라가 일본의 식민지였다는 사실은 안다. 하지만 일제강점기를 살아 냈던 사람들의 삶에 대해 얼마나 이해하고 있을까? 아이들이 일제강점기를 본격적으로 공부하기에 앞서 영화 〈암살〉로 먼

저 그 시대를 만나게 했다.

영화 〈암살〉은 1930년대를 배경으로 독립운동가들의 활동을 다룬 영화이다. 영화 주인공 안옥윤은 실존 인물인 여성 독립운동가 남자현 열사를 모티브로 했다. 신흥무관학교 출신 독립운동가, 임시정부 활동과 친일파, 그리고 밀정이 된 독립운동가 캐릭터까지 그 시대를 살았던 인물들이 다양하게 등장해 앞으로 여섯 개의 시선으로 일제강점기를 바라보는 데 좋은 동기유발이 되었다. 실제 영화를 본 직후 아이들은 다양한 감정을 이야기했고 질문들을 쏟아냈다.

"선생님, 너무 가슴 아파요"

"동료들이 죽는 모습을 보는 건 너무 잔인한 것 같아요."

"독립운동가들이 정말 목숨 걸고 독립운동을 했네요."

"선생님, 독립운동을 했던 사람이 밀정이 되었다니 충격이에요!"

"같은 민족을 죽이다니 너무 어이가 없어요."

"죽은 줄 알았던 사람이 살아서 염석진을 죽이니까 놀라기도 했고 통쾌하기도 했어요."

많은 질문과 감정들이 두서없이 오고 갔지만 아이들이 서로 이야기를 주고받으면서 나름대로 해석해 가고 있었다. 맞고 틀린 답은 없다. 아이들이 영화에 대해 충분히 이야기를 나눈 후 좀 더 생각할 수 있도록 아래와 같은 질문을 해 보았다. 시간이 부족할 경우에는 이 중에

독립운동가의 시선 수업 자료

영화 〈암살〉 포스터

하나만 선택해서 아이들과 집중적으로 이야기를 나눠도 좋다.

- 독립운동가 안옥윤 대 미치코의 삶, 여러분의 선택은?
- 독립운동, 꼭 위험한 암살 작전을 해야 했을까?
- 대한민국 임시정부와 독립군은 왜 국내가 아닌 해외에서 활동 했을까?
- 동지였던 독립운동가들이 죽었다는 소식을 들었을 때 어떤 마음일까?
- 염석진은 왜 밀정이 되었을까?

"독립운동가 안옥윤의 삶과 미치코의 삶, 여러분의 선택은? 그리고 그 이유는?"이라는 질문을 했을 때, 아이들은 일순간 서로 얼굴을 보며 당황한 표정을 지었다. 쌍둥이 자매였지만 너무 다른 인생을 산 두 사람을 아이들은 어떻게 느꼈을까? 실제 나의 삶, 나의 선택으로 가져온다면 어떤 대답을 할지 궁금했다. 안옥윤처럼 멋지게 독립운동을 하겠다고 말하는 호기로운 아이도 있었지만 실제로는 독립운동이 두렵고 힘들어서 미치코의 삶을 선택할 것 같다고 말하는 아이들도 많았다. 이렇게 자신의 입장으로 가져와 이 시대를 바라본 아이들은 자신의 삶이라 여겨서인지 멋지게 보이는 독립운동가의 삶을 마냥 쉽게 선택하지 못했다. 그러니 자신의 삶 전부를 목숨을 내놓고 독립운동을 펼쳤던 분들의 삶이 쉬운 선택이 아니었고, 독립운동을 한다는 것이 얼마나 대단한 일인지를 조금씩 아는 것 같았다.

이어서 아이들 중 한 명이 영화 속 인물이 되어 심층 인터뷰하는 시간을 가졌다. 누가 궁금한지 아이들에게 물어보니 '안옥윤'이라는 대답이 많았다. 남학생이 역할을 하고 싶다고 했는데 성별과 관계없이 시켜봤다. 이미 앞에서 아이들이 서로 많은 이야기를 나누었기 때문에 더

영화 〈암살〉 학습지 · 영화 〈암살〉 보고 느낀 점 쓰기

진전된 인터뷰는 하지 못했지만 앞으로 공부하게 될 독립운동가의 시선으로 이 시대를 바라볼 준비가 된 것 같아서 충분히 수업의 의도를 살렸다는 생각이 들었다. 본 수업을 마치며 아이들에게 앞으로 우리가 공부할 여섯 개의 시선 속에서 여러분이 품은 질문에 대한 답을 찾아가기 바란다는 말을 해 주었다.

어서 와, 독립운동은 처음이지?
② 을사늑약, 그것이 알고 싶다

1. 을사조약, 을사늑약
-을사늑약 과정을 이해하고 무효인 이유 찾기(모둠학습)

2. 백성들의 저항
-장지연의 '시일야방성대곡' 및 의병활동 등 백성들의 저항 활동 살펴보기

3. 국권피탈
-국권피탈 과정을 이해하고 의미 알기

4. 독립운동의 시작
-국내외에서 이루어진 독립운동 알아보기

이번 차시에서는 영화 〈암살〉로 만난 일제강점기가 어떻게 시작되었는지 그 배경부터 차근히 알아보고 당시 우리나라 상황과 저항했던 독립운동가의 활약에 대해 살펴보았다. 다음 사진 한 장을 보여 주며 수업을 시작했다.

을사늑약 체결 후 한일 관료들이 찍은 사진

　이 사진 속 맨 앞줄에는 이토 히로부미와 을사오적의 일원인 이완용, 박제순이 있다. "왜 이 사람들이 사진을 같이 찍은 걸까?"라는 질문을 해 보았다. 천안 독립기념관으로 체험학습을 다녀온 뒤라 이름을 듣고 눈치 챈 아이들도 있었지만, 대부분 아이들은 잘 알지 못하고 그들이 왜 일본 관료와 같이 사진을 찍었는지 의아하게 생각했다. 게다가 사진을 찍은 시기가 아이들에게 일본과 또 다른 조약을 맺은 직후라고 말해 주자 깜짝 놀랐다. 이미 아이들은 〈조선 명탐정〉 과정 드라마를 한 후라 우리나라 최초 근대화 조약인 강화도조약이 일본과 맺은 불평등조약이라는 것을 알고 있었다. 그래서인지 일본과 맺은 또 다른 불평등조약이 있다는 말에 한숨을 쉬고 놀라기도 하며 자연스럽게 수

을사늑약, 그것이 알고 싶다

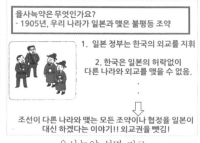
을사늑약 설명 자료

업에 집중했다. 그다음 을사늑약을 체결하는 장면이 담긴 영상을 보고 어떤 상황에서 을사늑약이 맺어졌는지 아이들에게 설명했다.

강압적인 상황에서 맺어진 조약이기 때문에 을사조약이라고 말할 수 없다고 말하며 을사조약과 을사늑약의 용어 차이를 알려 주었다. 이후 미리 준비한 자료들을 참고하여 을사늑약이 무효인 이유를 모둠원과 상의하여 찾도록 했다. 을사늑약이 무효인 이유를 찾는 과정은 감정에 치우친 것이 아니라 객관적인 사실을 바탕으로 아이들이 이해하고 설명할 수 있어야 했기 때문에 해외 전문가의 견해가 담긴 참고 영상을 찾아 아이들에게 보여 주었다.

을사늑약이 무효인 정당한 근거가 있었음에도 불구하고 을사늑약이 체결된 상황에서 우리나라가 할 수 있는 것은 무엇이었을지 아이들에게 질문해 보았다. 지금처럼 인터넷이나 SNS가 없던 시대에서 억울함을 어떻게 알릴 수 있었을까?

고종이 네덜란드 헤이그에서 열린 만국평화회의에 특사를 파견한 것과 그 과정에 대해 설명했다. 그마저도 일본의 방해로 실패로 돌아갔다는 이야기에 아이들은 같이 한숨을 쉬었다. 이어 국내 저항 활동을 이야기하며 장지연의 '시일야방성대곡', 민영환의 자결, 최익현과 신돌석의 의병활동 등 곳곳에서 을사늑약에 저항한 사람들의 노력을 알아보았다. 그리고 이런 노력과 의지에도 불구하고 결국에는 국권피탈이

을사조약과 을사늑약의 다른 점

을사늑약 무효인 증거 찾기

된 과정을 살펴보았다.

　마지막으로 일장기가 걸린 경복궁의 사진을 보여 주며 아이들에게 어떤 점이 이상한지 찾아보게 했다. 왕이 사는 경복궁에 일장기가 걸린 걸 본 아이들은 안타까움에 탄식했다. 완전히 국권이 상실되어 경복궁에 일장기가 걸리고 조선총독부가 설치되어 일제 식민지가 되어 버린 대한제국. 교실의 공기는 제법 무거웠다. 나라를 판 을사오적 친일파에 대한 분노도 있었고, 나라가 너무 힘이 없다고 속상해하는 아이들도 있었다. 다음 시간에 그 시대로 돌아가 나라의 운명을 고민하는 독립운동가로 살아 보기 활동을 한다는 안내를 하고 수업을 마쳤다.

경복궁 사진에서 이상한 점 찾기

어서 와, 독립운동은 처음이지?
③ 독립운동가로 살아 보기

드라마 〈미스터 션샤인〉 한 장면 보기
⇩
신민회 활동 이해하기
⇩
독립운동가로 살아보기
⇩
기억해야 할 독립운동가, 안중근

1. 드라마 〈미스터 션샤인〉 한 장면 보며 질문 던지기

-왜 백성들이 의병이 되었는가?

-당시 나라의 상황은 어떠했는가?

-그렇다면 우리는 어떻게 행동했을까?

2. 신민회 활동

-국내 비밀결사대 신민회 활동 소개하기

3. 독립운동가로 살아 보기

-과정 드라마를 통해 독립운동 체험하기

4. 기억해야 할 독립운동가, 안중근

-안중근이 이토 히로부미를 암살한 내용 이해하기

-뮤지컬 〈영웅〉 중 '누가 죄인인가' 영상 보기

-안중근 어머니의 편지

-신민회 이후 독립운동 단체들 소개

조선 후기를 과정 드라마로 공부하면서 아이들은 좀 더 생생하게 그 시대를 살았던 사람들을 공감하고 이해할 수 있었다. 이번 차시에서 '독립운동가로 살아 보기'를 계획한 것도 단순히 독립운동가와 주요 사건을 아는 것을 넘어 독립을 위해 희생한 독립운동가의 삶을 좀 더 공감하기 위해서였다.

독립운동가로 살아 보기 수업에 앞서 아이들과 드라마 〈미스터 션샤인〉의 한 장면을 보았다. 평범한 백성들이 일본의 핍박을 받으며 스스로 의병이 되기로 결심하는 내용이 담긴 장면이었다. 드라마가 잘 표현되어 있어서 아이들도 그 상황 속에 몰입할 수

독립운동가로 살아 보기 도입

있었다. 영상을 본 후 "나라를 위해 우리는 무엇을 할 수 있었을까?" 라는 질문을 했다. 평범한 사람들이 의병이 되어 항일운동을 하는 모습을 보며 독립운동가는 선택받은 특별한 사람들만이 했던 것이 아님을 아이들과 나눴다.

그리고 대표적인 항일운동 단체, 국내 비밀결사대인 신민회를 자연스럽게 소개했다. 신민회의 목표와 신민회 관련 영상을 보며 학교를 세운 안창호, 이승훈을 비롯해서 자신의 재산을 다 처분하여 신흥강습소를 세운 이회영 등 다양한 분야에서 독립운동을 펼친 독립운동가들에 대해 알아보았다. 그리고 만약 우리가 독립운동을 한다면 어떤 분야에서 독립운동을 할 것인지 생각해 보게 했다. 이것은 다음 활동인 '독립운동가로 살아 보기' 수업으로 연결하기 위한 질문이었다.

독립운동가로 살아 보기 대본

흐름		내용	준비물
1. 신민회 비밀결사대 조직	교사	여러분은 지금 일제에 의해 강제로 맺어진 을사늑약 후 침통에 빠진 대한제국에 와 있습니다. 여러분은 나라를 구하기 위해 신민회 비밀결사대가 되었습니다. 모둠별로 어떤 분야에서 독립운동을 할 것인지 정해 봅시다.	
	학생	모둠별 독립운동 정지 화면 만들기 → 순서가 되면 활동 모습 표현하기	
2. 신흥 강습소에서 독립운동 훈련	교사	우리는 독립의 의지를 불태우며 독립군이 되기 위해 멀리 만주 땅 신흥강습소에서 아침에는 역사를 공부하고 오후에는 군사훈련을 받고 있습니다. 함께 신흥강습소로 가 볼까요?	체육 교구
	학생	•오전: 역사 공부–역사 퀴즈 맞히기 •오후: 체력 훈련–다트, 공 던지기, 양궁 등(체육 교구 활용)	
	교사	(문을 열고 들어오면서 놀라고 침통한 목소리로) 여러분, 일본과 강제로 조약이 체결되었다는 소식입니다. 춥고 배고팠지만 독립의 그날을 기다리며 열심히 훈련을 받고 독립의 의지를 불태웠는데…! 너무 슬프고 마음 아프지만 독립에 대한 희망을 잃지 맙시다. 우리의 독립 의지를 다지는 마음을 담아 고향에 계신 부모님께 편지를 써 봅시다.	
	학생	•내가 독립군이 된 이유를 생각해 보면서 침통해 있을 부모님께 독립의 의지가 담긴 편지 쓰기 •편지 낭독하기 •느낌 나누기	편지지 학습지
3. 가족들과 만남	교사	•역할 카드 뽑기(독립군, 조부모, 부모, 형제자매, 선생님, 삼촌 등) •드디어 우리가 독립운동 임무에 참여하게 되었습니다. 임무를 수행하기 전 조선 땅으로 돌아가 가족을 만나게 되었습니다. 오랜만에 만난 것도 잠시, 내일이면 중요한 임무를 수행하기 위해 독립운동 동지들과 함께 작전에 참여하게 됩니다. 떠나기 전날 밤, 마지막으로 가족과 함께 시간을 보내기 위해 집에 모였습니다. 오랜만에 만났으나 곧 독립운동을 위해 떠나는 나에게 가족이 되어 하고 싶은 말을 해 봅시다.	역할 카드 뽑기
	학생	•학생 한 명이 독립운동가가 되어 의자에 앉고 나머지 학생은 부모, 형제자매, 친구, 가르친 선생님 입장 등이 되어 한 마디씩 한다. •느낌 나누기	

4. **독립운동** **그 후**	교사	• 나는 독립운동 작전에 참여하게 됩니다. 나는 그 뒤에 어떻게 되었을까요?	
	학생	죽었을 것이다. 3·1운동에 참여했을 것이다. 감옥에 갇혀서 고문을 당했을 것이다. 독립운동이 힘들어서 친일파로 변절했을 것이다. 광복되는 것을 보았을 것이다 등등	
5. **전체 소감** **나누기**	교사	독립운동가의 삶에 대해 느낀 점을 이야기해 보자.	

* **독립운동가로 살아 보기 Tip**
• 신흥무관학교 군사훈련 활동 시간을 많이 할애할 경우 뒤 활동을 하는 데 시간이 부족할 수 있으니 활동 시간을 정해 놓고 하는 것이 좋다.
• 독립운동가의 삶을 공감하는 것이 중요하기 때문에 활동이 끝나고 반드시 소감 나누기를 한다.

'독립운동가로 살아 보기' 첫 활동으로 내가 신민회 비밀결사대 독립운동가라면 어떤 분야에서 독립운동을 할 것인지 모둠별로 의논한 후 정지극으로 만들어 보았다. 정지극은 교사가 모둠을 터치하면 동영상을 재생하는 것처럼 활동 모습을 보여 주는 것이다. 어떤 모둠은 만세를 부르기도 하고 독립운동을 하자고 외치는 모둠도 있었다. 하지만 〈암살〉의 영향인지 대부분의 아이들은 비밀결사대, 신민회 일원이 되어 서간도에 세워진 독립운동가 양성소인 신흥강습소에서 훈련을 받는 것으로 결정했다. 신흥강습소 교육과정은 오전에 역사 공부를 하고 오후에는 군사훈련으로 이루어졌다. 이에 착안하여 지금까지 배운 내용을 골든벨 퀴즈 형식으로 역사 공부를 하고 체육 교구를 활용하여 교실에서 할 수 있는 다트 던지기 또는 공 던지기 활동으로 군사훈련을 대체했다. 다트 던지기와 공 던지기 활동은 교실에서 할 수 있어서 좋았고, 아이들이 공을 던지며 스트레스도 풀 수 있기 때문에 가장 즐거워했던 활동으로 꼽았다.

신흥무관학교 군사훈련까지의 활동이 끝난 후 아이들에게 경술국치, 국권피탈 소식을 전하며 침통해 있을 가족에게 독립운동의 의지

| 역사 공부 장면 | 군사훈련 장면 |

를 담은 편지를 써 보도록 했다. 활동적인 수업을 하다가 갑자기 가족에게 편지를 쓰는 장면으로 전환하는 것이 쉽지 않았지만 앞 차시에서 을사늑약부터 국권피탈까지의 내용을 이미 공부한 터라 아이들이 상황을 이해하고 흐름에 따라 참여했다. 아이들이 편지글을 낭독하는 것을 들으니 제법 독립운동가다운 마음으로 편지를 써서 마음이 뭉클했다. 그중 "나라는 내가 독립운동을 해서 꼭 찾을 테니 부모님은 걱정하지 마시라"는 당부의 글이 제법 어른스러웠다.

이제 훈련을 마치고 독립운동에 투입이 되기 전 다시 고향으로 돌아와 가족과 만나 마지막 밤을 보내는 설정을 했다. 목숨을 걸고 독립운동을 하는 것을 바라보는 가족의 시선과 마음을 담아 보았다. 이 활동을 하기 전 아이들 모두에게 독립운동가, 부모, 형제자매, 삼촌 등의 가족 역할 카드를 뽑게 하여 각각 상황을 부여했다. 예를 들어, 의병 출

| 고향에 계신 부모님께 편지 쓰기 | 편지 읽기 |

★독립운동가★	어머니	아버지	할아버지	할머니
외삼촌 : 진위대대총신	외숙모	형 또는 오빠 1 : 고문으로 몸이 다친 상태	형 또는 오빠 2 : 독립운동을 하고 싶은 마음이 없음	형 또는 오빠 3 : 독립운동을 하고 싶은 마음이 없음
누나 또는 언니 1 : 평해원 간호사	누나 또는 언니 2 : 선교사가 설립한 학교에 다님	누나 또는 언니 3	동생 1 : 독립운동을 하고 싶은 마음이 없음	동생 2 : 독립운동에 대해 두려운 마음이 있음
동생 3	선생님 : 자주독립을 강조하여 가르침	큰아버지 : 사업가로 성공	큰어머니 : 사업가로 성공	작은 아버지 : 독립운동에 부정적임
작은 어머니 : 독립운동에 부정적임	고모 : 독립운동가들 몰래 숨겨준 경험이 있음	고모부 : 의병출신	이모 : 의병 출신	이모부 : 의병출신

역할 카드

에게 한마디씩 할 수 있도록 했다. 구체적인 상황과 역할을 부여한 결과 아이들에게서 좀 더 생생한 목소리를 들을 수 있었다.

"너는 나의 자랑스러운 아들이다."(엄마)

"독립자금이 없으면 나한테 연락해. 내가 바로 보내 줄게!"(큰아버지)

"나는 비록 몸을 다쳤지만 너는 몸조심하고 꼭 살아서 돌아와라. 사랑한다, 아우야."(형)

"몸 다치면 우리 광혜원으로 와. 내가 바로 치료해 줄게. 다른 독립군한테도 말해 줘."(누나)

"이런 위험한 독립운동을 꼭 해야 하니? 힘들면 그냥 와."(작은아버지)

"총 쏘는 거 겁먹지 말고 조준 잘해서 쏴!"(고모부)

모든 이야기를 듣고 독립운동가 역할을 맡은 아이에게 어떤 느낌이 드는지 물어보았다.

"정말 제가 독립운동가가 된 것 같았고, 가슴에서 뭔가 비장한 마음이 생겼어요. 근데 뭔가 슬프기도 했어요."

다른 가족 역할을 맡은 아이들도 내 가족이 위험한 독립운동을 하러 떠난다고 생각하니 말을 함부로 못하겠다고 했다.

마지막으로 질문 하나를 던졌다. "독립운동을 하러 떠난 ○○이는 그 후 어떻게 됐을까?" 아이들은 여기서 멈칫하며 섣불리 대답을 못했다. 잠시 후 독립운동가 역할을 맡은 아이가 "죽었을 것 같아요"라고

독립운동가에게 한마디 하기

하자 아이들이 "너무해!"라는 반응을 보였다. 사실 많은 독립운동가가 독립운동을 하다가 죽었다. "○○이도 그럴 수 있지"라고 말해 주자 아이들은 다양한 상상을 했다.

"유관순 열사처럼 감옥에 갇혔을 것 같아요."

"총에 맞아서 다리를 못 쓰게 됐을 것 같아요."

"염석진처럼 밀정이 되지 않았을까요?"

이 말에 독립운동가 역할을 한 아이가 발끈하며 절대 그럴 일 없다고 부정했다. 많은 아이들이 그 후를 생각해 보지 못했다고 했다. 어쩌면 아이들은 그동안 독립운동을 그저 영웅놀이처럼 생각했을지도 모르겠다. '독립운동가는 그 후 어떻게 되었을까?'라는 질문 하나에 아이들 마음속에 파장이 생긴 것 같았다. 진짜 독립운동을 한다는 것이 무엇인지, 자신의 목숨을 걸고 독립을 위해 싸우신 분들과 남은 가족의 마음은 이땠을지, 아이들은 이 활동을 통해 조금이나마 헤아리고 다가간 것 같았다.

모든 활동을 마친 후 전체 소감을 물었다. 재미있었다는 반응도 있었지만 "실제로 제가 일제강점기에 살았다면 독립운동가로 나서기 쉽지 않았을 것 같아요", "독립운동가로 짧게 살아 보았는데 정말 무서웠어요", "정말 목숨을 걸고 독립운동을 하신 분들이 대단하신 것 같아요" 등의 이야기가 나왔다. 독립운동가가 된다는 것의 의미와 무게감을 느꼈던 것 같다.

'독립운동가로 살아 보기' 활동 후 비와이와 양세형의 노래 「만세」를 들으며 안중근 의사를 소개했다. 우선 아이들에게 익숙한 하얼빈 역에서 이토 히로부미를 저격한 사건에 대해 알아보았다. 그리고 안중근 의거 100주년을 기념해 제작된 뮤지컬 〈영웅〉 중 '누가 죄인인가' 부분을 보고 안중근 의사 어머니가 쓴 마지막 편지를 같이 읽었다. 과정 드라마를 통해 독립운동가 가족의 마음을 어느 정도 공감한 아이들이기에 안중근 의사 어머니의 단호한 편지에 숙연해질 수밖에 없었다. 이어 신민회가 해산된 사건과 이후의 독립운동 단체들을 간단히 살펴보고 수업을 마무리했다.

이 수업이 끝나고 며칠 후 독립운동가 역할을 맡았던 남학생이 '누가 죄인인가' 가사를 다 외웠다며 아이들 앞에서 불러 봐도 되겠냐고 말해 놀랐다. 기특해서 칭찬도 해 주고 노래를 부를 기회를 주었다. 아이들도 뮤지컬 속 장면처럼 '누가 죄인인가, 누가 죄인인가' 코러스를 넣으며 같이 호응을 해 주었다. 독립운동가로 살아 보기는 과정 드라마부터 안중근 의사까지 꽤 긴 내용이었지만 아이들이 충분히 독립운동가의 삶에 머물 수 있었다는 점에서 의미가 있었다.

노래 「만세」 들어 보기

안중근 의사 소개

2.
태극기를 부탁해
① 나의 소원은

3·1운동 과정 및 의의 알아보기
⇩
대한민국 임시정부의 수립 알아보기
⇩
김구: '나의 소원' 연설
⇩
대한민국 임시정부가 한 일 알아보기

1. 3·1운동 과정 및 의의 알아보기

-3·1운동의 배경 및 전개 과정

-3·1운동 관련 독립운동가: 유관순, 문용기

-나에게 3·1운동은?

-3·1운동의 의의 정리하기

2. 대한민국 임시정부의 수립 알아보기

3. 김구: '나의 소원' 연설

-대한민국 임시정부 관련 독립운동가: 김구에 대해 키워드로 알아보기

-국어 6-2-나 교과서 5단원 '나의 소원' 읽어 보기

-(추가) '나의 소원' 연설해 보기

4. 대한민국 임시정부가 한 일 알아보기

-한인애국단 관련 독립운동가: 이봉창, 윤봉길 관련 영상 보기

  • 이봉창(약 3분) https://youtu.be/eveI3y85nZw

• 윤봉길(4분 50초) https://youtu.be/i6DWmEzFOU0
- 한국광복군: 〈작전명 독수리〉 영상 보기(5분 46초) https://youtu.be/
  WH5m69kIlsY
- 오늘의 임시정부: 〈길 위의 정부〉 영상 보기(3분 57초) https://youtu.
  be/sTq1k40ubyU

'2. 태극기를 부탁해'는 일제의 지배 아래서도 나라의 독립을 위해 힘썼던 많은 독립운동가에 대해 구체적으로 공부하는 단원이다. 인물을 중심으로 구성하다 보니 수업 순서와 시대 순서가 일치하지 않는 경우도 있다. 따라서 수업 자료 시작 부분에 오늘 배울 인물 혹은 사건이 어느 시대에 속해 있는지 연표로 제시하여 이해를 도왔다.

간단한 질문 하나로 시작했다.

"6학년 첫날이 몇 월 며칠인지 기억하는 친구?"

"3월 2일이에요."

"맞아요. 그런데 사실 여러분은 3월 1일부터 6학년이 되었답니다. 그런데 왜 3월 1일에는 학교를 나오지 않았을까요?"

'쉬는 날이라서', '국경일이라서'라는 답변이 돌아왔다.

"맞아요. 3월 1일은 '삼일절'로 나라에서 정한 국경일이에요. 그러면 지금부터 왜 이날이 국경일인지, 이날 대체 무슨 일이 있었는지 공부해 보겠습니다."

그리고 3·1운동이 왜 일어났는지에 대한 역사적 배경(1차 세계대전, 민족자결주의, 2·8독립선언)부터 진행 상황까지 강의 자

연표 예시

각 민족은 외부의 간섭을 받지 않고 자신의 정치적 운명을 스스로 결정해야 합니다.

토마스 우드로 윌슨
미국 28대 대통령

3·1운동의 배경과 진행 상황

료를 통해 설명했다. 외워야 할 내용이 아니라 옛날이야기를 들려주듯이 설명하니 별 거부감 없이 이해했다.

이어 3·1운동을 폭력적으로 진압한 일제의 만행에 관한 영상을 시청하며 그에 굴하지 않고 전국적으로, 심지어 해외까지 만세운동이 퍼졌음을 이야기했다. 그리고 교과서 91쪽 '3·1운동 당시 시위 발생 지역' 지도를 같이 봤는데, 아이들은 우리 지역(익산)에서도 만세 운동이 있었다는 것을 발견하고 신기해했다. 또한 익산 출신의 독립운동가(문용기)를 연결 지어 우리 지역도 독립운동이 일어났던 역사적인 곳임을 강조했다. 한편 천안에서는 유관순 열사가 있었음을 무한도전 〈위대한 유산-유관순 편〉을 보며 정리했다.

비록 3·1운동이 실패로 돌아갔지만 '3·1운동은 헛된 일인가?', '왜 우리 민족이 일제의 탄압 속에서도 만세 운동을 이어 갔을까?'라는 질문을 던졌다. 그리고 각자 3·1운동이란 무엇인지 적으며 의미를 생각하는 시간을 가졌다. 아이들마다 풀어내는 방식은 다소 달랐으나 대부분 '우리 민족이 독립을 포기하지 않았다', '일본에게 우리 민족의 힘을

사회 교과서 91쪽 지도

문용기

4월 4일
이리 만세운동

우리 지역 독립운동가

	3·1 운동의 의미
결국 실패했으니 헛된 일일까?	독립에 대한 의지와 희망을 불러일으킴 대한민국 임시정부를 세우는 계기가 됨 식민 지배를 받는 다른 나라들에게 용기와 희망을 줌
내가 생각하는 3·1운동의 의미	3·1운동의 의미

보여 주었다'라고 적었다. 마지막으로 교과서에 나오는 내용을 추가해 같이 읽어 보면서 정리한 후 다음 시간에 배울 내용인 대한민국 임시 정부에 대해 안내하며 수업을 마무리했다.

다음 수업은 대한민국 임시정부에 대한 내용이다. 초등학생 수준에서 임시정부가 있었고, 그 안에서 많은 독립운동가들이 목숨을 걸고 활동했다는 것을 인물 중심으로 풀어내고자 했다.

먼저 연예인 송혜교의 사진을 보여 주며 시작했다. 왜 송혜교의 사진을 보여 주었는지 묻자 "송혜교가 독립운동을 했어요"라는 답변을 했다. 다른 아이들이 "송혜교가 독립운동을 했으면 지금 살아 있겠어?" 하고 웃음 섞인 말을 했다. 이것이 완전히 틀린 답은 아니라고 이야기하며, 뉴스 영상(송혜교, 임시정부 청사에 한글 안내서 기증)을 본 후 임시정부에 대해 알아보았다.

3·1운동 이후 정부 수립에 대한 요구가 커지면서 중국 상하이에 대한민국 임시정부가 세워졌다. 상하이와 인천 사이의 거리(비행기로 1시간 30분)를 보여 주며 아이들에게 이렇게 먼 곳에 정부를 세운 까닭이 무엇인지 질문했다. 대부분의 아이들은 어렵지 않게 '한반도 안에 있으면 일본이 가만히 두지 않았을 것'이라고 답했다. 한 명이 '다른 나라에게 우리나라의 상황을 알릴 수 있다'는 답변을 했다. 이는 임시정부 초기의 외교와 연결되는 내용인데 생각해 낸 아이가 기특했다.

뉴스 영상의 한 장면	상하이와 인천 사이의 거리

다음으로 임시정부에서 우리가 잘 아는 독립운동가(안창호, 김구, 신채호 등)가 많이 활동했음을 안내하고, 그중 김구 선생에 대해 자세히 공부해 보았다. 먼저 김구의 일생에서 키워드를 뽑아내 이야기로 풀어 주었더니 아이들이 흥미 있게 들었다. 평범하지 않은 일생을 산 분이라 더 그럴지도 모르겠다.

그다음에는 국어 교과와 연계해 수업을 이어 갔다. 국어 교과서 5단원은 연설 단원으로 마침 김구가 한 연설 '나의 소원'이 지문으로 실려 있다. 학생들에게 내가 김구라고 생각하고 '나의 소원'을 읽게 했다. 처음에는 모

김구와 관련된 키워드

둠별로 앉아서 읽고, 다음엔 모둠별로 서서 읽고 마지막으로 희망하는 학생들이 앞에 나와서 연설을 하고 나머지 학생들은 청중의 역할을 했다. 추가 활동으로 김구가 아닌 나의 '소원'에 대해 간단히 연설문을 쓴 뒤 연설해 보는 것도 가능하겠다.

마지막으로 대한민국 임시정부가 한 일에 대해 알아보았다. 모든 내용을 자세히 다루기보다는 한인애국단과 한국광복군에 초점을 두어 진행했다. 김구가 만든 한인애국단에서 이봉창과 윤봉길 의사가 활동

이봉창과 윤봉길

한국광복군

했다는 것을 이야기해 주고, 국가보훈처의 애니메이션을 보며 그들의 의거에 대해 자세히 알아보았다. 또 윤 의사의 의거를 계기로 장제스 국민당의 지원을 받고 추후 한국광복군이 결성되는 것까지 설명을 했다. 그리고 나서 광복군이 준비했던 국내 진공 작전과 관련된 영상을 시청했다. 아이들은 영상을 보며 일본의 항복으로 광복군이 일본과 대적하지 못한 것을 아쉬워했다. 마지막으로 오늘날의 임시정부 모습을 담은 영상을 보며 임시정부를 잊지 않겠다는 마음을 다졌다.

태극기를 부탁해
② 아는 형님들

전투를 아는 형님들 알아보기
⇩
한글, 한국사, 문학을 아는 형님들 알아보기
⇩
우리 반 태극기 만들기

1. 전투를 아는 형님들 알아보기

- 홍범도에 대해 키워드로 알아보기

- 봉오동 전투 영상 보기(9분 52초) https://youtu.be/N7mVesyKP48

- 김좌진에 대해 키워드로 알아보기

- 청산리 대첩 영상 보기(4분 23초) https://youtu.be/C7P-ZvVIBBw

2. 한글, 한국사, 문학을 아는 형님들 알아보기

- 한글을 아는 형님들: 조선어학회 알아보기

   • 조선어학회 사건 영상 보기(5분 22초) https://youtu.be/FIitapAm8E8

- 한국사를 아는 형님들: 박은식, 신채호에 대해 키워드로 알아보기

- 문학을 아는 형님들: 한용운, 이육사, 윤동주, 심훈에 대해 키워드로 알
 아보기

 • 시 감상하고, 나의 베스트 시 구절을 뽑아 한지에 필사하기

3. 우리 반 태극기 만들기

- 독립운동가 사진으로 괘 만들기, 손바닥 도장으로 태극 만들기

- 사진 찍고 게시하기

이 수업은 〈아는 형님〉이라는 예능 프로그램 제목을 빌려 와 '독립운동을 좀 아는 형님들'이라는 컨셉트로 구성해 보았다. 제목에서 알수 있듯이 사건보다는 인물 중심으로 진행했으며, 아이들이 독립을 위해 애쓰신 독립운동가에게 감사하며 기억하겠다는 마음을 갖는 데 주안점을 두었다.

3·1운동 이후의 무장 독립운동 중 1920년의 봉오동 전투와 청산리대첩을 이끌었던 홍범도와 김좌진에 대해 알아보았다. 우선 무장 독립운동이 어떤 의미인지 그리고 그 배경에 대해 간단히 짚어 본 후 홍범도, 김좌진에 대한 내용으로 넘어갔다.

홍범도와 김좌진에 대해서도 앞 단원의 김구와 같이 키워드로 정리해 인물에 대한 흥미와 이해를 높였다. 그중 홍범도가 스탈린의 한인강제 이주정책에 의해 중앙아시아로 가게 됐다는 이야기를 한 후, "그다음에 어떻게 됐을까?"라는 질문을 던져 보았다. 아이들은 "(걸어서)다시 우리 땅으로 돌아왔다", "중앙아시아에서 독립군을 조직해 일본과 싸웠을 것 같다" 등 여러 의견을 냈다. 홍범도 장군이 극장 수위로일하다가 고국을 밟지 못하고 돌아가셨다는 이야기를 해 주자 아이들이 안타까워했다. 김좌진의 경우, '떡잎부터 장군감'이라는 키워드와 관련해 어렸을 때 글공부보다는 활쏘기·병정놀이 등을 즐겼다고 하니, 학생들이 "모든 위인들이 다 공부를 좋아했던 건 아니네요." 하며 재미있어했다.

봉오동 전투와 청산리 대첩에 대한 내용은 영상을 보며 이야기를 나누었다.

홍범도, 김좌진, 지청천 등 이름이 알려진 경우는 아주 일부일 뿐, 나라의 독립을 위해 최전

무장 독립운동(독립군 부대)의 근거지

홍범도 장군이 이렇게 불렸다고?

김좌진에 관련된 키워드

선에서 목숨을 바쳤던 수많은 독립투사들을 우리는 알지 못한다. 다행인 것은 이 독립투사들을 알아 주고 기리기 위해 노력하는 사람들이 있다는 것이다. '우리도 그분들이 독립을 위해 일제에 맞서 싸웠다는 것을 기억하고 감사드리자'며 이야기를 마치니 교실이 숙연해졌고, 몇몇은 고개를 끄덕이기도 했다.

다음은 문화적 독립투쟁을 하신 분들에 대한 수업이 이어졌다. 도입은 생소한 라틴어로 시작했다. '깔라무스 글라디오 포르띠오르' 한 번 읽고서, 뜻을 보여 주고 이 말의 의미가 무엇일지 모둠별로 추측해 보라고 했다. 6학년이라 그런지 대부분 의미를 잘 파악했다. 교사가 여기에 약간 보태어 설명을 해 주고, 펜(한글, 한국사, 문학)과 관련된 형님들에 대해 공부하겠다고 이야기하며 본 수업에 들어갔다.

첫 번째, 조선어학회다. 일제가 일본어를 국어로 지정해 학생들에게 가르치고 한글을 사용하지 못하게 했다는 배경지식을 간단히 언급했다(이 부분은 다음에 배우는 아이의 시선에서 다룬다). 그 다음 이러한 상황에서도 한글 보급 및 연구에 앞장선 학자들이 있었는데, 그들이 만든 단체

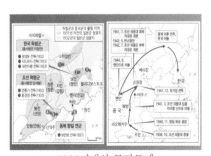

1930년대의 무장투쟁

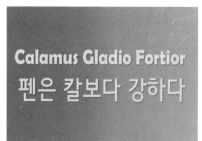

Calamus Gladio Fortior
펜은 칼보다 강하다

이 말의 의미가 무엇일까?

큰사전 편찬

가 조선어학회임을 설명했다.

사진 자료를 통해 조선어학회가 한 일을 정리하고 '조선어학회 사건'
은 영상으로 알아보았다. 영상 말미(4분 55초)에 잠시 멈추어 "만약 해
방이 늦어졌다면 어떻게 되었을까?"라는 질문으로 짧게 이야기 나누고
이어서 영상을 보았다.

두 번째, 역사가 분야로 박은식과 신채호 두 명을 다루었다. 이들의
공통점은 역사만 연구한 것이 아니라 다양한 단체에 참여하여 독립운
동을 한 활동가라는 것이다. 이 점을 인물 키워드에 반영해 아이들에
게 설명했다. 박은식의 경우 '임시정부 2대 임시 대통령'이라는 키워드
에서 김구보다 먼저 임시정부를 이끌었다고 하니 놀라는 눈치였다. 임
시정부 대표는 으레 김구라고 생각하는 경우가 많은데, 김구 외에도 여
러 독립운동가들이 대표를 맡아 운영해 왔음을 덧붙여 설명했다.

독립협회 활동

신민회 등 독립단체 참여

민족 정신을 보존하기 위해
역사책 저술

임시정부 2대 임시대통령

박은식

언론운동

독립협회, 신민회, 임시정부 …

일본의 역사왜곡에
맞서고 국민들의 애
국심을 일으키기 위
해 역사서 저술

신채호

박은식의 키워드 설명 후에는 그가 쓴 『한국 통사』의 문장 맞히기 활동을 했다. 앞부분의 내용을 읽고 추론하여 빈칸에 들어갈 문장을 맞히는 것이다. 모둠별로 시간을 충분히 주고 의견을 나눠 보라고 했는데 아이들에게는 조금 어렵게 느껴졌나 보다. 네 모둠 중 한 모둠이 정답과 근접한 문장을 썼다(정답은 '나라는 부활할 시기가 있을 것이다'). 이 활동을 한다면 앞부분의 내용을 교사가 한 번 해설해 주면 좋을 것 같다. 신채호의 키워드 설명 후에는 신채호의 일생에 대해 다룬 7분 48초 영상을 시청하는 것으로 정리했다.

마지막, 문학 관련 분야이다. 여기서는 그들의 작품을 한번 느껴 보는 것이 중요하다는 생각이 들어 국어 성취기준과 연계해 시를 읽는 시간으로 구성했다. 펜으로 사람들의 마음을 움직일 수 있는 것이 바로 문학의 힘이 아니겠는가. '한용운 → 이육사 → 윤동주 → 심훈' 순서로 다루었으며, 각각의 독립운동가에 대해 키워드로 이해하기 → 작품 감상 순으로 진행했다.

키워드로 이해하기는 앞 수업들과 동일한 방식으로 진행했다. 아이들은 그중에서 이육사는 본명이 아니고(본명은 원록) 필명인데, 미결수 번호가 264번이라 호를 육사로 택했다는 것(이 부분에선 여러 설이 있다)을 신기해했다. 또 윤동주가 29세의 젊은 나이, 더욱이 해방을 불과 6개월 앞두고 감옥에서 의문사한 것에 대해 많이 안타까워했다.

한용운

이육사

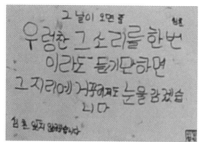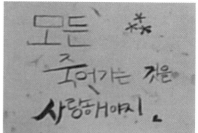

학생 작품

독립운동가의 작품(시) 감상은 일정한 절차를 따랐다. 우선 교사가 시범 낭독을 해 주었다. 그리고 시에서 말하고자 하는 것과 시에 얽힌 뒷얘기 등 해설을 곁들여 아이들의 이해를 도왔다. 마지막으로 분위기를 살려 같이 낭독을 하는 순으로 진행했다. 고등학교 때 배우는 시들이라 어렵지 않을까 우려되기도 했지만, 여기선 시를 공부하는 것이 아니라 마음으로 느껴 보는 것이 목적이므로 4개 중 하나라도 아이들의 마음에 와닿기를 바라는 마음으로 수업을 했다. 결과는 학생뿐 아니라 교사도 시에 빠진 의미 있는 시간이 되었다.

「님의 침묵」의 "님은 갔지만은 나는 님을 보내지 아니하였습니다"에서 조국을 향한 포기 없는 사랑을, 「광야」의 "다시 오랜 세월이 지나 백마 타고 오는 초인이 있어"에서 조국의 미래에 대한 강한 확신을, 「서시」의 "잎새에 이는 바람에도 나는 괴로워했다"에서 조국의 현실에 대한 걱정과 고민을, 「그날이 오면」의 "우렁찬 그 소리를 한 번이라도 듣기만 하면 그 자리에 거꾸러져도 눈을 감겠소이다"에서 조국의 독립을 바라고 또 바라는 절절한 마음을 느낄 수 있었다.

4개의 시를 천천히 음미한 후 마지막으로 나의 마음을 건드린 베스트 시 구절을 골라 한지에 필사하는 활동을 했다. 다들 진지한 표정으로 활동에 임하는 모습을 보며 문학의 힘을 다시 한 번 실감했다.

TIP '작품 감상하기'에서 시에 어울리는 배경음악을 깔면 몰입에 더욱 효과적이다. 아래는 교사가 활용한 배경음악 목록이다. 이는 참고용이므로 더 적절한 배경음악을 찾는 것을 추천한다.
- 「님의 침묵」: 그리움이 깊어서-노비엠브레
- 「광야」: 먼길-이병우
- 「서시」: Black is The Colour-신주희, 임진영
- 「그날이 오면」: 에필로그-이동준

마지막으로 일제강점기의 독립운동가들이 지키고자 했던 '태극기'를 만들어 보는 활동을 했다. 어떤 방식으로 태극기를 만들 것인지에 대한 아이디어는 『경기일보』의 '3·1절 기념 대형 손도장 태극기 만들기' 기사에서 아이디어를 얻었다. 전체 활동용 대형 태극기는 전문 업체에 의뢰해 현수막으로 준비했다. 태극은 아이들의 손도장으로, 사괘는 독립운동가들의 사진으로 채웠다. 활동은 경건한 가운데 이루어졌으며, 태극기 위에 혹여 실내화 자국이 날까 봐 양말만 신고 다니는 아이들 모습이 기특했다. 완성된 태극기는 늘 볼 수 있도록 복도나 교실 빈 벽에 게시했다.

태극기 만들기 과정

완성한 태극기

3.
독립운동 Ver. 2018

독립운동하면 3대가 망한다?
⇩
정부, 사회의 관심
⇩
잊혀 버린 이름, 여성 독립운동가
⇩
우리가 전설을 기억하는 법

1. 독립운동하면 3대가 망한다?
-독립운동가 후손이 겪는 어려움 알아보기
-〈독립운동가 후손으로 산다는 것〉 영상 보기

2. 정부, 사회의 관심
-현재 정부의 노력을 알아보고 기업과 사회의 관심 조명하기

3. 잊혀 버린 이름, 여성 독립운동가
-여성 독립운동가의 삶 알아보기
-생존 독립운동가, 오희옥 지사 영상 보기
-정부의 여성 독립운동가 발굴 의지 뉴스 보기

4. 우리가 전설을 기억하는 법
-독립운동가 종이 액자 만들기

우리는 독립운동 유공자와 후손들에게 얼마나 관심을 가지고 있을까? 나라를 위해 인생과 재산을 바쳤던 그분들의 삶을 얼마나 기억하고 있을까? 또 제대로 인정하며 보상해 주고 있는지 궁금했다. 독립운동가의 삶은 과거의 일이 아니다. 지금 여기, 현재에도 계속 우리가 기억해야 하는 삶이다.

'독립운동가의 시선' 마무리 활동으로 현재를 살아가는 우리가 얼마나 독립운동가에 대한 관심을 가졌는지 살펴보고, 그들을 기억하는 공간을 만들고자 했다. 먼저 아이들에게 물어보았다. '독립운동을 하면 ○○○○○○' 문장을 완성해 보세요. 대답은 '독립운동하면 애국심이 생긴다', '독립운동하면 대접받는다', '독립운동하면 책에 나온다', '독립운동하면 죽을 수도 있다' 등 상식적인 대답들이 나왔다. 아이들에게 다음과 같은 대답을 해 주었다.

'독립운동하면 3대가 망한다?' 황당하다는 표정을 지으며 '왜요?'라고 순진하게 묻는 아이들을 잊을 수 없다. 독립운동을 공부한 아이들 눈으로는 이 문장을 이해할 수 없는 눈치다. 아이들의 이해를 돕기 위해 독립유공자, 후손으로서 겪는 어려움을 조사한 통계자료와 함께 〈독립운동가의 후손으로 산다는 것〉이라는 시사 영상을 보여 주었더니 이 문장이 무슨 뜻인지 이해했다.

아이들은 수업 후에 독립운동가에 대한 관심을 갖게 되었지만 시간

독립운동가 후손이 겪는 어려움

정부의 노력 뉴스

이 지나면 자연스레 잊게 될 것이다. 독립운동가 후손 중에서 제대로 보상받지 못한 채 여전히 어렵게 살아가고 있는 분들이 많다. 아이들은 이런 현실을 알고 놀라워했다. '우리 주변에 독립운동가 후손이 있을까요?' 질문을 던졌더니, 한 남학생이 증조할아버지가 일본군의 방망이에 맞고 돌아가셔서 할아버지가 생계 때문에 어렵게 생활하셨다는 이야기를 들었다고 했다. 독립유공자는 아니셨지만 반 친구의 말을 듣고 아이들은 더 호기심이 생긴 듯했다. 이어 현 정부의 노력과 함께 기업과 사회에서 어떤 관심을 기울이고 있는지 살펴보았다.

또 하나, 우리가 기억해야 할 여성 독립운동가. 독립운동가의 시선을 준비하면서 여성 독립운동가가 많은데 우리에게 잘 알려지지 않았다는 걸 알게 되었다. 한 꼭지로 따로 떼어 아이들과 나누고 싶었지만, 학습 분량이 많아져서 기억해야 할 독립운동가로 축소해서 수업했다.

"독립운동가 하면 누가 떠오르니?"라고 질문했더니 아이들은 대부분 앞 차시에서 배웠던 안중근, 안창호, 김구, 홍범도, 김좌진 등 남성 독립운동가들을 떠올렸다. 이 외에 우리에게 친근한 유관순 열사 정도이고, 그 이상 대답을 하지 못했다. 영화 〈암살〉을 떠올려 보라고 하니 그제야 학습지를 들춰 보며 '남자현'이라고 대답했다. 실제 남성 독립운동가 못지않게 활약한 여성 독립운동가들이 많은데, 어떤 이유인지 모르겠지만 오직 유관순 열사만이 유일한 여성 독립운동가로 기억되

잊혀진 이름, 여성 독립운동가 안내

여성 독립운동가의 삶 소개

국가보훈처 기록에 따르면,

독립운동 참여자 10만여 명 중

여성독립운동 참여자는 2%, 약 2000명 정도

그중 포상받은 여성독립유공자는 265명,

전체 포상자 중 약 1.86% 불과

오희옥 지사 소개   여성 독립운동가 자료

고 있는 것이다.

드라마 〈미스터 션샤인〉 속 여주인공이 예쁜 꽃처럼 사는 것이 아니라 나라를 위해 의병이 되어 불꽃처럼 살고 싶다고 말하는 장면을 보여 주었다. 실제 독립운동 역사에서 굵직한 업적을 남긴 여성 독립운동가들도 많으므로 이분들에 대해 아이들과 함께 나누고 싶었다. 그래서 생존 여성 독립운동가 오희옥 지사 영상을 보며 여성 독립운동가의 활약을 알아보았다. 이와 더불어 현 정부의 여성 독립운동가 발굴 의지가 담긴 뉴스 영상도 함께 시청했다.

독립운동가 후손의 경제적 문제는 아이들이 직접 해결해 줄 수 없는 것이다. 따라서 아이들 수준에서 어떻게 하면 그분들의 마음에 공감할 수 있을지 고민해 봤다. 중요한 점은 그분들로 인해 지금의 우리가 있다는 것이다. 그래서 우리가 그들을 기억하고 있다는 의지를 표현하기 위해, 우리의 영웅들을 가슴속에 새기기 위해 아이들과 독립운동가를 기억하는 '기억 공간'을 만들기로 했다. 우리가 전설을 기억하는 법으로 '독립운동가 종이 액자 만들기' 활동을 했다.

미술 수업과 연계한 수업으로 아이들이 조사하고 싶은 독립운동가를 정해 종이 액자에 독립운동가 사진과 함께 활동 내용을 정리했다. 아이들은 〈태극기를 부탁해〉 수업에서 태극기에 경건한 마음으로 손을 찍었던 경험을 떠올리며 이 기억 공간을 만들었다.

독립운동가 종이 액자 만들기　　　　종이 액자 전시 장면

　　또한 추가 활동으로 독립운동가의 시선 수업을 하면서 매 수업이 끝날 때마다 독립운동가 카드를 만들었다. 교사가 독립운동가의 사진만 들어 있는 A4 4분의 1 크기의 카드를 나눠 주면, 아이들은 색칠된 부분엔 독립운동가의 이름을, 아래쪽 빈 공간에는 그 인물에 대한 설명을 자신의 말로 풀어 썼다. 카드에 적힌 내용의 수준 차는 있겠지만 독립운동가에 대해 생각하고 스스로 정리한다는 자체에 의미가 있었다. 이렇게 만든 독립운동가 카드들을 링에 걸면 나만의 카드집이 된다. 가능하다면 표지도 제작하면 좋은데, 표지는 두께가 있는 종이로 만들 것을 추천한다.

개성을 담은 카드북　　　　가장 인상 깊은 독립운동가

수업을 마치며

'독립운동가의 시선' 수업을 마치며 아이들에게 수업 소감을 물어보았다. 대부분의 아이들은 독립운동가로 살아 보기, 태극기에 손 찍었던 것, 임시정부, 여성 독립운동가, 독립운동가 기억 공간 만들기 등에 관해 이야기했다. 아이들은 그들이 독립운동을 했던 것이 당연한 일이 아니었음을 조금씩 이해한 것 같다. 그들이 그 시대를 살아가면서 짊어졌던 삶의 무게를 외면하지 않고 용감하게 선택하고 행동했다는, 그 위대함을 좀 더 이해한 것 같아 보람을 느꼈다.

2.
아이의 시선

수업의 의도와 개요

지금껏 일제강점기를 다룬 수업을 살펴보면 모두 어른 중심의 수업이었다. 독립운동가, 친일파 등 그 당시 어른들의 삶에만 초점이 맞춰졌고, 일제강점기를 살았던 아이들의 모습은 소홀하게 다루었다. 2017년도에 어린이사 중심의 역사수업을 구성하고 실행해 본 결과 우리는 아이들에게 더 와닿는 역사는 또래의 역사라고 느꼈다. 이런저런 고민 끝에 일제강점기 아이들이 어떻게 살았는지에 대해 알아보기로 했다.

첫 소주제 '내 ID는 송 나카무라'에서는 일제강점기 아이들의 생활을 다루었다. '송 나카무라'는 한국의 성姓씨인 송과 일본에서 흔한 이름인 나카무라를 합한 것이다. 한국인이지만 창씨개명을 하고, 그들의 놀이를 하며 노래를 부를 수밖에 없었던 안타까운 상황을 담은 소제목이다. 아이들의 생활 중 특히 학교에서의 생활을 많이 다루었다. 창씨개명, 조선어를 사용했을 때 받은 벌인 국어상용패, 황국신민서사 암독, 우리에게 익숙한 일본 놀이와 노래들을 알아보았다.

두 번째 소주제 '기노시타지만 박기옥입니다'에서는 광주학생항일운동을 다루었다. 기노시타는 일본식으로 '박'을 표기한 것이다. 일본의 성을 따르고는 있지만 나는 한국 사람임을 강조하며 저항 의식을 표현하고자 이런 제목을 정했다. 이번 수업에서는 광주학생항일운동의 발생 과정과 의의를 살펴보고, 우리가 이를 기념하며 만든 학생독립운동 기념일에 대해 소개했다.

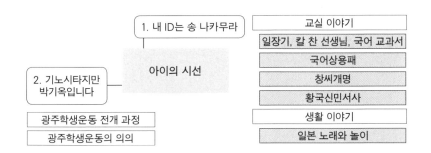

1. 내 ID는 송 나카무라

아이의 시선

2. 기노시타지만 박기옥입니다

광주학생운동 전개 과정
광주학생운동의 의의

교실 이야기
일장기, 칼 찬 선생님, 국어 교과서
국어상용패
창씨개명
황국신민서사
생활 이야기
일본 노래와 놀이

수업의 흐름

	소단원 명	소단원 주요 내용	관련 성취기준	차시량
1	내 ID는 송 나카무라	•교실 이야기 - 교실 풍경, 국어상용패, 창씨개명, 황국신민서사 •생활 이야기 - 일본 노래와 놀이	사회: -주요 인물 이야기를 통해 3·1 운동과 대한민국 임시정부, 독 립군의 전투 등 일제강점기에 국내외에서 전개된 민족 독립 운동을 탐구한다.	2
2	기노시타지만 박기옥입니다	•광주학생운동 전개 과 정과 의의	국어: -글에 나타난 글쓴이의 관점이 나 의도를 파악한다.	1

1.
내 아이디는 송 나카무라

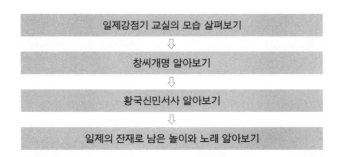

1. 일제강점기 교실의 모습 살펴보기
-일제강점기 교실의 모습과 국어상용패, 일본 국어 교과서 등 살펴보기

2. 창씨개명 알아보기
-창씨개명의 뜻을 알고 창씨개명을 반대했던 이들의 노력 알아보기

3. 황국신민서사 알아보기
-황국신민서사에 대해 알고 이를 시행한 일본의 의도 생각해 보기

4. 일제의 잔재로 남은 놀이와 노래 알아보기
-우리 문화라고 알고 있던 일본의 놀이와 노래를 알아보고, 민족정신을
 지키기 위한 남궁억 선생의 노력 살펴보기

일제강점기 아이들의 생활은 어땠을까? 현대 문물의 풍요를 누리고
어느 때보다 자유롭고 평등한 기회가 주어지는 시대에 사는 지금의 아
이들이 이 주제에 대해 관심 갖고 느끼는 바가 많을 것이라고 생각했

일제강점기의 교실 모습	국어상용패

다. 수업을 시작하며 가장 먼저 지금 생활에 비추어 일제강점기 아이들의 생활을 머릿속으로 그려 보도록 했다. 앞서 배운 여러 수업과 영화의 영향인지 지금과는 차이가 많을 것이라고 생각하는 아이들이 대부분이었고, 간혹 몇몇 아이들만이 일제강점기와 지금이 시기적으로 많은 차이가 나지 않으니 비슷한 점도 많을 것이라고 이야기했다.

해결되지 않은 많은 궁금증을 안은 채 일제강점기 교실의 진짜 모습에 대해 알아보았다. 당시 교실을 그린 삽화를 보여 주었다. 언뜻 보기에는 지금의 교실과 구조적으로 다른 점이 없어 보였지만 하나씩 살펴보기 시작하면서 아이들은 지금과 다른 점을 발견했다. 먼저 선생님은 군인과 비슷한 제복을 입고 허리춤에는 칼을 차고 있었다. 다음으로 칠판 앞에는 한 학생이 벌을 서고 있는 모습까지 발견했다. 불과 십수 년 전만 해도 교실에서 벌을 서는 것은 놀라운 일이 아니었지만, 지

일본어 국어 교과서	'다말해 다마레' 그림책

금으로로선 받아들이기 힘들었다. 마지막으로 교실에 태극기 대신 일장기가 걸려 있다는 사실을 발견하면서 수업의 열기는 최고조에 달했다.

다음으로 나무패 하나를 보여 주며 무엇에 쓰는 물건인지 생각해 보도록 했다. 감각이 있는 아이들은 나무패에 쓰여 있던 '국어상용'이라는 한자를 읽으며 언어와 관련된 것임을 추측하기도 했다. 아이들에게 나무패에 쓰여 있는 '국어상용'이라는 말은 '항상 국어를 사용하자'라는 뜻이라고 이야기해 주었고, 대부분의 아이들은 그때까지도 이 말의 문제점을 쉽게 찾지 못했다. 그래서 우리가 아닌 일본 입장에서의 국어 즉, 일본어를 지칭한다고 알려 주었다. 이제야 '국어상용'의 뜻이 '항상 일본어를 사용하자'의 의미임을 알게 된 아이들은 매우 분노했고, 이미 영어 시간을 통해 외국어를 익히는 어려움을 잘 알고 있기 때문에 당시 선조들의 고충을 이해할 수 있을 것이라고 말했다. 이 밖에도 표지에 국어라 쓰여 있는 일본어 교과서와 당시 교실에서의 언어 사용을 주제로 만든 『다말해, 다마레』라는 그림책*도 보여 주면서 왜 일본이 우리말을 쓰지 못하게 했는지에 대해 이야기해 보았다. 아이들은 일상생활에서 우리말이 사라지고 외국어를 사용하게 된다면 이름만 한국인 나라가 될 것이라고 이야기했다.

또 우리 이름을 일본식으로 바꾸게 한 창씨개명에 대해 알아보았다. 우리나라의 모든 사람은 이름을 일본식으로 바꾸어야 했으며, 그렇지 않으면 일상생활이 불가능할 정도의 불이익을 받게 된다는 사실까지 알려 주었다. 이에 아이들은 도대체 왜 일본이 이렇게까지 했는지 이해할 수 없다는 반응을 보임과 동시에 언어와 이름처럼 가장 익숙한 것들을 하나씩 일본의 것으로 바꾸어 간다는 사실을 찾아냈다. 이러한 일본의 시도에도 불구하고 선조들은 저항을 담아 풍자와 해학을 담은

---

*김기정·오진원·조경숙(2004). 다 말해! 다마레!. 서울: 해와나무.

창씨개명을 했음을 알려 주었다.

마지막으로 황국신민서사에 대해 알아보았다. 일본이 천황의 국민으로서의 다짐을 우리 국민에게 강요했다는 사실에 아이들은 앞서 배운 일본어 사용, 창씨개명, 그리고 황국신민서사까지 이 모든 것들이 민족성을 지우고 우리를 완전하게 일본화하려는 목적이었음을 알게 되었다.

화제를 전환하여 한 번은 들어 봄직한 놀이와 노래들에 대해 이야기했다. 손뼉을 마주치며 하는 놀이인 쎄쎄쎄, 고무줄놀이, 우리 집에 왜 왔니, 감자에 싹이 나서, 꼬마야 꼬마야 등 아이들뿐만 아니라 어른들도 익숙한 놀이들이 일본으로부터 전해진 것임을 알 수 있었다. 아이들은 일제의 영향을 받은 잔재들이 이렇게 많이 있었다는 사실을 알게 됨과 동시에 일본이 자기들의 것을 퍼트리고 우리의 것을 없애려고 했다는 사실에 적잖이 놀랐다.

끝으로 이전 수업에서 배웠던 보편적 가치들을 떠올려 생각해 볼 수 있게 했다. 아이들은 일본이 시도한 것들은 우리 민족에게 정신적인 폭력을 행사하며, 인권을 짓밟고 우리 민족의 기본권과 자유를 침해한 것이라는 점을 이야기했다. 다음 수업인 광주학생항일운동과 연관 지어 보편적 가치를 침해받은 당시의 학생들이 이를 되찾는 노력을 시도했다는 점을 이야기하며 수업을 마무리했다.

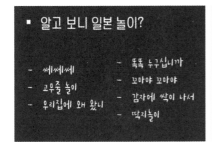

일본 놀이의 잔재

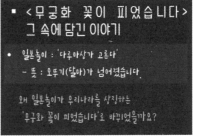

'무궁화 꽃이 피었습니다' 놀이

2.
기노시타지만 박기옥입니다

광주학생항일운동 발생 과정 살펴보기
⇩
광주학생항일운동의 의의 살펴보기
⇩
학생독립운동기념일 알아보기

1. 광주학생항일운동 발생 과정 살펴보기
-광주학생항일운동의 발생 과정 살펴보기
-광주학생항일운동의 전개 과정 알아보기

2. 광주학생항일운동의 의의 살펴보기
-광주학생항일운동의 의의 살펴보기
-광주학생항일운동에 대해 알고 느낀 점 발표하기

3. 학생독립운동기념일 알아보기
-11월 3일이 학생독립운동기념일로 지정된 이유 알아보기
-11월 3일 관련 행사 찾아보기

아이의 시선 두 번째 수업은 '기노시타지만 박기옥입니다'로 제목을 지었다. 당시 일제의 강압으로 인해 기노시타로 창씨개명을 했지만, 그 정신과 마음은 여전히 박기옥이라는 한국인이었다는 의미를 담았다. 일본은 제2차 세계대전을 치르면서 우리 민족의 이름마저 사라지게 하여 한반도를 완전한 일본제국으로 만들려고 했다. 이름을 어쩔 수

없이 바꿔야 했던 우리나라 사람들은 성이라도 지키자는 의미에서 한자 '木'과 '下'로 나누어 기노시타(木下)로 바꾸어 창씨개명에 저항했다. 아이들은 이전 수업에서 창씨개명을 풍자와 해학의 도구로 사용했던 우리 선조들의 모습을 봤기에 쉽게 이해했다.

이 제목의 또 다른 의미는 박기옥이라는 이름에 있다. 수업을 시작하며 아이들에게 11월 11일은 무슨 날인지 물었다. 아이들은 당연하게 '빼빼로 데이'라고 말했다. 이미 많은 사람에게 통용되는 유명한 날이기에 답이 쉽게 나왔다. 그렇다면 "11월 3일은 무슨 날일까?"라고 물으니 아이들은 답을 하지 못하고 우물쭈물했다. 기억나는 날이 떠오르지 않았기 때문이다. 아마 대부분의 어른들도 이날을 잘 알지 못할 것이다.

1929년 10월 30일 광주에서 나주로 가는 통학열차 안에 '박기옥'이라는 여학생이 타고 있었다. 이 열차에는 일본 학생도 탑승하고 있었는데, 한 일본 학생이 박기옥의 댕기머리를 잡고 희롱을 했다. 이 일로 그녀의 사촌동생인 박준채와 일본 학생 간의 다툼이 발생하면서 일본 학생들과 조선 학생들 간에 충돌이 일어났다. 이에 일본 경찰이 출동해 일본 학생들의 편만 들어주며 오히려 박준채를 꾸중했고, 조선 학생들은 이에 대해 불만을 가지게 되었다.

11월 3일 일요일은 휴일이지만 학생들은 일본 천황의 생일을 축하하기 위해 등교해야 했다. 이때 광주고등보통학교 학생과 일본 학생이 어깨를 부딪쳤고 이는 곧 몸싸움으로 번졌다. 학생들은 이러한 불만을 회의를 통해 시위로 보여 주기로 결정했고, 광주의 학생들은 항일운동 격문을 발표하고 시위로 일어섰다. 이 항일운동은 전국으로 번져서 5개월간 194개 학교와 5만 4,000명의 학생이 참가하게 되었다. 이런 학생들의 행동을 본 신간회, 조선노동총연맹 등 전국민족단체들도 학생들이 움직이는데 가만히 있을 수 없다면서 함께 시위를 일으켰다.

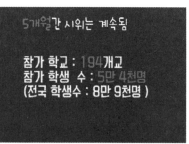

| 광주학생항일운동 시위 | 참가 학교 및 학생 수 |

이처럼, 학생들을 중심으로 항일운동이 전개되었다는 점에서 일제 치하의 청소년들이 어떠한 시선으로 일제강점기를 바라봤는지 엿볼 수 있었다. 그들은 그저 어른들의 말을 따르는 수동적인 학생이 아닌 주체적으로 부당한 상황에 대응할 줄 아는 우리나라 국민들이었다. 우리 아이들에게 항일운동이 어른들의 전유물이 아니고 학생들 역시 자신의 나라를 위해서 열심히 싸울 수 있다는 것을 말해 주었다.

다음으로 광주학생항일운동의 의의를 담은 영상을 보여 주었다. 지금까지 배웠던 광주학생항일운동의 전개 과정이 나오면서 11월 3일이 학생독립운동기념일로 지정되었다고 설명하는 영상이었다. 현재 이날을 기리기 위해 다양한 행사를 전국에서 주최하고 있다고 말해 주었다. 가까운 우리 주변에서도 이러한 행사를 11월에 맞추어서 진행하고 있다고 하니 신기해했다.

아이의 시선으로 바라본 일제강점기는 아마도 참혹하고 힘든 하루하루였을 것이다. 많은 부모들이 핍박받고 고통받는 모습을 보며 자란 아이들의 마음에도 상처와 어려움이 있었을 것이다. 또 학교에서는 수많은 차별과 인권 침해가 지속되었다. 하지만 이들은 움츠러들지 않았다. 또한 자신의 목소리를 냈을 때 작은 불씨가 커다란 횃불이 되는 모습을 광주학생항일운동을 통해 볼 수 있었다. 부당한 상황이 생겼을 때 우리는 어떻게 대처해야 할지 생각해 보자고 했다. 아이들은 부당

한 상황에 맞서 싸워야 한다고 자연스럽게 말했다. 이러한 정신을 기억
하자고 하면서 수업을 마무리했다.

이번 수업에서는 아이들이 활동하는 부분이 적었다. 그래서 수업을 구성하며 아이들의 흥미도가 떨어질 것이라는 걱정을 했다. 하지만 아이들이 일제강점기를 살았던 또래 친구들의 모습을 배우다 보니 집중도가 높았다. 초등 역사수업은 아이들에게 친숙하고 가까운 곳에서 시작해야 한다는 것을 다시 한 번 더 느끼게 되었다. 당시 아이들의 생활을 단순히 아는 것을 넘어서 그들의 아픔에 공감하는 모습을 보니 뿌듯했다. 역사적 인물들을 암기하는 것보다 아이들이 역사적 상황에 공감하고 역사적 상상력을 키워서 습득한 배움이 더 오래갈 것이라 믿으며 이 수업을 마쳤다.

3.
친일파의 시선

수업의 의도와 개요

일제강점기를 독립운동가의 시선으로 바라보고 난 후 그들과 정반대의 선택을 했던 친일파의 삶을 따라가 보는 수업을 했다. 아이들은 친일파를 어떻게 생각할까? 한 나라의 국민으로서 해서는 안 되는 행동을 일삼은 배신자, 비난 혹은 비판의 대상으로 생각할 것이다. 물론 우리가 알고 있는 역사 속 친일파들의 다양한 친일 행적에 대한 비판과 분노가 필요하다. 이번 주제에서는 그들이 왜 항일이 아닌 친일을 택했는지, 무엇에 더 우선적인 가치를 두었기에 그러한 선택을 했는지에 대해 그들의 시선에서 바라보고자 한다. 그들은 왜 친일파가 되었을까? 이렇게 그들의 시선에서 바라보는 이유가 친일은 어쩔 수 없는 선택이었다는 식으로 정당화하려는 것이 결코 아니다. 독립운동가의 시선 수업에서와 마찬가지로 아이들이 그 시대 상황과 함께 친일파의 삶을 자신의 상황으로 가지고 들어와서 생각해 본다면, 가치판단을 해야 하는 중요한 기로에서 어떤 가치관을 갖고 살아가야 할지 더욱 깊은 성찰을 할 수 있으리라 생각했다.

이렇게 역사 속 친일파들의 친일 행적을 살펴봄과 동시에 현재에도 여전히 청산되지 않은 친일의 역사를 직시하기로 했다. 불편하고 인정하기 싫지만 친일의 35년 역사와 그 방대한 행적을 다 청산하기에는 노력과 시간이 턱없이 부족하다는 생각이 들었다. 지금은 일제강점기가 아니기 때문에 친일파가 존재하지 않을까? 그렇지 않다. 친일 조상들의 잘못을 인정하지 않고 그 덕을 버젓이 누리고 있는 후손들이 있고, 다양한 형태로 친일의 잔재가 남아 있다. 이러한 우리 사회의 모습을 인지하고 우리가 해야 할 일은 무엇인지 고민해 보았다.

첫 번째 소주제인 '친일의 요모조모'에서는 일제의 국권침탈과 식민통치, 그리고 침략전쟁에 협력한 친일파들의 다양한 행적을 살펴보려고 한다. 민족문제연구소가 편찬한 『친일인명사전』에 등장하는 적극적 친일파들을 중심으로 살펴본 후, 구체적인 사료는 없지만 생계와 생명의 위협 때문에 일제에 협력했던 소극적 친일파의 개념에 대해서도 짚어 보면서 살아남기 위해 몸부림쳤던 백성들의 삶을 이해해 보기로 했다.

두 번째 소주제 '친일파로 산다는 것은'에서는 가상의 상황을 설정해서 일제의 식민지배정책이 우리의 삶에 어떠한 영향을 주었는지 아이들이 생각해 보게끔 활동을 구성했다. 먼저 부모님이나 선생님 등 가까운 어른들이 친일파였다면 어땠을지 상상하고 토론해 보기로 했다. 그리고 학급의 아이들을 친일, 항일의 두 역할로 나눈 뒤 교실에서 친일과 항일의 행동을 직접 하면서 하루를 지내보기로 했다.

세 번째 소주제 '끝나지 않은 친일'에서는 정부와 민간의 친일 청산을 위한 노력을 살펴보기로 했다. 하지만 이런 노력에도 불구하고 정치, 경제, 사회, 문화 등 사회의 구석구석에 견고하게 자리 잡고 있는 친일의 잔재에 대해 알아보며, 친일 청산을 해야 하는 이유와 우리가 노력해야 할 것들을 고민해 보았다. 이러한 고민을 통해 아이들이 과거사를 청산하고 굴절된 역사를 바로 세우려는 노력이 필요함을 알았으면 하는 바람이다.

친일파의 시선

3. 끝나지 않은 친일

친일 청산을 위한 노력
- 정부: 친일반민족행위 진상규명위원회 설립, 재산환수를 위한 소송
- 민간:『친일인명사전』편찬, 친일 동상 철거
- 친일 청산을 해야 하는 이유에 대한 생각 글쓰기

친일파 Ver. 2018
- 정치
  - 박○○, 김○○
- 경제
  - H그룹, D그룹
- 언론
  - C언론
- 일제의 잔재들
  - 언어, 삼베옷, 놀이, 동요

1. 친일의 요모조모

영화 〈밀정〉 감상
- 영화 속 밀정의 태도와 심리 알아보기

역사 속 친일파
- 일제강점기 이전
  - 을사오적
- 일제강점기
  - 이광수, 김성수, 김활란, 박흥식, 노덕술
- 친일파가 추구했던 가치는?

적극적 친일과 소극적 친일 비교하기

2. 친일파로 산다는 것은

부모님과 선생님이 친일파였다면?

친일, 항일로 나누어 지내보기 (역할극)
- 교실에서 할 수 있는 친일, 항일
- 지내며 알게 된 사실과 느낀 점

나는 친일? 항일? (기준에 따라 선택하기)
- 보편적 가치 VS 개인적 가치
- 독립운동가 가치 VS 친일파 가치 비교하기
- 가치판단 기준 정하기 보편적·기본적 가치 우선

	소단원 명	소단원 주요 내용	관련 성취기준	차시량
1	친일의 요모조모	• 영화 〈밀정〉 감상하기 • 역사 속 친일파 알아보기 • 적극적/소극적 친일 비교하기	사회: −주요 인물 이야기를 통해 3·1 운동과 대한민국 임시정부, 독립군의 전투 등 일제강점기에 국내외에서 전개된 민족 독립 운동을 탐구한다. 도덕: −다른 사람들과 안정되고 조화롭게 살아가기 위해 공정하게 행동하는 것이 중요함을 인식하고, 일상생활에서 공정하게 생활하려는 자세를 지닌다. 국어: −적절한 이유나 근거를 들어 주장하는 글을 쓴다.	4
2	친일파로 산다는 것은	• '가족이나 가까운 이웃이 친일파였다면?' 상상하기 • 친일 혹은 항일로 살아보기 • 친일과 항일, 나의 선택은?		6
3	끝나지 않은 친일	• 친일 청산을 위한 노력 −정부, 민간 차원의 노력 −친일 청산의 이유에 대한 생각 글쓰기 • 친일파 Ver. 2018 −정치, 경제, 언론 분야에 남아 있는 친일의 잔재 −문화 속에 남아 있는 일제의 잔재들		2

1.
친일의 요모조모

영화 〈밀정〉 감상하기
⇩
역사 속 친일파의 친일 행위 살펴보기
⇩
적극적 친일과 소극적 친일 비교하기

1. 영화 〈밀정〉 감상하기
- 영화의 배경 및 주요 인물 소개
- 영화 속 밀정을 찾고 밀정의 심리와 태도 변화 살펴보기

2. 역사 속 친일파의 친일 행위 살펴보기
- 1910년 경술국치까지: 을사오적의 친일 행위
- 일제의 시기별 통치 방법 살펴보기
- 1910년 경술국치 이후: 이광수, 인촌 김성수, 김활란, 박흥식, 노덕술의 친일 행위
- 친일파가 추구했던 가치는?

3. 적극적 친일과 소극적 친일 비교하기
- 적극적 친일과 소극적 친일 구분하기
- '내가 일제강점기를 살았다면 나의 선택은?' 가치판단하기

일제강점기를 친일파의 시선으로 바라보는 첫 번째 시간. 역사 속 친일파들의 다양한 친일 행적과 함께 그들이 친일을 선택한 이유를 살펴

보았다. 독립운동가에 대한 수업을 하고 난 뒤라 그런지 아이들은 당장이라도 친일파를 응징해 버리겠다는 눈빛을 보내며 누가 어떤 친일 행동을 했는지를 빨리 알고 싶다고 말했다.

역사 속 친일파들을 소개하기에 앞서 먼저 영화 〈밀정〉을 보면서 친일파들의 삶을 따라가 보았다. 영화에서는 일제의 첩자가 되어 독립운동가들의 활동과 나라 내부의 사정을 은밀하게 정탐했던 이들을 밀정이라고 표현했다. 그리고 영화 속 밀정인 송강호(이정출 역)는 친일에서 항일로 태도를 바꾸기도 하는데, 그가 왜 친일 행위를 했으며 항일로 태도를 바꾼 이유는 무엇일지 생각해 보게 했다. 영화 속에서는 태도를 바꾼 이유가 설득력 있게 그려지지 않았지만 아이들은 저마다 추측을 했다. "독립운동가들의 삶을 보면서 자신의 삶을 반성하지 않았을까요?" "양심에 찔려서 그랬을 것 같아요." "돈 때문에 친일을 했다가 나중에는 돈보다 중요한 게 뭔지 알게 된 것 같아요." 아이들은 그의 삶을 자세히 들여다보면서 그의 태도 변화를 이해하는 듯했다. 이어서 영화 속 밀정처럼 일제강점기 역사 속에도 존재했던 친일파와 그들의 친일 행위에 대해 살펴보았다.

친일파와 그 친일 행위는 수없이 많지만 이를 어떤 식으로 풀어낼지 고민이었다. 친일파를 1910년대, 1920년대, 1930년대로 구분해서 알려 줘야 할까? 문학, 언론, 교육, 정치 분야 등으로 구분하는 게 좋을

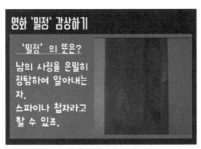

영화 〈밀정〉 감상하기

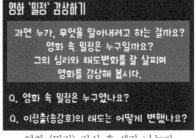

영화 〈밀정〉 감상 후 생각 나누기

까? 그런데 자료를 찾으면서 어떤 행위까지를 친일로 규정해야 하는지 가 더 중요하다는 생각이 들었다. 그래서 민족문제연구소에서 발간한 『친일인명사전』의 수록 내용과 기준을 검토해 보았다. 『친일인명사전』 에는 일제의 국권침탈에 협력한 자, 일제의 식민통치기구에 참여한 자, 항일운동을 방해한 자, 지식인·종교인·문화예술인으로서 일제의 식민 통치와 침략전쟁에 협력한 자 등 적극적 친일활동을 한 인물들을 그 사료와 함께 수록해 놓았다. 친일 규정에 대한 논란은 계속되고 있기 때문에 논란의 여지가 없는 적극적 친일파들의 친일 행위에 대해 다루 기로 했다.

먼저 을사늑약을 전후로 일제의 국권침탈 과정에 협력한 을사오적 부터 살펴보았다. 날이 스산하거나 쓸쓸할 때 '을씨년스럽다'라는 말을 하는데, 이는 '을사년스럽다'에 그 어원을 두고 있다. 1905년 을사년에 있었던 을사늑약 체결이 백성들에게는 무척이나 황당하고 음울한 일 이었기 때문에 그렇게 불렸던 것이다. 친일 대신 5명의 결정으로 하루 아침에 외교권을 빼앗기고 정치 간섭을 받게 된 상황이 얼마나 당황스 럽고 비통했겠는가. 뿐만 아니라 1910년 대한제국의 주권을 완전히 상 실한 국권피탈의 과정에 이완용이 앞장섰다는 이야기를 나누었다. 그 결과 우리는 35년간 나라 잃은 백성으로서 처절함을 겪어야 했지만 이 완용은 '힘없는 다리를 부축해 달라고 남에게 부탁한 것이 어떻게 나

을사오적   '을씨년스럽다'의 어원

라를 팔아먹은 일이라고 매도당해야 하는가?'라고 유언을 남길 만큼 전혀 죄의식을 느끼지 못했다. 왜 그런 행위를 서슴지 않고 했을지 '친일파는 (　　)보다는 (　　)을 더 중요하게 생각했다'라는 문장을 만들면서 생각해 보게 했다. 인권과 생명존중, 자유와 정의보다 개인의 금전, 출세, 권력에 대한 욕구와 쾌락에 우선을 두는 모습을 아이들도 쉽게 찾을 수 있었다. 이 외에 을사조약과 을사늑약의 차이점과 을사늑약이 무효인 이유를 다루는 부분은 독립운동가의 시선에서 다루었기 때문에 생략했다.

국권침탈 이후, 일제의 통치 방식에 따라 적절하게 태세를 전환하며 친일 행위를 했던 친일파들의 모습을 다양하게 소개했다. 뛰어난 재능을 일본을 위해 쓴 친일 문학가 이광수, 민족지 운운하지만 자명한 친일 신문이었던 동아일보의 설립자 김성수, 일제의 침략전쟁과 징병제를 적극적으로 찬양했던 김활란, 일본을 등에 업은 조선 제일의 부자 박흥식, 독립운동가들을 잔인하게 고문했던 최악의 경찰 노덕술. 이들이 어떤 식민통치기구에 참여했으며, 식민통치와 침략전쟁에 어떻게 협력했는지를 중심으로 살펴본 후 공통점을 찾아보았다. 일제로부터 권력과 재물을 얻기 위해 자발적이며 적극적인 친일을 한 자들임을 이야기하면서 이들의 삶을 독립운동가의 삶, 고통 속에 살았던 백성들의 삶과 비교하며 바라보게 했다. 이따금씩 뱉어 내는 탄식과 다소 격한

박흥식의 친일 행적	'나의 선택은?' 가치판단하기

표현에서 아이들이 슬픔과 분노를 동시에 느끼고 있다는 것을 알 수 있었다.

이렇게 적극적인 친일파도 있었지만 일제의 강압과 위협 아래에서 생명과 생계를 지키기 위해 친일 행위를 했던 소극적 친일파도 셀 수 없이 많았던 현실을 말해 주었다. 일제 말기에는 친일파 아닌 사람이 없었을 정도로 수많은 사람들이 일제의 지배에 저항하지 못하고 숨죽이며 살았다. 그만큼 일제강점기는 백성들에게는 살기 힘들었던 시기, 살아남기 위해 몸부림치던 고통의 시기였다.

수업의 마지막에 질문을 던졌다. '내가 만약 일제강점기를 살았다면 어땠을까? 독립운동을 했을까? 친일파가 되었을까?' 한 명의 아이를 제외하고는 모두가 친일파가 되었을 것 같다는 솔직한 마음을 이야기했다. 이 질문에 대해서는 누구도 자유롭지 못하고 자신의 정의로움을 확신할 수도 없다는 사실이 마음을 무겁게 했다. 하지만 그 선택의 기로에서 할 수 있는 올바른 판단은 무엇일지, 나 한 사람만이 아닌 내가 속해 있는 사회와 후손들을 위해 더 나은 판단은 무엇일지, 나는 어떤 가치에 우선을 두며 살아야 하는지를 진지하게 생각해 볼 수 있었던 수업이었다.

2.
친일파로 산다는 것은

부모님과 선생님이 친일파라면?
⇩
친일과 항일로 나누어 행동하기
⇩
보편적 가치와 상대적 가치 알아보기
⇩
가치판단의 기준 생각해 보기

1. 부모님과 선생님이 친일파라면?
-부모님과 선생님이 친일 행동을 했다면 어떤 행동을 했을지, 왜 그런 행
 동을 했을지 생각해 보기

2. 친일과 항일로 나누어 행동하기
-교실에서 할 수 있는 친일 행동과 항일 행동을 생각하고, 역할을 나누
 어 행동하기

3. 보편적 가치와 상대적 가치 알아보기
-친일 행동과 항일 행동을 하며 알게 된 가치들을 나누어 보편적 가치와
 상대적 가치로 분류하기

4. 가치판단의 기준 생각해 보기
-보편적 가치와 상대적 가치의 차이를 생각해 보고, 중요한 가치가 어떤
 것인지 기준 정하기

사실 성공했다고 볼 수만은 없는 수업이었다. 2018년에 개발한 모든 역사수업이 쉽지는 않았지만, '친일파로 산다는 것은' 수업은 처음부터 끝까지 한 번도 자신 있게 만들어 나간 적이 없었다. 친일파의 관점에서 바라보는 일제강점기를 생각해 보는 그 자체도 어려웠을 뿐만 아니라, 가족과 학교 등 주변 환경을 감안하여 아이들이 쉽게 이해하고 받아들일 수 있는 자료를 만드는 것은 더욱 어려웠다.

'친일파로 산다는 것은' 수업의 의도는 삶의 가치관을 선택하는 기준이 보편적 가치가 되어야 한다는 것이었다. 앞선 수업에서 아이들은 일제강점기에 있던 친일의 종류가 적극적 친일과 소극적 친일 등이 있다는 것을 알게 되었고, 그것을 바탕으로 이 수업의 첫 시간에는 친일 행동에 대한 이유를 좀 더 깊이 있게 이야기해 보았다. 그러고 나서 1910년대의 토지조사사업, 회사령, 조선교육령 등 일제의 정책이 일반인들의 삶에 어떤 영향을 주었는지를 가상 상황을 설정하여 만든 활동지를 보고, 그 상황에 등장하는 부모님, 선생님 등 가까운 어른들의 선택에 대해 토론을 했다.

다음으로 학습지 속 가상 상황을 지금 우리의 교실로 가져왔다. 상황은 1910년대 무단통치기, 교사는 일본인 또는 친일파로 가정했다. 그리고 학급의 아이들을 둘로 나누어 친일 학생과 항일 학생의 역할을 하도록 했다. 그러고 난 뒤 교실에서 할 수 있는 친일 행동과 항일 행

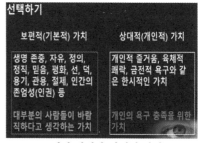

부모님과 선생님이 친일파라면?   보편적 가치와 상대적 가치

동은 어떤 것이 있을지 생각해 보게 했다. 아이들이 어려워할 수도 있어 교사가 교실에서 할 수 있는 친일 행동(학생 차별하기, 일본어로 수업하기 등)을 예로 들어 주었다. 아이들은 각자의 역할에 맞는 행동들을 잘 찾았다. 친일 학생들의 행동으로는 일본어 사용하기, 항일하는 친구들 무시하기, 일본인 교사에게 아부하기 등이 있었고, 항일 학생들의 행동으로는 교사의 부당한 차별에 항의하기, 친일 학생들의 부당한 행동 지적하기, 옳지 않은 일은 하지 않기 등이 있었다.

난관은 여기부터였다. 처음에는 친일/항일로 나누었던 행동을 직접 해 보려고 했다. 하지만 친일 역할 행동을 하면서 잘못하면 정서적으로 옳지 못한 영향을 줄 수 있다는 생각을 하게 되었고, 결국 많은 선생님들이 역할 행동까지는 실행하지 못하게 되었다.

마지막으로 아이들이 조사한 친일 행동과 항일 행동들을 하나씩 분석하면서 그 행동들이 우선시하는 가치가 무엇인지 찾아보았다. 그 결과 항일 행동에는 자유, 정의, 생명 존중, 용기 등 보편적 가치가 있고, 친일 행동에는 개인의 즐거움, 금전적 욕구와 같은 개인적 가치가 있음을 알게 되었다. 이를 토대로 아이들은 일제강점기 독립운동가들이 보편적 가치를 기준으로 행동을 했고, 친일파들은 개인적 가치를 우선으로 두었다는 것까지 이야기했다. 이 수업은 과정이 결코 순조롭지는 않았지만 아이들이 친일과 항일 행동에 대해 다각적으로 생각해 볼 수 있는 수업이었다. 아이들은 일제강점기를 분노와 아픔의 역사로 기억하는 것에서 더 나아가 친일파와 독립운동가의 행동 기준을 분석해 보는 활동을 했다. 그리고 이를 통해 자신이 살아갈 방향성을 고민해 보는 시간이었다는 점에서 특별했다.

3.
끝나지 않은 친일
① 친일 청산을 위한 노력

정부의 친일 청산을 위한 노력
⇩
민간의 친일 청산을 위한 노력
⇩
친일 청산을 해야 하는 이유는?

1. 정부의 친일 청산을 위한 노력
- 해방 이후 반민특위 사건 알아보기
- 정부에서 친일 청산을 위해 노력한 사례 살펴보기

2. 민간의 친일 청산을 위한 노력
- 『친일인명사전』 편찬 과정 살펴보기
- 친일파 동상 철거 운동 사례 살펴보기

3. 친일 청산을 해야 하는 이유는?
- 친일 청산을 해야 하는 이유 생각하고 글쓰기
- 친일 청산을 위해 우리가 노력할 점 찾아보기

이전 수업에서 아이들은 일제강점기 친일파들의 행동에 대해 분노했다. 또 자신들이 직접 그 시대를 체험하면서 느끼는 차별들이 어떤 기분인지도 알게 되었다. 아이들은 친일파를 처단하고 싶다고 생각했다. 그래서 광복 이후에 친일파들이 어떤 처벌을 받았는지 다루었다. 먼저 친일 청산을 위해 노력했던 과정을 정부의 노력과 민간의 노력으로 나누었다. 정부의 노력은 해방 직후로 거슬러 올라갔다. 1945년 일제의 무조건 항복으로 우리나라는 광복을 맞이했다. 꿈꿔 왔던 독립이 이뤄지자 국민들은 억눌려 왔던 감정을 표출했다. 친일파에게 당했던 설움을 갚기 위해서 친일 청산의 필요성을 제기했다. 정부에서도 이 의견을 적극적으로 받아들여 국회에서는 '반민족행위처벌법(반민법)'을 통과시켰다. 이때만 하더라도 당시에 친일파들이 처단될 거라고 생각했고 현재 수업을 듣는 아이들 역시 기뻐했다. 그러나 이승만 정부는 훈련된 인재가 필요하다는 이유로 친일 세력들을 비호했고, 결국 친일파가 중심이었던 경찰들에 의해서 반민특위는 강제로 해산되고 만다. 첫 반민특위는 단 한 명의 사형집행도 하지 못하고 조사를 끝내고 만다.

　이후 일제강점기 동안 지식인이었던 친일파들이 정권을 장악했다. 친일파 청산은 2006년 노무현 정부가 들어서며 새로운 국면을 맞이했다. 60년이 지나 친일파를 처단하기는 어려우나, 친일파들의 재산을 환수하는 법을 통과시켰다. 60년이란 시간 동안 친일 청산을 하지 못했다는 이야기를 들으니 아이들은 화가 나고 황당해하는 모습이었다. 정부의 많은 노력으로 친일파들의 수많은 토지를 회수하게 되었다. 하지만 짧은 기간의 조사였고 더 많은 친일파들의 재산을 환수하기에는 부족한 부분이 있어 아쉬웠다. 사실 노무현 정부를 제외하고 이전까지 친일파를 처단하려는 움직임이 없었다는 사실은 아쉬운 대목이었다.

　민간에서도 친일파를 처단하려는 노력이 있었다. 아이들에게 먼저 『친일인명사전』을 살펴보게 했다. 굉장히 무겁고 두꺼운 책에 수많은 친일파들이 수록되어 있는 것을 보고 아이들은 한 번 더 놀랐다. 이들을 처단하기 쉽지 않았을 것이라는 생각도 들었다. 『친일인명사전』은 민족문제연구소의 끝없는 조사와 인터뷰를 통해서 편찬되었다. 이 책을 제작하기 위해서 많은 국민들이 성금을 보냈고, 우리 학교에서도 이러한 작업에 동참하기 위해 사전을 구입했다고 하니 아이들이 뿌듯

해했다. 다음으로 친일파 동상을
철거하는 운동을 담은 뉴스를
보여 주었다. 아이들은 생각보다
많은 친일파의 동상이 현재까지
도 버젓이 있다는 사실에 놀라
워했다.

반민특위 투서함

　이 수업의 마지막은 글을 써
보는 활동으로 구성했다. 친일 청산에 대해서 반대하는 사람들은 과거
의 문제를 굳이 현재로 가져오는 것은 도움이 되지 않으니 미래를 생
각해야 한다고 말한다. 이러한 주장이 타당한지 '왜 친일 청산을 해야
할까?'라는 제목으로 글을 써 보기로 했다. 아이들은 밝은 미래를 위
해 친일파를 꼭 청산해야 한다고 했다. 친일 청산을 위해 학생으로서
우리가 할 수 있는 일이 무엇인지 발표하였는데, 처음에는 의견이 잘
안 나오다가 하나둘씩 '역사를 더 잘 알아야 한다', '『친일인명사전』을
알려야 한다' 등의 의견을 말했다. 앞으로 이러한 노력들을 기억하며
우리 역시 노력해 보자고 이야기하며 수업을 마무리했다.

『친일인명사전』 편찬

친일파 동상 철거 운동

끝나지 않은 친일
② 친일파 Ver. 2018

독일과 일본의 침략에 대한 태도 비교하기
⇩
정치, 경제, 언론 분야의 친일파 후손 살펴보기
⇩
일제의 잔재들 알아보기
⇩
친일파 후손이 가져야 할 바른 태도는 무엇일까?

1. 독일과 일본의 침략에 대한 태도 비교하기
-독일 총리가 제2차 세계대전 희생자 비석 앞에서 사죄하는 모습과 아베
 총리의 인터뷰 비교하기

2. 정치, 경제, 언론 분야의 친일파 후손 살펴보기
-조상들의 친일 행위를 살펴보고 후손들이 보이는 태도 살펴보기

3. 일제의 잔재들 알아보기
-우리 생활 속 언어와 놀이에 존재하는 일제의 잔재들 알아보기

4. 친일파 후손이 가져야 할 바른 태도는 무엇일까?
-이윤 할아버지의 태도를 알아보고, 친일파 후손이 가져야 할 바른 태도
 가 무엇인지 생각해 보기

　이번 수업은 친일파의 후손들이 현재 어떤 삶을 살고 있고, 조상의
친일 행위에 대한 그들의 태도는 어떠한지를 다루고 있다. 그래서 수

업 제목도 2018년 현재 친일파의 모습을 담았다는 의미로 짓게 되었다. 수업을 만드는 과정에서 제일 유의했던 점은 친일파의 후손을 연좌제로 평가하지 않는 것이었다. 조상의 친일 행위로 인해 후손을 비난하지 않고, 친일 행위를 부정하고 반성하지 않는 태도가 잘못되었다는 점에 초점을 두기로 했다.

희생자에 대한 독일의 태도

수업이 시작되고 바로 사진 한 장을 보여 주었다. "무슨 사진인 것 같아?"라고 물어보니, 아이들은 "장례식에 와서 무릎 꿇고 앉아 있어요"라고 대답했다. 사진은 독일 빌리 브란트 총리가 제2차 세계대전 희생자 비석 앞에서 무릎 꿇고 사과하는 사진이었다. 위의 사진을 보여 주고 바로 뉴스를 보여 주었다. 아베가 일본의 조선 침략을 부정하는 내용의 뉴스였다. 독일과 일본의 태도 비교를 통해서 아이들은 조선 침략에 대한 일본의 태도를 확실하게 알게 되었다. "독일은 사과도 하고 대박이다"라고 반응하던 아이도 있었다.

이번 수업을 준비하면서 힘들었던 점은 교사도 친일파에 대한 구체적인 지식이 없었다는 것이었다. 학창 시절 근현대사 수업에서는 이완용과 같은 대표적인 친일파만 다뤘지 자세히는 배운 적이 없었다. 그래서 필자는 『친일과 망각』(김용진, 박중석, 심인보)이라는 책과 뉴스타파 팀에서 제작한 다큐멘터리를 참조했다. 수업시간에는 10분짜리 다큐멘터리 요약본을 아이들과 함께 시청했다. 이 다큐멘터리는 친일의 후손들을 정치, 경제, 언론 분야로 나누어, 각 분야별로 조상들이 어떤 친일 행위를 했는지 소개하고 그에 대한 태도를 알려 주는 영상이었다.

정치 분야에서는 김○○과 박○○, 경제 분야에서는 D기업과 H기업, 언론 분야에서는 C언론을 다루었다. 또한 자세히 다루지는 않았지만 친일 행위를 한 기업들 그림을 보여 주니 평소 아이들이 자주 가던 편의점 브랜드가 있다면서 놀라워했다. 이렇게나 많은 기업의 창업주들이 친일 행위를 했다는 것이 너무나도 놀랍고, 친일 행위와 기업 성장 사이의 상관관계가 궁금했다. 아이들에게 친일 행위를 한 기업들이 왜 지금의 대기업으로 성장할 수 있었는지 이유를 이야기해 줬고, 이것이 정당한 것인지 글을 써 보도록 했다. 대부분의 아이들은 공평하지 않다는 이유로 정당하지 않다고 글을 썼다.

다음으로는 여전히 존재하는 일제의 잔재들에 대해 알아보았다. 평상시 우리들이 익숙하게 사용했던 단어들이 모두 일제의 잔재였다는 것을 알게 되었다. 그래서 아이들과 같이 이러한 단어를 사용하는 것을 자제하기로 약속했다.

수업의 마무리는 도입처럼 한 장의 사진을 제시했다. 친일파 후손인 이윤 할아버지의 사진이었다. 그는 민족문제연구소에 반성글을 보내고, 『친일인명사전』 편찬을 위한 후원금을 냈다. 조상의 친일 행위에 대한 이윤 할아버지의 태도를 알아보며, 친일파의 후손으로서 가져야 할 태도가 무엇인지 이야기하며 수업을 마쳤다.

친일파의 시선 수업을 하고 난 뒤 민족문제연구소에 몸담고 계신 박
한용 실장님을 모셨다. 올해 2월, 동학년 선생님들과 박한용 실장님의
강의를 듣게 되었는데, 날카롭고 예리한 판단과 역사의식으로 우리 교
사들을 사로잡으셨던 기억이 있어서 박한용 실장님을 모시는 것이 영
광이었고 기대가 되었다. 기꺼이 아이들을 위해 시간을 내주셨고, 아이
들의 눈높이에 맞춰 일제강점기의 역사를 이야기해 주셨다.

특히 식민지에서 해방된 민족이 가장 먼저 시행해야 할 과제는 식민
잔재를 청산하는 일임에도 불구하고 그러지 못했던 이유에 대해 자세
히 들을 수 있었다. 이승만 대통령이 반민특위를 해산했고, 친일파들
이 정부 내에서 기득권층으로 세력을 형성해 왔기 때문에 친일 청산이
어려웠다는 사실은 '친일 청산을 위한 노력' 수업에서 다뤘기 때문에
아이들도 쉽게 이해하는 듯했다.

50여 년이 훨씬 지났고 대부분의 친일파들이 죽었기 때문에 물리적
인 청산은 불가능하겠지만 역사적인 심판은 아직도 가능하다는 말씀
을 해 주셨다. 우리 교사들이 아이들에게 바라는 마음이 담겨 있는 말
이었다. 앞으로는 우리 아이들이 그 역사적인 심판을 할 수 있는 주체
가 될 수 있도록 친일의 역사를 잊지 않고 살아갔으면 했다.

그 역사를 잊지 않기 위한 실천의 하나로 독립운동가들을 수감했던
서대문 형무소에 다녀왔다. 서울 현장체험학습을 당일치기로 계획했
고, 오전 일정으로 서대문 형무소를 갔다. 이때도 박한용 실장님이 동
행해 주셨다. 아이들과의 만남이 좋으셨는지 함께 가서 해설을 해 주
겠다고 먼저 제안을 하셔서 놀라기도 했고 정말 감사했다.

보통 서대문 형무소를 독립운동가를 수감했던 장소로 알고 있지만,
또 한 가지 놓치지 말아야 할 사실이 있다. 그곳은 해방 이후에는 민주

박한용 실장님과 함께 한 역사수업

화운동을 했던 수많은 이들을 수감했던 근현대사의 굴곡을 안고 있는 상징적인 장소이다. 독립운동과 민주화운동의 발자취가 고스란히 남아 있는 서대문 형무소를 구석구석 돌아보았다.

가장 먼저 간 역사 전시관에서는 서대문 형무소와 민족 항일운동의 역사, 민족 열사들을 고문했던 물품들, 수감표, 고문실 등을 보았다. 아이들은 고문에 쓰인 물건들을 보면서 어떤 고문을 당했을지 상상할 때마다 무섭다고 이야기했다. 필자 또한 그들이 고문당할 때 느꼈을 공포를 생각하면 그 공간을 채우고 있는 공기마저 서늘하게 느껴졌고 몸이 움츠러들었다.

한쪽 벽면에는 이곳에 수감되었던 독립운동가들의 수감표가 빼곡하게 채워져 있었다. 그때 많은 사람들이 한곳을 응시했는데, 바로 유관순 열사의 수감표였다. 사진과 함께 이름, 수감 날짜가 적혀 있었다. 유

독립운동가 수형기록표

옥사 체험

관순 열사뿐 아니라 수많은 독립운동가들의 수감표도 함께 있었다. 역사가 기억하는 자랑스러운 이름들 앞에서 우리는 절로 숙연해졌다.

전시관을 나와 옥사로 이동했다. 중앙사를 기준으로 세 옥사가 한눈에 감시·감독할 수 있는 방사형 구조로 되어 있었다. 박한용 실장님은 아이들을 7~10명씩 감방에 들어가 보게 하고서 수감자들이 그 안에서 어떻게 생활했는지를 생생하게 들려주었다.

다음에 들른 곳은 사형장이었다. 사형장으로 들어가기 전 마지막 갈림길에는 미루나무 한 그루가 서 있었다. 사형수들은 그 갈림길에서부터 죽지 않으려고 몸부림치면서 짐승처럼 울부짖기 시작했고, 그러면 교도관들이 그들의 뒷덜미를 잡은 채 사형장으로 끌고 들어갔다고 한다. 그래서 '통곡의 미루나무'라는 이름이 붙었다.

그런데 독립을 위해, 민주화를 위해 목숨 바쳐 싸웠던 이들은 사형 선고도 덤덤하게 받아들였을까. 그들도 우리와 같은 사람이니 죽음 앞에서는 극도의 공포와 두려움을 느꼈을 것이다. 그렇기 때문에 그들의 투쟁과 희생은 더욱 고귀하고 용기 있는 일인 것이다. 사형장을 돌아 나오면 시구문이 보이는데, 그곳엔 지금 아무것도 없는데도 괜히 으스스하게 느껴졌다. 마지막으로 여 옥사에서 유관순 열사, 남자현 의사가 갇혀 있었던 감방을 둘러보며 일정을 마무리했다.

서대문 형무소에 도착해서 전시관을 둘러보기 전 옥사 건물에 걸린

사형장 앞 통곡의 미루나무

대형 태극기 앞 학급 단체사진

대형 태극기 앞에서 학급별로 사진을 찍었다. 아이들이 형무소를 다 둘러보고 나서 사진을 찍었으면 이전과는 또 다른 마음이 들었을 것 같다.

우리 아이들은 참 운이 좋은 아이들이라는 생각이 든다. 역사 적폐를 청산하고 나라다운 나라를 만들기 위해 행동하고 계신 분을 만나 그분의 역사의식과 생각을 마주했고, 역사의 현장을 같이 걸었다는 감동이 마음속에 평생 남을 테니 말이다. 아이들이 수업을 하면서 찍은 느낌표가 생각에 그치지 않고 삶으로, 행동으로 이어졌으면 좋겠다.

4.
열.참.시
(열강의 참견 시점)

수업의 의도와 개요

사회 교과서에서는 일제강점기에 일제가 우리 민족에게 저지른 만행, 일제에 대항한 우리 민족의 노력을 주로 다룬다. 일본 외에는 러시아(러일전쟁으로 인한 일제의 우리 민족에 대한 만행을 이야기할 때), 중국과 미국(임시정부 산하의 한국광복군이 중국군과 연합을 했던 사실이나 미군과 국내 진공 작전을 계획했던 사실을 이야기할 때)과의 관계를 잠깐씩 소개한다. 당시 이 세 열강이 우리나라를 어떤 시선으로 바라보았는지 이해하도록 수업을 계획했다. 우리나라에 도움을 주었는지, 방관했는지, 침략에 동참했는지 알아보도록 했다. 그래서 열강의 시선을 미국 편, 중국과 러시아 편 두 가지의 소주제로 나눴다.

미국 편의 경우 을사늑약의 빌미가 된 가쓰라-태프트 밀약을 이야기하지 않을 수 없었다. 대한제국 당시 고종의 외교적 노력에 대한 자료를 찾던 중 고종과 그 당시 미국 대통령 시어도어 루스벨트의 관계에 얽힌 이야기가 특히 흥미로웠다. 마침 방영 중이던 드라마 〈미스터 선샤인〉 주인공의 "미국은 절대 조선을 돕지 않소"라는 대사를 보며 미국은 자국의 이익만을 쫓기 위해 꼼수를 부린다는 인상이 강하게 들었다. 그래서 '나는 꼼수다'라고 소주제명을 붙였다. 초등학생인 아이들에게 내용이 다소 어려울 수 있어 최대한 쉽고 재미있게 다가가기 위해 네이버 어린이 백과에서 검색한 자료와 드라마 〈미스터 선샤인〉의 몇 개 장면, 그리고 미국 사절단이 조선을 방문한 이야기를 다룬 웹툰 「조선왕조실톡」 186화를 수업 자료로 활용했다. 활동 중심의 수업이 아닌 한 차시의 강의식 수업이었다.

중국과 러시아 편의 경우 두 나라는 각각 청일전쟁과 중일전쟁, 러일전쟁을 겪어 우리 민족과 입장이 비슷하리라 생각했다. 그래서 '내 코가 석 자'로 소주제명을 정했다. 러시아의 경우 러일전쟁의 배경과 결과를 최대한 간단하고 쉽게 다루고자 네이버 어린이 백과에서 검색한 자료를 활용했다. 중국의 경우 대규모 전쟁이었던 중일전쟁을 이야기하며 특히 난징 대학살을 알리기 위해 동영상 강의 자료를 일부 활용했다. '독립운동가의 시선' 수업에서 임시정부에 대해 공부했기에 한국광복군과 중국군과의 연합을 한 번 더 간단히 언급하고 마무리 활동으로 난징 대학살을 알리는 기사문 쓰기 활동으로 수업을 마무리했다. 이는 2학기 초 다른 주제수업과 연계해 공부했던 국어 '8. 정보를 활용한 기사문' 단원과 다시 한 번 이어지는 활동이었다.

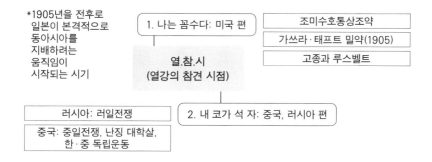

수업의 흐름

	소단원 명	소단원 주요 내용	관련 성취기준	차시량
1	나는 꼼수다: 미국 편	• 조미수호통상조약 • 가쓰라-태프트 밀약 알아보기 • 고종과 루스벨트	사회: -의병과 독립협회 및 대한제국의 구국을 위한 노력을 인물의 활동을 중심으로 파악한다. -주요 인물 이야기를 통해 3·1운동과 대한민국 임시정부, 독립군의 전투 등 일제강점기에 국내외에서 전개된 민족 독립운동을 탐구한다.	1
2	내 코가 석 자: 중국, 러시아 편	• 러일전쟁의 배경과 결과 • 중일전쟁과 난징 대학살 -사실을 알리는 기사문 쓰기 • 일본에 대항해 맞잡은 두 손 -한국광복군과 중국군 연합	국어: -다양한 매체에서 조사한 내용을 바탕으로 쓰기 윤리를 지키며 글을 쓴다.	1

1.
나는 꼼수다: 미국 편

조미수호통상조약
⇩
가쓰라-태프트 밀약
⇩
고종의 짝사랑

1. 조미수호통상조약

- 1880년대 미국의 시선(팽창주의), 조미수호통상조약의 주요 내용
- 조약 후 미국 외교정책의 변화
- 드라마 〈미스터 션샤인〉 21화 일부 장면 보기: 주인공의 "미국은 조선을 절대 돕지 않소"라는 대사가 나오는 부분

2. 가쓰라-태프트 밀약

- 일본 총리 가쓰라와 미국 육군 장관 태프트의 뒷거래 내용

3. 고종의 짝사랑

- 시어도어 루스벨트, 그는 누구인가?
- 웹툰 「조선왕조실톡」 186화 '말을 탄 공주님': 시어도어 루스벨트가 파견한 미국 사절단 일행의 이야기
- 고종의 기대, 그와 다른 루스벨트의 속내
- 사절단 방문 두 달 후 맺어진 을사늑약
- 드라마 〈미스터 션샤인〉 22화 일부 장면 보기: 길에서 마주친 안창호가 주인공에게 러일전쟁 후의 조선 상황을 이야기해 주는 부분

열강의 시선 첫 주제인 '나는 꼼수다: 미국 편'에서는 조선을 바라보는 미국의 시선을 다룬다.

조선은 1882년(고종 19년)에 미국과 조미수호통상조약을 맺는다. 이는 서양 국가와 맺은 최초의 수호 통상 조약이며 미국이 나라 밖으로 시선을 돌리기 시작하던 시기에 맺어졌다. 미국의 시선을 설명하기 위해 '팽창주의'라는 개념을 언급했는데, 수업시간 반응을 보니 아이들에게는 너무나 어려운 용어였던 것 같다. 조미수호통상조약의 주요 내용을 최대한 쉬운 말로 풀어 설명해 주며 조선에게는 불평등한 조약이었음을 강조했다. 특히 고종이 '두 나라 중 한 나라가 다른 나라의 침략을 받으면 서로 돕는다'는 조항에 기대를 많이 걸었지만, 조약이 얼마 지나지 않아 미국은 조선이 국익에 별로 도움 되지 않는다고 판단해 조선에 대한 관심을 점차 줄여 갔음을 설명하며 드라마 〈미스터 선샤인〉 21화 장면 중 일부를 보여 주었다.

가쓰라-태프트 밀약의 내용은 네이버 어린이 백과에서 가져와 아주 간단하게 다뤘다. 일본과 미국의 입장을 슬라이드 한 장에 대화식으로 설명하다 보니 가쓰라-태프트 밀약이 언제, 어디에서, 어떻게 일어나게 됐는지에 대한 설명이 부족했던 것 같다. 아이들이 흐름을 이해하기 어려웠을 것 같아 수업 후에 슬라이드 노트에 설명을 추가해 두었다.

미국의 시선 부분

미국 사절단의 모습 부분

'고종의 짝사랑' 부분에서는 먼저 '시어도어 루스벨트'라는 인물을 소개했다. 수업을 준비하며 그는 26대 미국 대통령이고, 우리에게 상대적으로 더 익숙한 '프랭클린 루스벨트'(32대 미국 대통령)와는 다른 인물임을 새롭게 알게 되었다. 그가 큰딸인 '앨리스'와 가쓰라-태프트 밀약을 주도했던 인물인 '윌리엄 하워드 태프트'를 사절단장으로 하여 조선에 사절단을 파견한 이야기를 아이들에게 좀 더 흥미롭게 들려주기 위해 웹툰 「조선왕조실톡」 186화 '말을 탄 공주님' 편을 읽어 주었다. 수업 후에 생각한 바, 설명 위주 수업에 지친 교사의 목소리보다 실감 나게 읽어 줄 아이의 목소리가 필요했던 순간이었다. 스스로 황제라 칭하고 대한제국을 선포했으며 외교 활동에 많은 힘을 썼던 고종이었지만, 미국에 대한 그의 큰 기대와 그 기대를 저버린 미국의 입장을 보며 고종이 매우 안쓰러웠다. 그 감정을 담아 '고종의 짝사랑'이라는 소주제명을 붙였는데, 미국의 사절단 방문이 있고 불과 두 달 후 을사늑약이 맺어졌다는 사실을 듣고 아이들도 비로소 그 감정을 조금이나마 이해한 듯했다.

2.
내 코가 석 자-중국, 러시아 편

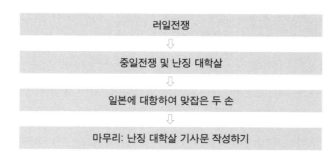

1. 러일전쟁
-애니메이션으로 된 그림을 살펴보며 러일전쟁 이해하기

2. 중일전쟁 및 난징 대학살
-실제 사진과 영상을 통해 중일전쟁 및 난징 대학살 이해하기
-영상 〈기사단장 죽이기〉 속 역사 강의_난징 대학살 유튜브 영상 감상(5
  분 53초) http://go9.co/NYg

3. 일본에 대항하여 맞잡은 두 손
-상하이 임시정부 청사 사진 보여 주기(이곳은 어디일까?)
-사진 및 그림을 통해 상하이 임시정부 수립과 중국에서의 독립운동 이
  해하기
-중국군과 한국광복군의 항일 독립전쟁 이해하기

4. 난징 대학살 기사문 작성하기
-난징 대학살 현장에 방문한 전쟁 전문기자가 되었다고 상상하여 기사문
  작성하기

'내 코가 석 자' 수업은 열강의 시선 수업 중 두 번째 수업으로 계획했다. '내 코가 석 자'에 나오는 두 나라는 중국과 러시아이다. 그 두 나라는 대한제국에 눈독을 들였으나 일본과의 전쟁에 패하며 자연스럽게 대한제국에서 물러나게 되었다. 그리하여 제목 또한 '내 코가 석 자'라고 지은 것이다.

먼저 러일전쟁을 살펴보며 수업을 시작했다. 당시 러시아는 조선을 장악하기 위해 간섭을 꾸준히 했으나 일본과의 전쟁에 대패하면서 자연스럽게 조선에서 손을 뗀다. 이어서 중일전쟁에 대한 설명이 이어졌다. 일본은 이미 조선이라는 나라를 강제로 점거한 지 오래였고, 중국 영토 또한 장악하고 싶어 했다. 전쟁의 구실을 찾는 도중에 일본의 자작극으로 벌어진 발포사건인 이른바 노구교사건*을 빌미로 중국과의 전쟁을 선포한다. 일본군은 강력한 군사력으로 당시 중국의 수도였던 난징을 집어삼키게 된다. 이때 일본은 중국과의 전쟁이 수월할 것으로 예상했었으나 생각보다 오랜 시간 동안 지속되었다. 이러한 과정에서 일본 또한 군사적인 피해를 입기도 하는데, 이에 일본은 화풀이할 대상으로 난징 대학살을 감행한다. 다양한 영상과 사진을 통해 아이들은 일본의 잔혹한 과거를 낱낱이 파악할 수 있었다.

이어서 '일본에 대항하여 맞잡은 손'에 대해 다루었다. 먼저 상하이 임시정부 건물 그림을 보며 질문을 던졌다. "이 건물은 무엇일까요?"라는 질문을 받은 아이들은 정답을 맞히려고 노력했으나 쉽게 찾지는 못했다. 이어서 상하이 임시정부 앞에서 초대 정부 구성원들이 찍은 단체사진을 보여 주니 쉽게 답을 찾아낼 수 있었다. 그 후 상하이 임시정부에 대해 배우고 중국에 임시정부를 수립할 수밖에 없었던 시대적 상황과 중국의 도움 등에 대해 살펴보았다.

---

*1937년 일본·중국 양국 군대가 노구교에서 충돌하여 중일전쟁의 발단이 된 사건.

상하이 임시정부 사진   난징 대학살의 참상을 설명해 주는 사진

　계속해서 한국의 독립군과 중국군이 중국에서 함께 일본에 대항해 전쟁을 했던 역사적 사실들을 배웠다.

　마지막으로 아이들이 '난징 대학살 사건'에 대해 깊이 생각해 볼 필요가 있다고 판단했다. 그래서 어떤 활동을 하면 좋을까 고민한 끝에 전쟁 전문기자가 되어 난징 대학살 현장을 목격했다고 가정해 보는 활동을 하기로 했다. 아이들은 난징 대학살에 대해 사건 현장과 그 결과를 생생하게 기사문으로 담아 보았다.

　전반적으로 수업 내내 설명 위주로 진행할 수밖에 없었다. 무엇보다 일본의 만행과 주변 나라의 시대적 상황을 학생들이 알 필요가 있다고 생각했기 때문에 전달 위주의 수업일 수밖에 없었다. 하지만 매우 의미가 있었고, 특히 난징 대학살에 대해 생각해 보는 시간은 더욱 그러했다. 아이들은 분노했고 가슴속 깊이 아픈 과거를 새겼다. 다시는 이러한 일이 반복되지 않기를 바라는 마음이었다.

'열강의 참견 시점' 수업은 서양 및 주변 강대국들과 조선의 관계를 알아보는 수업이다. 여섯 개의 시선 중에서 상대적으로 중요성은 낮은 편이었지만, 그 당시 시대적인 상황을 정확히 파악하는 것에 초점을 맞추었다. '왜 그때 미국은 그렇게 행동했나?', '중국과 러시아는 왜 그러한 선택과 행동을 했나?'라는 생각을 같이 해 보자는 의도였다.

제국주의가 팽창하던 그 시절 조선은 주변 여러 강대국들에 많은 고통과 시달림을 받게 된다. 아이들은 다양한 사진과 자료를 통해 무기력한 조선에 대해 알고, 자신의 이익을 챙기는 주변 강대국들의 냉정한 현실도 파악하게 되었다. 그 과정을 통해 우리 아이들이 당시 조선의 입장과 일제강점기에 대해 더욱더 입체적으로 생각해 볼 수 있었다.

고종과 루스벨트의 관계, 조선과 미국의 관계, 러시아와 조선, 중국과 조선의 관계를 알아보면서 아이들은 분노했고 측은지심을 갖기도 했다. 일제에 대한 분노의 감정이 더욱 커지기도 했다. 아이들이 앞서 독립운동가, 친일파, 일본군 위안부 등을 배울 때 못지않게 그 당시 세계 여러 강대국들의 정황과 행동에 대해 파악하는 것을 꽤나 흥미로워했다. 이 수업에서 아이들이 흥미와 관심을 가지고 수업에 참여했다는 점이 의미 있었다.

5.
동아시아 주인공은 나야 나!
(일본의 시선)

수업의 의도와 개요

'동아시아의 주인공은 나야 나' 수업은 일본의 입장에서 바라본 일제강점기이다. 기존의 일제강점기 수업은 일제가 행한 조선에 대한 침략과 식민지화에 대해 알아보는 것이 대부분이다. 그 당시 일제는 동아시아 전체를 대상으로 삼아 식민지화하고 침략을 일삼았다. 그래서 일본의 시선으로 그 당시를 바라보게 된다면 그들의 과거 행적에 대한 저변을 동아시아 전체로 넓혀서 바라볼 수 있으리라는 생각을 갖고 수업을 구상했다. 일제에 의해 피해를 입은 여러 나라들이 일본에 대해 진정한 반성 및 사과를 바라고 있지만 일본은 별다른 반응을 보이지 않는 것이 현실이다. 일본이 동아시아를 바라보는 시각은 과거와 현재가 그리 다르지 않다고 생각한다. 그래서 그 당시 그들의 입장이 무엇이었을지 생각해 보고 과오에 대한 변명 및 아직까지도 주변 나라에 대한 배려 없는 일본의 행태에 대해 알아볼 수 있는 수업을 만들고자 했다. 일본의 시선이라고 하여 과거 침략을 했던 사실들을 그들의 시선에서 미화하려는 내용들이 아니다. 오히려 그 당시 일제의 침략에 대해 심층적으로 알아보자는 데에 중점을 뒀다.

수업의 시작은 동아시아 전체를 갖고자 했던 일제의 행적에 대해 알아보는 것이다. 그 당시 일제가 우리나라를 포함하여 다른 여러 지역들을 식민지로 삼은 과정 및 결과를 쉽게 이해할 수 있도록 했다. 일제가 다른 지역을 식민지화하기 위한 과정들이 꽤나 복잡하지만 최대한 덜어 내고 꼭 필요한 내용들로 구성하고자 했다. 여기에 덧붙여 일제의 침략에 대한 역사를 그들의 시선으로 변명하는 것을 추가했다. 침략을 정당화한 그들의 변명을 학생들이 부당하다고 생각하는 것이 중요하기에 어려운 내용이지만 알아볼 필요가 있다고 생각했다.

다음으로 현재까지 이어져 오고 있는 일제의 잔재들에 대한 내용이다. 야스쿠니 신사나 욱일기는 그 당시 일본 제국주의의 망령과도 같은데, 현재까지도 일본은 과거의 잔재들을 신성시할 뿐만 아니라 이를 정치적으로 이용하고 있다. 그래서 이러한 것들의 의미를 정확히 알아보고 역사적 무지로 인해 잘못이나 실수를 하지 않도록 다짐하며, 여러 논란들에 대해 학생들이 나름의 입장을 가질 수 있도록 수업을 구성했다.

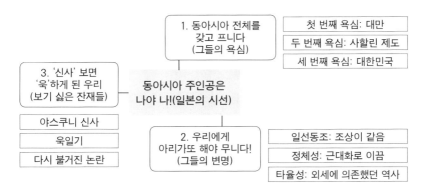

수업의 흐름

	소단원 명	소단원 주요 내용	관련 성취기준	차시량
1	동아시아 전체를 갖고 프니다 (그들의 욕심)	• 동아시아를 지배했던 일제의 행적 알아보기	사회: -외세의 침략을 막으려 한 노력을 대표적인 사건과 유적지를 중심으로 이해한다. -우리나라와 중국, 일본, 러시아 간의 갈등 또는 협력 사례를 알아보고, 그 이유를 설명할 수 있다. 도덕: -지구촌 시대에 인류가 서로 돕고 평화롭게 살아야 하는 이유를 이해하고, 인류를 사랑하고 평화로운 세상을 만들기 위해 노력하는 태도를 지닌다. 이를 위해 인류애 및 평화가 인류의 삶에 얼마나 중요한지를 설명하고, 인류애와 평화를 실현하기 위해 노력하고 있는 사람들의 사례를 찾아본다.	1
2	우리에게 아리가또 해야 무니다 (그들의 변명)	• 과거의 행적을 정당화 시키려는 일본의 입장 파악하기		
3	'신사' 보면 '욱'하게 된 우리 (보기 싫은 잔재들)	• 일제 관련 잔재들에 대해 알아보기 -욱일기 논란에 대해 일본의 주장 반박하기		1

1·2.
'동아시아 전체를 갖고 프니다'
& '우리에게 아리가또 해야 무니다'

동아시아 전체를 갖고 프니다!(그들의 욕심)
⇩
우리에게 아리가또 해야 무니다!(그들의 변명)

1. 동아시아 전체를 갖고 프니다!(그들의 욕심)
-첫 번째 욕심: 대만
-두 번째 욕심: 사할린 제도
-세 번째 욕심: 대한민국

2. 우리에게 아리가또 해야 무니다!(그들의 변명)
-식민지 지배에 대한 타당성을 주장하는 세 가지 변명들
-일선동조, 정체성, 타율성

첫 번째 소주제인 '동아시아 전체를 갖고 프니다!'에서는 당시에 일본 제국이 동아시아 전체를 식민지화하고자 했던 내용을 다루었다. 동아시아 여러 지역이 조선과 같은 처지였음을 알아보는 데 중점을 두었다. 대륙 침략을 위한 전진 기지로 조선을 선택한 일본이지만 이러한 과정에서 다른 여러 나라도 식민지화했고, 그 과정 또한 강압적이었다는 점을 알아야 했다. 그래서 사회 교육과정 내용 중 일제강점기 부분과 당시 일제가 여러 지역을 자신들의 치하에 두면서 그들의 영토로 인정한 지역들(내지)을 고려하여 수업을 구성했다.

첫 번째는 대만으로, 일제가 청으로부터 얻게 된 지역이다. 일본은

대륙 침략의 야욕을 위해 청을 견제할 필요가 있었고, 이후 청일 전쟁을 일으켰으며, 전쟁이 자신들에게 유리하게 진행되자 강화조약을 맺었다. 일본은 청의 조선에 대한 간섭을 줄일 수 있게 되었고, 조선을 침략할 수 있는 계기를 마련했다. 이 과정에서 대만은 우리보다 먼저 일본의 치하에 들어가게 되었다. 그 당시 일본의 지배가 오히려 그들에게 도움을 주었다는 의견도 있으나, 이와 반대되는 의견 및 저항했던 세력이 있었음에 착안해 첫 번째 수업을 구성했다.

두 번째는 사할린 섬 지역인데, 이는 러시아와 일본의 대립으로 얻은 지역이라고 볼 수 있다. 막강한 군사력을 자랑했던 러시아마저 러일 전쟁을 통해 제압했으니 사할린 제도를 얻는 것은 당연한 수순처럼 보인다. 이후 조선 역시 일본의 지배를 받게 되는데, 이 과정을 단순한 설명만으로 학생들이 이해하기에는 어려운 내용일 것 같아 쉽게 이해하도록 만화식으로 구성했다.

두 번째 소주제인 '우리에게 아리가또 해야 무니다!'에서는 일제의 변명에 대해서 알아봤다. 이 소주제를 넣은 이유는 일본이 어떤 식으로 말도 안 되는 논리를 펼치는지를 정확히 아는 것이 이를 반박하는 데 도움이 되기 때문이다. 현재도 일본은 침략의 역사를 끊임없이 왜곡시키려 하고 있다. 이러한 과정에서 우리나라의 유구한 역사를 훼손시키고 합병의 당위성까지 내세우고 있으며, 이를 현재까지도 일본

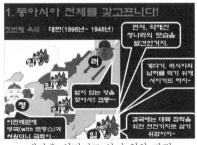
대만을 식민지로 삼기 위한 과정

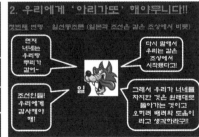
일본의 변명

의 교육과정에 담고 있는 점은 놀라움을 넘어 몹시 분노스럽다. 이렇듯 감추고 왜곡하려는 그들의 주장에 대해 심도 있게 알아보고 여기에 반박할 수 있는 힘을 길러야 한다. 조선과 일본이 같은 조상이었다(일선동조론), 일본이 근대화로 이끌어 주었다(정체성론), 조선은 원래부터 외세에 기대어 지내 왔다(타율성론)는 주장에 대해 자연스럽게 부당함을 느끼고, 이와 관련해 여러 가지 논의를 해 볼 수 있도록 수업을 진행했다.

3.
'신사' 보면 '욱'하게 된 우리
(보기 싫은 잔재들)

욱일기에 대해 알기
⇩
신사에 대해 알기
⇩
최근 불거진 논란에 대해 입장 갖기

1. 욱일기 및 신사에 대해 알기
-영상을 통해 욱일기 및 신사 동영상 감상

2. 논란에 대한 입장 견지하기
-최근 한일 간 욱일기 관련 논란에 대해 이야기 나누기

'일본의 시선' 마지막 내용은 현재까지 이어져 온 일제의 잔재들에 대해 알아보는 것이다. 일제의 잔재에는 여러 가지가 있지만, 욱일기와 신사에 대해 살펴봄으로써 현재까지 뜨거운 논란거리가 되고 있는 이유를 정확하게 알아야 한다는 점을 강조했다. 일본과의 교류가 많아지고 있는 요즘, 이러한 잔재들에 대한 역사적 무지함으로 인해 이를 선호한다든가 무의식적으로 행동함으로써 사회적으로 비난을 받은 공인들이 있었다. 학생들은 이러한 논란들에 대해서 기사나 뉴스를 통해 직간접적으로 들어 보긴 했지만, 정확한 사실에 대해서는 잘 알지 못한다. 이번 수업을 통해 이러한 논란들이 왜 생기는지 정확한 이해를

하도록 관련 영상을 시청하고 질문을 던져 보았다.

그런 다음 이러한 논란들에 대한 일본의 안하무인격 태도를 비판하는 자세를 강조했다. 마침 일본 해상 자위대의 욱일기 사용이 논란이 되었을 때라, 이를 이야기하면서 일본의 입장에 반박할 수 있는 시간을 마련했다.

욱일기에 대한 설명

수업을 마치며

 일본의 입장에서 일제강점기 수업을 진행하면서 어려웠던 점은 아이들에게는 어려울 수도 있는 부분까지 다루었다는 것이었다. 조선 침략의 역사를 이해하는 것도 쉽지 않은 일인데, 영역을 너무 넓혀 공감을 얻고자 한 애초의 목적이 희석되지 않았을까 우려스러웠다. '일본의 시선' 수업을 진행해 보니 아이들은 일본인의 행적이나 생각에 대해 쉽게 공감하지 못했다. '왜 그렇게까지 했을까?'라는 반응을 보였는데, 이러한 반응이 수업자로서는 조금이나마 다행스러웠다. 처음부터 역사적 용어 및 학습을 위한 수업이 아니라 '시선'이라는 측면에서 접근했기 때문에 모든 수업 내용을 온전히 이해하지 못하더라도 이들의 시선에 대해 자신만의 생각을 갖는 것이 더 중요하다고 생각한다. 수업을 준비하며 좀 더 많은 공부를 해야 했고, 이를 학생들이 이해할 수 있는 언어로 풀어내는 것들이 힘들었지만, 아이들이 다른 차원에서 생각할 수 있도록 한 점에 대해 뿌듯함을 느꼈다.

6.
민중의 시선

수업의 의도와 개요

'여섯 개의 시선' 모두 각 수업이 담은 의미가 있지만, 평범한 다수였던 민중들의 삶을 들여다보고 이에 공감해 보는 것도 일제강점기 수업 중 중요한 부분이라고 생각했다. 부를 누리며 살던 친일파도 아니고 목숨을 걸고 독립운동을 해서 기록에 남은 것도 아니지만, 척박한 상황 속에서 독립을 기다리며 고통스러운 삶을 살아 낸 민중들의 아픔을 이해해 보고자 수업을 계획했다. 민중의 시선은 당시 농민들의 삶, 그리고 위안부, 징용 세 가지의 소주제로 나눴다.

농민들의 삶을 다루며 쌀 수탈 및 소작쟁의를 중심으로 토지 약탈, 파업 쟁의 등도 함께 다룰까 고민했으나 수업 분량을 고려해 쌀 수탈에 관한 내용에 집중하기로 했다. 우리 지역의 도시인 군산 현장체험학습과도 연계하여 수업을 진행하면 더욱 효과적일 것이라는 기대와 함께, 소주제 제목도 '일본이 선택한 도시, 군산'으로 정했다. 일제강점기 쌀 수탈의 흔적이 남아 있는 군산의 주요 장소를 알아보고, 이곳을 직접 다녀옴으로써 당시 어려웠던 농민들의 삶을 생생하게 알아보기로 했다. 수업 준비에는 『역사와 이야기가 있는 답사기행 2: 전라북도 편』 책이 많은 도움이 됐다. 우리 지역 도시들과 관련된 역사가 자세히 담겨 있어, 교사인 나부터 군산이라는 도시의 특성과 역사에 대해 자세히 알아볼 수 있었다. 그 외 수업에서 다루지 못한 내용은 『으랏차차, 이야기 한국사』 책을 통해 보충하도록 계획했다.

위안부 문제는 2017년 개봉한 영화 〈아이 캔 스피크〉를 보는 것으로 시작했고, 소주제 제목 역시 영화 제목과 같다. 〈아이 캔 스피크〉는 위안부 문제를 너무 우울하게 다루지 않고 감동적인 이야기로 잘 풀어낸 12세 관람가 영화로 수업 자료로 활용하기에 적절했다. 영화를 본 후 실제 위안부 피해자들의 생존 현황과 그들이 바라는 진정한 사과에 대해 이야기 나누고, 마지막으로 위안부 피해자들을 후원하고 있는 단체들을 소개했다. 그중 '마리몬드'라는 단체에서 진행하고 있는 '마리몬더의 이름으로'라는 소녀상 공공 조형물 지정 촉구를 위한 서명운동에 아이들도 참여해 보는 것으로 소주제 수업을 마무리했다.

징용 문제는 2015년에 방영한 무한도전의 〈배달의 무도〉 영상을 활용하면 좋겠다고 생각했다. 잘 알려지지 않았던 우토로 마을에 대해 잘 소개한 방송이었기 때문이다. 우토로 마을은 한국인 노동자 1,300명이 일제강점기에 일본의 군 비행장 건설을 위해 강제 동원됐다가 광복 후 고향으로 돌아가지 못하고 살고 있는 지역이다. 이 마을의 주민들이 퇴거 위기에 놓인 안타까운 상황과 이들의 가슴 아픈 사연들을 나누며, 우리가 이분들의 아픔을 기억하고 잊지 말자는 의미에서 '기억할게! 우토로'라는 소주제명을 정했다. 실제로 방영 후 3년이 지난 지금도 '기억할게! 우토로' 캠페인이 진행되고 있는데, 이 수업을 통해 함께해 주는 시민들에게 감사한 마음을 갖고 이에 조금이나마 보탬이 되는 수업이 되길 바라는 마음으로 수업을 준비했다.

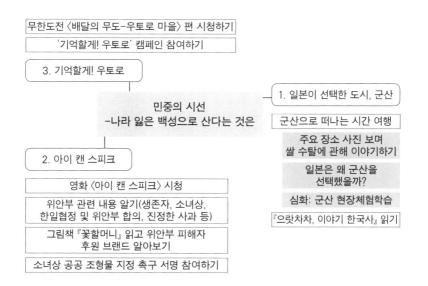

수업의 흐름

	소단원 명	소단원 주요 내용	관련 성취기준	차시량
1	일본이 선택한 도시, 군산	• 군산으로 떠나는 시간여행: 미션 해결하기 • 군산 근대역사 체험학습 –『으랏차차, 이야기 한국사』읽기	사회: –의병과 독립협회 및 대한제국의 구국을 위한 노력을 인물의 활동을 중심으로 파악한다. –주요 인물 이야기를 통해 3·1운동과 대한민국 임시정부, 독립군의 전투 등 일제강점기에 국내외에서 전개된 민족 독립운동을 탐구한다. –구체적인 사례를 통해 근대 문물 수용 이후 사회와 문화의 변화 양상과 달라진 일상생활의 모습을 조사한다.	5
2	아이 캔 스피크	• 영화 〈아이 캔 스피크〉 시청 • 위안부 바로 알기 – 그림책『꽃할머니』 – 함께하는 사람들		4
3	기억할게! 우토로	• 무한도전 〈배달의 무도〉 시청 후 소감 나누기 – '기억할게! 우토로' 캠페인 참여하기		2

1.
일본이 선택한 도시, 군산

군산으로 떠나는 시간 여행: 미션 해결하기
⇩
생각하기: 일본은 왜 군산을 선택했을까?
⇩
군산 근대역사 체험학습
⇩
체험학습 소감문 작성하기

1. 군산으로 떠나는 시간 여행: 미션 해결하기
-과거 쌀 수탈에 관련된 주요 장소 사진을 보며 미션 해결하기

2. 생각하기: 일본은 왜 군산을 선택했을까?
-교통에 유리한 금강, 만경강, 호남평야와 가까운 위치, 서해 바다

3. 군산 근대역사 체험학습
-(구)군산세관, 근대역사박물관, (구)조선은행: 문화해설 들으며 체험학습
다녀오기

4. 체험학습 소감문 작성하기
-체험학습 소책자에 소감문 작성하기

　　민중의 시선 첫 소주제인 농민들의 삶은 군산 체험학습과 연계하여
계획했다. 군산이라는 도시를 선택한 이유는 일제강점기 쌀 수탈의 대
표적인 도시였고, 이로 인해 현재도 일제강점기 흔적들을 찾아볼 수

있기 때문이다. 군산은 조선시대 최고의 곡창지대인 호남평야와 가깝고, 금강과 만경강 운하, 서해 바다와 인접하여 항구까지 끼고 있기 때문에 일본의 입장에서 쌀 수탈에 제격인 도시였다. 반가운 흔적들은 아니지만 이런 흔적들을 반면교사 삼아 가슴 아픈 역사가 되풀이되지 않도록 기억하려는 노력도 필요하다. 당시 군산시에서 근대문화벨트화 지역을 지정하고 근대역사문화교육을 활발하게 홍보하고 있었기에 배운 내용과 연계하여 적절하게 체험학습을 운영할 수 있으리라 기대했다. 군산 근대역사문화교육 홍보 내용은 각종 공문과 안내 책자를 통해 알 수 있었다.

2학기 준비 워크숍에서 교육과정에 대해 구체적으로 의논하며 해당 수업을 진행할 적절한 시기에 맞춰 체험학습 날짜를 선정했다. 바로 체험학습을 위한 별도의 예약이 필요한지 알아봤다. 근대역사박물관의 경우 단체 관람 시 예약이 필요했고, 체험학습과 관련해 문화관광해설사를 신청할 수 있었다. 예약은 체험학습 한 달 전쯤 해도 충분히 여유가 있었다.

동학년 선생님들과 체험학습 3주 전에 사전답사를 계획했다. 근대문화벨트화 거리가 아이들이 걸어 다니기에 적당한 거리인지, 한 장소당 수용 인원은 얼마 정도 되는지 사전 확인이 필요했다. 사전 답사 결과 근대문화벨트화 거리의 대표적인 관람 장소는 군산세관, 근대역사박물관, 근대건축관, 근대미술관 총 네 곳으로 추려졌다. 각 장소를 방문해 보니 대부분의 장소가 협소해서 동시에 많은 인원을 수용하기 어렵다는 점과 단순 관람으로는 아이들이 각 장소들에 담긴 의미를 깊이 있게 파악할

근대역사문화교육 프로그램

수 없다는 것이 염려됐다. 이 문제는 문화관광해설사와의 통화를 통해 해결할 수 있었다. 학급당 해설사를 한 분씩 모셔 각 장소를 교대로 돌아보며 설명을 듣는 프로그램을 마련했고, 오전 시간 동안 네 곳을 모두 돌아보는 것은 일정이 촉박하다는 조언을 듣고 아쉽지만 근대미술관은 관람 코스에서 제외했다.

체험학습을 떠나기 전에 '민중의 시선' 소주제와 연계해서 왜 군산으로 체험학습을 가는지 알아보는 수업이 필요했다. 아이들이 군산 체험학습의 주요 장소를 미션 형식으로 탐색하고, 이를 통해 쌀 수탈에 관련된 역사를 알아보도록 계획했다.

미션 방식은 현재 남아 있는 일제강점기와 관련된 장소 네 곳이 표시된 지도, 이 장소의 과거 사진과 이와 관련된 힌트를 두세 가지 간단하게 주었다. 이를 바탕으로 모둠 협의 및 스마트폰 검색을 통해 이 장소가 어느 곳인지 찾아보도록 했다.

아이들은 군산 관광지도를 검색하기도 하고, 주어진 힌트를 검색 사이트에 입력해 보며 장소를 찾았다. 가장 쉽게 찾은 장소는 4번 장소인 '히로쓰 가옥'이었고, 2번과 3번은 과거에 모두 은행이었고 거리도 가깝다 보니 명확히 구분하여 찾기 어려워했다. 1번 '군산세관'은 사진을 자세히 보면 간판의 작은 글씨가 보이는데, 이를 발견한 모둠도 있었지만 대부분은 검색을 통해 어떤 장소인지 찾아냈다. 네 곳을 모두 정확히 찾은 모둠은 6모둠 중 3모둠이었다. 예상보다 장소 탐색을 어려워했던 것으로 보여서, 힌트를 좀 더 구체적으로 다양하게 제시했으면 좋았을 거라는 아쉬움이 들었다.

사진 속 장소들의 과거 이름과 현재 이름을 정확히 안내한 뒤, 이 장소들의 공통점에 대해 생각해 보도록 했다. 아이들은 어렵지 않게 '일제강점기와 관련된 장소 같다', '일본인들에 의해 만들어진 건물인 것 같다' 등의 답변을 했다. 이를 바탕으로 일제강점기 쌀 수탈과 이로 인한 민중의 고단한 삶에 대해 설명했다. 당시 일본이 추진했던 '산미증식계획'으로 인해 우리 농민들이 어떤 고통을 받았는지, 높은 소작료를 견디지 못한 농민들이 일으킨 농민운동을 '소작쟁의'라고 한다는 것과 군산에서도 옥구소작쟁의가 있었음을 알려 주었다. 또한 군산이 거류지*로 지정되면서 일본의 불법적인 토지 약탈로 인해 한때 일본인이 군산 인구의 50%를 차지했음을 설명하고, 이로 인해 군산에 아직도 일제의 흔적이 많이 남아 있음을 이야기해 주었다. 그리고 군산의 항구, 철도(호남선, 군산선), 도로(전군가도)는 일제의 수탈을 목적으로 만들어졌음을 설명했다.

마지막으로 '일본은 왜 군산이라는 도시를 선택했을까?'라는 질문을 하며 아이들과 함께 생각해 보았다. 아이들은 '바다가 가까워서요', '호남평야가 가까워서요' 등의 답변을 했다. 강에 대한 이야기가 나오지 않아서 아이들이 체험학습이나 교외 나들이를 다닐 때 한 번쯤은 봤을 금강 하구둑에 대해 생각해 보도록 했다. 아이들은 분명 오가며 봤을 텐데, 금강 하구둑의 용도 및 강과 바다가 만나는 지점이라는 점을 쉽게 생각해 내지 못했다. 하구둑의 의미를 아는 친구의 설명을 통해 군산은 바다뿐만 아니라 북으로는 금강, 남으로는 만경강이 흘러서 생긴 수로로 인해 교통의 중심지였다는 설명을 했다. 또 우리가 이것을 직접 확인하기 위해 조만간 군산으로 체험학습을 갈 것이라 이야기하며 사전수업을 마무리했다.

체험학습 당일 11월 초, 쌀쌀한 날씨로 인해 걱정이 컸으나 차에서 내려서 이동하는 시간을 제외하고는 실내에 있는 시간이 길어 추위로 인한 어려움은 없었다. 다만, 근대역사박물관 등 특정 장소는 다른 단체 관람객들이 너무 많아 해설사의 설명이 들리지 않거나 아이들이 이

---

*조약에 의하여 한 나라가 자신의 영토 일부를 한정하여 외국인의 거주와 영업을 허가한 지역.

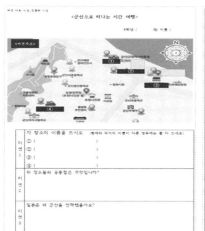
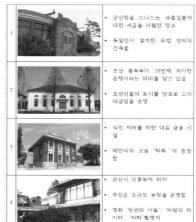

미션 학습지

동할 공간이 비좁아 관람이 어려웠던 점이 아쉬웠다.

약속한 장소에 도착해 해설사 선생님들과 인사를 나눈 뒤 학급별로 각기 다른 관람 장소로 흩어졌다. 해설사 선생님의 설명만 잘 들으면 될 거라는 생각에 별도의 학습지를 준비하지 않았는데, 군산시에서 직접 제작한 소책자를 해설사 선생님이 제공해 주고 이를 바탕으로 해설해 주셔서 아이들이 읽고 기록하기에도 좋았다.

사전답사 후 결정한 대로 우리가 관람할 코스는 세 곳이었고, 우리 학급의 경우 옛 군산세관 - 근대역사박물관 - 근대건축관(구 조선은행) 순서로 관람했다.

옛 군산세관은 일제강점기 시절 쌀, 곡식 등을 수탈하던 창구로 이용되다가 현재는 호남세관전시관으로 사용되고 있는 건물이다. 해설사 선생님은 독일인이 설계한 건물로 한국은행 본점 및 옛 서울역사와 양식이 비슷함을 설명해 주셨다. 또한 이 건물은 1908년에 만들어졌고, 엄밀히 말하면 일제강점기에 만들어진 건물은 아니라는 이유로 김영삼 정부 당시 일제강점기에 세워진 건물을 모두 철거하는 과정에서 살아남을 수 있었다는 설명이 인상적이었다. 아이들은 관세라는 개념이 다소 익숙하지 않기 때문에 그 내용보다도 전시된 짝퉁 물건들을 보고 흥미로워했다. 독특한 건축양식 때문인지 건물 앞에서 찍은 단체사진이 색다른 느낌이 들었다.

군산세관 관람을 마치고 바로 옆 건물인 근대역사박물관으로 이동했다. 이곳은 단체 관람객이 너무 많아 입장부터 쉽지 않았다. 우리와 같은 학생 단체 관람객부터, 귀여운 유치원 아이들, 그리고 지역 주민들도 방문했다. 해설사 선생님의 설명에 집중하기 힘든 환경이 아쉬웠다. 복잡한 상황 속에서도 꿋꿋하게 설명해 주시는 해설사 선생님께 감사했다. 이곳에선 일제강점기 역사뿐만 아니라 군산의 고대 유물까지 전시되어 있는지라 해설의 폭이 넓은 편이었다. 그래서 체험 시간에 한계가 있다 보니 해설사 선생님께 근현대사를 중심으로 설명해 주시면 좋겠다고 한 번 더 부탁드렸다. 2층 전시관은 소책자를 바탕으로 자유롭게 둘러보며 직접 체험해 볼 수 있는 코너들이 있어 아이들이 즐겁게 관람했다.

관람 마지막 장소인 근대건축관으로 이동했다. 이곳은 과거 조선은행으로 식민 지배를 위한 대표 금융시설이었다. 해설사 선생님께서 근대건축관은 일제강점기 관련 전시물들이 있어서 더욱 알차게 역사 체험 학습을 할 수 있다고 귀띔해 주셨다. 아이들도 이곳에 전시된 내용들을

해설사 선생님과의 첫 만남

옛 군산세관 앞에서 찍은 단체사진

근대역사박물관

근대건축관 전시를 관람하는 아이들

흥미로워했다. 특히 아이들은 이곳에 있는 동전더미와 독립운동가들의 얼굴을 작게 모형으로 모아 놓은 것을 인상 깊은 전시물로 뽑았다.

두 시간여 동안 교사인 나도 집중력이 떨어져 쉽지 않았는데, 하물며 대부분의 시간을 서서 설명을 듣는 아이들은 말할 것도 없이 힘들겠다는 생각이 들었다. 중간에 장난을 치거나 집중 못하는 아이들이 더러 보였지만 대부분은 진지한 태도로 해설사 선생님의 설명을 집중해서 듣는 모습이 대견했다. 해설 내용을 전부 이해하진 못했어도 군산에 와서 일제강점기에 우리 민중들이 얼마나 고통스러운 삶을 살았는지 어렴풋이나마 짐작할 수 있었을 것이다.

체험학습에서 돌아온 후에는 교실에서 간단히 소책자 내용을 되짚어 보고, 소책자 마지막 부분에 체험학습 소감을 간단히 정리하며 수업을 마무리했다.

체험학습 후 학생들이 정리한 소감

2.
아이 캔 스피크

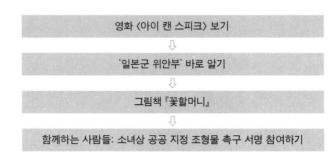

영화 〈아이 캔 스피크〉 보기
⇩
'일본군 위안부' 바로 알기
⇩
그림책 『꽃할머니』
⇩
함께하는 사람들: 소녀상 공공 지정 조형물 촉구 서명 참여하기

1. 영화 〈아이 캔 스피크〉 보기
- 일본군 '위안부' 이야기를 다룬 영화 보고 역사책에 소감 작성하기

2. '일본군 위안부' 바로 알기
- 기림의 날, 생존자, 소녀상, 한일협정 및 위안부 합의 내용에 대해 알기

3. 그림책 『꽃할머니』

4. 함께하는 사람들: 소녀상 공공 지정 조형물 촉구 서명 참여하기
- 개인별로 촉구 서명에 참여하고 인증샷을 클래스팅에 올리기

　일본군 '위안부'라는 주제는 처음부터 직접적으로 다루기에는 좀 어렵다고 생각해 관련 내용을 다룬 〈아이 캔 스피크〉라는 영화를 감상했다. 영화에서 주인공은 일본군 위안부로 끌려갔다 온 사실을 숨기고 살아왔으나, 후에 미국 의회 청문회에서 일본군 위안부로 살았던 과거를 낱낱이 드러내고 증언하는 모습을 보여 준다. 아이들은 영화를 보

영화 〈아이 캔 스피크〉　　　영화 〈아이 캔 스피크〉 학생 소감문

면서 당시 일본군 위안부들의 생활과 그들의 아픔을 같이 느끼고 안타까워하며 분노하는 모습을 보였다.

어느 정도 수업의 분위기가 형성되었을 때, 본 수업으로 들어갔다. 2018년에 처음으로 지정된 '위안부 기림의 날'에 대해 아는 아이가 한 명도 없었다. 기림의 날 관련 뉴스를 시청하고 그 의미를 알아본 후, 10여 분 정도 설민석 강사의 위안부 관련 강의를 들었다. 많게는 수십만 명의 일본군 위안부 중 정부에 등록된 수는 매우 적고, 그마저도 다 돌아가셔서 현재는 28명밖에 살아 계시지 않다는 것을 알자 아이들은 탄식했고, 일본의 잔혹한 만행에 분노를 드러냈다.

그다음으로 소녀상에 대해 알아보았다. 소녀상을 화면에 띄우니 학생들은 '왜 머리가 삐죽삐죽 단발이에요?', '왜 발뒤꿈치를 들고 있어요?' 하며 호기심을 보였다. 소녀상에 표시된 부분의 의미를 각자 유추하고 확인해 보는 시간을 가졌다. 전국에 설치된 소녀상의 현황을 확인하고, 우리가 힘을 모아 소녀상의 의미를 되새기고 지켜 내려는 의지를 다지는 시간이었다. 또한 2015년 이루어진 위안부 합의에 대해서도 짚고 넘어갔다. 나이 구순이 넘은 피해자가 비를 맞으며 합의를 반대하는 1인 시위를 하는 뉴스를 시청했다. 이 영상을 보고 위안부 합의는 결코 피해자들이 인정할 수 없는 일방적 합의라는 것을 확실히 알게 되었다.

『꽃할머니』그림책 　　　　학생들이 참여한 서명 캠페인 이미지

그 후『꽃할머니』라는 그림책을 같이 보았다. 주인공 할머니가 어린 나이에 일본군 위안부로 끌려가 겪었던 고초와, 시간이 지나고 풀려나 고향에 돌아와서도 안정을 찾지 못하고 과거의 상처로 힘들어한다는 내용이다. 일본군 위안부 문제가 아직도 끝나지 않고 진행 중임을 알 수 있었다. 그림책에서 주인공 할머니가 마음 치유를 위해 압화를 하는 장면이 등장한다. 실제로 그러한 압화를 모티브로 하여 상품을 만들어 피해자 할머니들을 지원하고 문제를 같이 해결해 나가려는 사람들이 모여 만든 브랜드들이 있다. 희움과 마리몬드가 그것이다. 희움과 마리몬드 홈페이지를 방문해 그중 마리몬드에서 진행하는 소녀상 공공 조형물 지정 촉구를 위한 서명 참여 캠페인에 참여해 보았다. 실제로 그 브랜드의 상품을 접해 보거나, 이름을 어렴풋이 들어 본 적이 있는 아이들도 있었다. 홈페이지 이곳저곳을 탐방하며 그 단체들이 어떤 방법으로 위안부 피해자들을 지원하고 있는지 찾아보았다.

일본군 위안부 문제에 관해 일본은 아직까지 진정한 사과를 하지 않았다. 피해자들이 돌아가실 때까지는 시간이 얼마 남지 않았기에, 우리 아이들이 끝까지 잊지 않고 계속 되새겨야 한다는 점을 마음 깊이 간직하는 수업이었다.

3.
기억할게! 우토로

무한도전 〈배달의 무도-우토로 마을〉 편 시청하기
⇩
소감 나누기
⇩
'기억할게! 우토로' 캠페인 참여하기

1. 무한도전 〈배달의 무도-우토로 마을〉 편 시청

2. 소감 나누기
- 느낀 점과 영상 주제에 관한 배경지식, 새로 알았던 점 등 이야기하기

3. '기억할게! 우토로' 캠페인 참여하기
- 낡은 역사 속으로 사라질 위기에 처한 우토로를 지켜 내기 위한 캠페인
  참여하기(응원 댓글 달기, 시민 캠페이너 되기, 기부 등)

앞 주제에서 배웠듯 일제강점기 우리 민중들은 계속해서 여러 방법으로 일본에게 핍박받으며 힘든 삶을 살아 냈다. 이번 주제는 '징용'이다. 일본에 의해 강제징용을 당한 여러 피해자들의 발자취를 알아보고, 현재까지 그들의 자손이 모여 사는 우토로 마을을 주제로 수업을 진행했다. 우토로 마을은 1940년 태평양전쟁 중 일본 정부에 의해 교토 군 비행장 건설에 강제로 동원된 조선인 노동자들이 거주하던 곳이다. 일본이 태평양전쟁에서 패전하면서 1,300여 명의 강제 동원된 조선인 노동자와 가족이 일본 땅에 그대로 방치되었다. 그 후 많은 핍

박과 괴로움을 견뎌 내며 지금까지 그 자리를 지키고 있는 사람들과 아픈 역사를 기념하기 위한 캠페인 등이 진행 중이다. 아이들은 무한 도전 〈배달의 무도〉 편을 시청하며 우토로 마을이 생긴 유래와 그곳에 살던 조선인들이 어떤 고난을 겪었는지에 대해 알게 되었다. 2017년에 개봉한 영화 〈군함도〉 이야기와 더불어 조선인의 강제 징용에 대해 이야기를 나누고, 우토로 마을에 대해 알게 된 소감을 나누었다. 그 당시 우리 조상들이 겪었던 고통에 대해 공감하고 같이 분노했다.

또한 우토로 마을 관련 캠페인에 참여해 보기로 했다. 우리가 배웠던 내용들이 단지 역사 속에서만 존재하는 것이 아니라 현재에도 그 아픔이 사라지지 않은 채 지속되고 있다는 것을 깨닫고, 그러한 과거를 우리와 일본, 전 세계 사람들이 기억하도록 하기 위해서였다. 현재 '아름다운 재단'에서 우토로 평화기념관 건립을 위해 '기억할게! 우토로'라는 캠페인을 진행하고 있다. 아름다운 재단 홈페이지에 접속하면

'기억할게! 우토로' 캠페인

많은 연예인과 공인들이 시민 캠페이너가 되어 우토로 평화기념관 건립을 위한 기부 활동과 주변 사람들에게 우토로의 역사와 역사 보존의 필요성을 알리는 활동을 하고 있다. 아이들도 관련 자료를 내려받아 가족과 주변 사람들에게 우토로에 관해 알리는 활동을 했다. 교실 안에서 배우는 데 그치지 않고 직접 캠페인에 참여함으로써 실천하는 수업이 되어 의미가 있었다.

수업을 마치며

　민중의 시선(농민들의 삶, 위안부, 징용)은 일제강점기 시절 일본에 의해 고통받았던 민중의 삶을 알고 그들의 아픔에 공감하는 것에 중점을 두었다. 더 나아가 그런 아픔들이 현재까지 이어지고 있는데, 우리가 그분들의 상처를 조금이나마 알고 아픈 과거를 청산할 수 있도록 캠페인에 직접 참여하는 활동을 했다. 이를 통해 우리의 역사와 그분들의 삶에 대해 책임 의식을 가질 수 있었다.

　아이들이 세 가지 주제의 수업을 배우며 가장 많이 나타냈던 감정은 '공감'이었다. 물론 분노와 탄식도 많이 표출했지만 농민들의 삶을 배울 때는 직접 군산에 갔었던 기억과 자신이 본 것들을 떠올렸고, 강제징용에 동원되었던 사람들, 위안부로 끌려갔던 소녀들에 대해서도 끊임없이 질문했다. "그럼 저희들도 저때 살았으면 징용 가야 돼요? 열세 살에 끌려갔으면 지금 저희랑 동갑 아니에요?"(〈아이 캔 스피크〉의 주인공이 13살에 위안부로 끌려갔음) 등의 질문을 하며 내가 그 시대를 살았다면 어땠을지를 생각해 보기도 했다. 또한 적절한 영상 자료를 통해 아이들이 그때의 분위기와 상황을 느낄 수 있었다. 또한 제시된 영화나 그림책 등은 실화에 기초하여 제작되었기 때문에 수업에 활용하기 좋은 자료가 되었다. 그 당시 농민들의 삶을 이해하기 위해 군산 체험학습을 진행한 것도 아이들에게는 좋은 경험이었다.

　민중의 시선 수업을 통해 아이들이 일본에 의해 고통받았던 보통의 사람들의 생활에 대해 알고 그들의 아픔을 같이 느끼며, 그 아픔을 덜어 주기 위해 조금이나마 실천했다는 것만으로도 보람 있는 수업이었다.

'여섯 개의 시선'으로 본 일제강점기 수업을 마치며

한 달 동안 아이들과 '여섯 개의 시선'으로 일제강점기 수업을 진행하면서 아이들에게 어렵지는 않았을까 걱정스러웠다. 다행히 소감문을 읽어 보니 '여섯 개의 시선' 수업을 구성한 의도대로 잘 배운 것 같았다.

아이들과 이 수업을 마치고 다시 한 번 스스로에게 질문했다. '우리가 역사를 공부하는 이유가 무엇일까? 나는 교사로서 아이들에게 어떤 역사를 가르치고 싶은가?' 시험에서 100점 맞기 위해 역사를 공부하는 것은 아닐 것이다. 교사로서 그렇게 가르치고 싶지도 않다. 그 시대를 외면하지 않고 살아 낸 누군가의 삶을 이해해 보려는 노력이 진정한 역사 공부가 아닐까 싶다. 아이들과 '여섯 개의 시선'으로 공부하며 교사인 내가 더 많이 성장한 것 같다.

생생한 역사수업 후기

2018년 이리동산초 6학년 친구들

- 새로운 방식으로 역사를 접하니 정말 재밌고 이해도 빠르게 되었다. 졸업하고 나면 이런 수업을 못한다니 정말 아쉽다. 중학교에 가서도 이런 형식의 수업을 계속했으면 좋겠다.

- 사회가 재미없었는데 5학년 때 하는 사회수업부터는 너무 재밌었고, 그 수업에 관련된 영화를 보면서 하니까 더 흥미가 생겼던 것 같다. 제목도 재미있었고 중학교 때도 이런 사회수업을 하고 싶다.

- 올해 역사수업은 더 생생하고 재미있었다. 5학년, 6학년 역사수업 꿀잼^^.

- 꼬물꼬물 거꾸로 현대사가 가장 재미있었다. 올해 한 수업 중에서 역사가 최고였다.

- 선생님들께서 교과서로 역사수업을 하지 않으시고 힘들게 역사수업을 만들어 주셔서 재밌었다.

- 쉽고 재밌고 귀에 쏙쏙 들어왔던 사회수업이었다. "이 기억아, 제발 중학생 때도 기억나 줘."

- 역사수업이 끝난 게 아쉽다. 역사수업이 재미있다고 느낀 건 이번이 처음이다.

- 후배들에게도 꼭 소개해 주고 싶은 역사수업이다. 가장 기억에 남는 수업이다.

- 선생님들이 노력한 것이 다 보이는 그런 역사수업이었다. 학기마다 업그레이드를 하시는 것 같다.

- 과정 드라마는 진짜 그 시대의 사람이 된 것 같았고, 교과서로 공부 안 하니까 신선하고 재미있었다.

- 역사수업을 하면서 역사를 좋아하게 되었다. 현대사에서 과거로 가는 방식이 이해가 잘되어서 좋았다.

- 역사가 더 재미있고 쉽게 배웠다. 6학년 선생님들께 감사하다.

- 우리가 몰랐던 역사를 알게 되어서 좋았고, 강의도 듣고 직접 현장체험으로 그 장소를 간 것도 뜻깊었다.

두려움이 확신이 되기까지…

2018년 한 해가 끝났다. 올 한 해는 역사수업 개발에 몰입한 터라 다른 해보다 시간이 더 빨리 흐른 것 같다. 정신없이 앞만 보고 달려왔기에, 저무는 한 해를 돌아보며 조용히 생각을 정리해 보는 시간을 가져 보았다. 이 글을 통해 정리의 시간을 가지면서 일 년간 얻게 된 통찰을 선생님들과 나눠 보고 싶다.

내가 올해 깨달았던 것 중의 하나는 교사들이 교육과정 개발의 주체라는 사실이었다. 누구나 새로운 것을 만들 때에는 실패에 대한 두려움이 있을 것이다. 나도 처음 시도하는 수업이라 내심 걱정이 많았다. 그러나 시행착오를 거치며 끊임없이 노력한 끝에 걱정과 두려움은 차츰 확신으로 바뀌었다. 일 년에 걸친 역사수업이 모두 끝났을 때, 비로소 내가, 그리고 우리가 교육과정 개발의 주인공임을 확신하게 되었다. 또한 아이들이 보여 준 태도와 이야기를 들으면서 그 확신은 더욱 견고해졌다.

두 번째 깨달음은 기억은 기록을 못 당한다는 사실이었다. 수업을 개발하면서 기록까지 남기기는 쉽지 않은 일이었지만 어려움을 딛고 기록으로 남긴 것이 보람 있었다. 다양한 교육과정을 개발하고 실행한 것을 기록해 보니, 교육과정의 흐름이 한눈에 들어왔다. 아이들에게 받은 피드백까지 담아 모든 과정을 후기로 차곡차곡 쌓아 나가니 수업 개발의 A부터 Z까지 훤히 꿰뚫어 볼 수 있는 능력이 생긴 것이다. 기록을 통해 한 단계 더 성장했다는 것을 다시 한 번 깨달았다.

아쉬운 점이 있다면 수업 개발과 실행을 동시에 하다 보니 시간에 쫓겨 선생님들과 대화의 시간을 충분히 갖지 못한 것이다. 역사교육의 철학과 방향에 대해 같이 고민하고 토론하며 생각을 넓혀 가는 기회가 많았다면 더 좋았을 것이다.

역사교육의 본질은 삶에서 겪는 시행착오와 실패를 말미암아 새로운 것에 도달하는 것이다. 그러나 중학교에서의 역사수업은 어떠할지 걱정이 된다. 다행히 우리와 함께했던 수업을 통해 아이들이 역사를 좋아하게 되었다는 사실에 다소 위안이 된다. 역사를 좋아했던 초등학교 시절의 기억을 잡고 중학교에서도 역사수업을 좋아하기를 바란다.

'역모자들' 선생님들은 우리 아이들이 역사가 좋아지기 시작했다고 말하는 것만으로도 가슴이 벅차오른다. 교사와 아이들 모두 행복한 역사수업을 향해 한 걸음 더 가까이 다가갔다는 것에 만족한다. 앞으로도 우리는 그런 수업을 만들기 위해 계속 달려 나갈 것이다. 소중한 경험을 할 수 있게 해 주신 '역모자들' 선생님들께 감사드린다.

송효승

역모자들 소개

이윤미(이리동산초)
발칙한 반란을 선동하는 '역모자들'의 주동자.

김선경(함열초)
멋진 역모자들을 만난 운 좋은 교사. 동학년 공동체로 '함께'의 힘을 오롯이 느끼는 중.

하늘빛(전주신동초)
집에서 신상 과자를 먹으며 애니를 정주행하는 게 낙인 집순이 교사. 애니에서 수업 아이디어를 많이 얻는 편.

박미영(a)(전주송천초)
달달한 커피를 마시며 동학년 선생님들과 수업 이야기를 나눌 때 행복한 교사. 초콜릿을 비롯한 먹을 것이 있어야 에너지가 생김.

김고운(전주송천초)
3년간 한 학년 아이들과 함께 성장한 샤이 역모자. 동학년 공동체 속에서 늘 행복한 수업을 꿈꾸는 중.

김예지(이리동산초)
꼼꼼하고 느긋한 성격 탓에 거북이라는 별명이 붙음. 올해는 왕언니 눈치 보면서 부지런하게 움직인 결과, 거북이 탈출. ㅎㅎ

김한라(전주신동초)
버스킹과 유튜브 크리에이터를 꿈꾸는, 뭐든 척척 해내는 숨은 고수(?). 동학년 공동체에서 날마다 새로운 배움을 얻어 가는 중.

박미영(b)(전주신동초)
좋아하는 사람들과 함께할 수 있어서 너무 행복한 마음 따뜻한 교사. 아직도 배우고 싶은 게 너무 많아 몸이 열 개라도 모자랄 지경.

송효승(이리동산초)
모두가 머리를 맞대며 불가능할 것 같은 수업을 가능으로 만들어 가는 시간이 짜릿했음. 역사를 가르치는 다양한 방법을 고민하고 자신감을 얻은 것은 덤.

서영환(전주신동초)
'내가 있는 곳은 모두가 행복하다'라 주장하며 올해 동학년 공동체의 최대 기여자는 본인이라 강하게 주장하지만 눈총을 받는 중. 더 발전할 새로운 자극을 얻기 위해 활자와 2D 세계 탐험 중.

신재학(전주신동초)
역모자들, 상위 1% 열정을 가진 이 모임에 참여할 수 있게 되어 영광이고 많은 가르침을 받는 중.

신학승(이리동산초)
평소 인복이 많다는 소리를 듣는데 올해 더 많은 복을 받은 느낌! 수업을 만들면서 아이들과 함께 성장하는 중.

이가영(함열초)
스마트하고 열정 가득한 '동학년 공동체'에 숟가락 살짝 얹은(?) 식구. 멋진 분들과 함께 작업하여 영광이란다.

이재훈(전주송천초)
2018년 동학년 공동체 모임의 최대 수혜자. 뛰어난 동료 선생님들과 머리를 맞댈 때마다 놀라움과 즐거움을 느낌.

임하람(이리동산초)
2018년 전북의 학교 밖 동학년 공동체 '역모자들'의 막내. 능력 있는 언니, 오빠 쌤들 덕분에 나날이 성장하고 있음.

정미라(전주송천초)
2018 동학년 공동체 모임의 햇병아리. 한 해 동안 삐악삐악 많은 것을 얻고 나누고 성장하는 중.

조근정(전주신동초)
참트루(참True)라 쓰고 투머치(Too much)라 읽는, 아이들을 향한 열정과 사랑이 가득한 멋진 그녀. 하지만 알고 보면 막춤의 대가.

주한샘(전주송천초)
동학년 공동체가 있어 6학년 담임을 행복하고 보람차게 보내는 중.

정광순(한국교원대학교 초등교육과)
'열 사람의 한 걸음'의 멘토 교수님. 언제나 우리에게 든든함을 주시는 언니 같은 교수님.

삶의 행복을 꿈꾸는 교육은 어디에서 오는가?

미래 100년을 향한 새로운 교육 　혁신교육을 실천하는 교사들의 필독서

▶ 교육혁명을 앞당기는 배움책 이야기
혁신교육의 철학과 잉걸진 미래를 만나다!

한국교육연구네트워크 총서

01 핀란드 교육혁명
한국교육연구네트워크 엮음 | 320쪽 | 값 15,000원

02 일제고사를 넘어서
한국교육연구네트워크 엮음 | 284쪽 | 값 13,000원

03 새로운 사회를 여는 교육혁명
한국교육연구네트워크 엮음 | 380쪽 | 값 17,000원

04 교장제도 혁명
한국교육연구네트워크 엮음 | 268쪽 | 값 14,000원

05 새로운 사회를 여는 교육자치 혁명
한국교육연구네트워크 엮음 | 312쪽 | 값 15,000원

06 혁신학교에 대한 교육학적 성찰
한국교육연구네트워크 엮음 | 308쪽 | 값 15,000원

07 진보주의 교육의 세계적 동향
한국교육연구네트워크 엮음 | 324쪽 | 값 17,000원
2018 세종도서 학술부문

08 더 나은 세상을 위한 학교혁명
한국교육연구네트워크 엮음 | 404쪽 | 값 21,000원
2018 세종도서 교양부문

혁신학교
성열관·이순철 지음 | 224쪽 | 값 12,000원

행복한 혁신학교 만들기
초등교육과정연구모임 지음 | 264쪽 | 값 13,000원

서울형 혁신학교 이야기
이부영 지음 | 320쪽 | 값 15,000원

혁신교육, 철학을 만나다
브렌트 데이비스·데니스 수마라 지음
현인철·서용선 옮김 | 304쪽 | 값 15,000원

혁신교육 존 듀이에게 묻다
서용선 지음 | 292쪽 | 값 14,000원

다시 읽는 조선 교육사
이만규 지음 | 750쪽 | 값 33,000원

대한민국 교육혁명
교육혁명공동행동 연구위원회 지음 | 224쪽 | 값 12,000원

한국교육연구네트워크 번역 총서

01 프레이리와 교육
존 엘리아스 지음 | 한국교육연구네트워크 옮김
276쪽 | 값 14,000원

02 교육은 사회를 바꿀 수 있을까?
마이클 애플 지음 | 강희룡·김선우·박원순·이형빈 옮김
356쪽 | 값 16,000원

**03 비판적 페다고지는
세상을 변화시킬 수 있는가?**
Seewha Cho 지음 | 심성보·조시화 옮김 | 280쪽 | 값 14,000원

04 마이클 애플의 민주학교
마이클 애플·제임스 빈 엮음 | 강희룡 옮김 | 276쪽 | 값 14,000원

05 21세기 교육과 민주주의
넬 나딩스 지음 | 심성보 옮김 | 392쪽 | 값 18,000원

**06 세계교육개혁:
민영화 우선인가 공적 투자 강화인가?**
린다 달링-해먼드 외 지음 | 심성보 외 옮김 | 408쪽 | 값 21,000원

07 콩도르세, 공교육에 관한 다섯 논문
니콜라 드 콩도르세 지음 | 이주환 옮김 | 300쪽 | 값 16,000원

대한민국 교사, 어떻게 가르칠 것인가?
윤성관 지음 | 320쪽 | 값 15,000원

아이들을 어떻게 가르칠 것인가
사토 마나부 지음 | 박찬영 옮김 | 232쪽 | 값 13,000원

모두를 위한 국제이해교육
한국국제이해교육학회 지음 | 364쪽 | 값 16,000원

경쟁을 넘어 발달 교육으로
현광일 지음 | 288쪽 | 값 14,000원

독일 교육, 왜 강한가?
박성희 지음 | 324쪽 | 값 15,000원

핀란드 교육의 기적
한넬레 니에미 외 엮음 | 장수명 외 옮김 | 456쪽 | 값 23,000원

한국 교육의 현실과 전망
심성보 지음 | 724쪽 | 값 35,000원

▶ 비고츠키 선집 시리즈
발달과 협력의 교육학 어떻게 읽을 것인가?

생각과 말
레프 세묘노비치 비고츠키 지음
배희철·김용호·D. 켈로그 옮김 | 690쪽 | 값 33,000원

성장과 분화
L.S. 비고츠키 지음 | 비고츠키 연구회 옮김
308쪽 | 값 15,000원

도구와 기호
비고츠키·루리야 지음 | 비고츠키 연구회 옮김
336쪽 | 값 16,000원

연령과 위기
L.S. 비고츠키 지음 | 비고츠키 연구회 옮김
336쪽 | 값 17,000원

어린이 자기행동숙달의 역사와 발달 I
L.S. 비고츠키 지음 | 비고츠키 연구회 옮김
564쪽 | 값 28,000원

의식과 숙달
L.S 비고츠키 | 비고츠키 연구회 옮김
348쪽 | 값 17,000원

어린이 자기행동숙달의 역사와 발달 II
L.S. 비고츠키 지음 | 비고츠키 연구회 옮김
552쪽 | 값 28,000원

분열과 사랑
L.S. 비고츠키 지음 | 비고츠키 연구회 옮김
260쪽 | 값 16,000원

어린이의 상상과 창조
L.S. 비고츠키 지음 | 비고츠키 연구회 옮김
280쪽 | 값 15,000원

성애와 갈등
L.S. 비고츠키 지음 | 비고츠키 연구회 옮김
268쪽 | 값 17,000원

비고츠키와 인지 발달의 비밀
A.R. 루리야 지음 | 배희철 옮김 | 280쪽 | 값 15,000원

관계의 교육학, 비고츠키
진보교육연구소 비고츠키교육학실천연구모임 지음
300쪽 | 값 15,000원

수업과 수업 사이
비고츠키 연구회 지음 | 196쪽 | 값 12,000원

비고츠키 생각과 말 쉽게 읽기
진보교육연구소 비고츠키교육학실천연구모임 지음
316쪽 | 값 15,000원

비고츠키의 발달교육이란 무엇인가?
비고츠키교육학실천연구모임 지음 | 412쪽 | 값 21,000원

교사와 부모를 위한 비고츠키 교육학
카르포프 지음 | 실천교사번역팀 옮김 | 308쪽 | 값 15,000원

비고츠키 철학으로 본 핀란드 교육과정
배희철 지음 | 456쪽 | 값 23,000원

▶ 살림터 참교육 문예 시리즈
영혼이 있는 삶을 가르치는 온 선생님을 만나다!

꽃보다 귀한 우리 아이는
조재도 지음 | 244쪽 | 값 12,000원

선생님이 먼저 때렸는데요
강병철 지음 | 248쪽 | 값 12,000원

성깔 있는 나무들
최은숙 지음 | 244쪽 | 값 12,000원

서울 여자, 시골 선생님 되다
조경선 지음 | 252쪽 | 값 12,000원

아이들에게 세상을 배웠네
명혜정 지음 | 240쪽 | 값 12,000원

행복한 창의 교육
최창의 지음 | 328쪽 | 값 15,000원

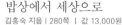
밥상에서 세상으로
김흥숙 지음 | 280쪽 | 값 13,000원

북유럽 교육 기행
정애경 외 14인 지음 | 288쪽 | 값 14,000원

우물쭈물하다 끝난 교사 이야기
유기창 지음 | 380쪽 | 값 17,000원

▶ 4·16, 질문이 있는 교실 마주이야기
통합수업으로 혁신교육과정을 재구성하다!

 통하는 공부
김태호·김형우·이경석·심우근·허진만 지음
324쪽 | 값 15,000원

 미래교육의 열쇠, 창의적 문화교육
심광현·노명우·강정석 지음 | 368쪽 | 값 16,000원

 내일 수업 어떻게 하지?
아이함께 지음 | 300쪽 | 값 15,000원
2015 세종도서 교양부문

 주제통합수업, 아이들을 수업의 주인공으로!
이윤미 외 지음 | 392쪽 | 값 17,000원

 인간 회복의 교육
성래운 지음 | 260쪽 | 값 13,000원

 수업과 교육의 지평을 확장하는 수업 비평
윤양수 지음 | 316쪽 | 값 15,000원
2014 문화체육관광부 우수교양도서

 교과서 너머 교육과정 마주하기
이윤미 외 지음 | 368쪽 | 값 17,000원

 교사, 선생이 되다
김태은 외 지음 | 260쪽 | 값 13,000원

 수업 고수들 수업·교육과정·평가를 말하다
박현숙 외 지음 | 368쪽 | 값 17,000원

 교사의 전문성, 어떻게 만들어지나
국제교원노조연맹 보고서 | 김석규 옮김 392쪽 | 값 17,000원

 도덕 수업, 책으로 묻고 윤리로 답하다
울산도덕교사모임 지음 | 320쪽 | 값 15,000원

 수업의 정치
윤양수·원종희·장군 지음 | 280쪽 | 값 14,000원

 체육 교사, 수업을 말하다
전용진 지음 | 304쪽 | 값 15,000원

 **학교협동조합,
현장체험학습과 마을교육공동체를 잇다**
주수원 외 지음 | 296쪽 | 값 15,000원

 교실을 위한 프레이리
아이러 쇼어 엮음 | 사람대사람 옮김 | 412쪽 | 값 18,000원

 **거꾸로 교실,
잠자는 아이들을 깨우는 수업의 비밀**
이민경 지음 | 280쪽 | 값 14,000원

 마을교육공동체란 무엇인가?
서용선 외 지음 | 360쪽 | 값 17,000원

 교사는 무엇으로 사는가
정은균 지음 | 292쪽 | 값 15,000원

 교사, 학교를 바꾸다
정진화 지음 | 372쪽 | 값 17,000원

 마음의 힘을 기르는 감성수업
조선미 외 지음 | 300쪽 | 값 15,000원

 **함께 배움
학생 주도 배움 중심 수업 이렇게 한다**
니시카와 준 지음 | 백경석 옮김 | 280쪽 | 값 15,000원

 작은 학교 아이들
지경준 엮음 | 376쪽 | 값 17,000원

 공교육은 왜?
홍섭근 지음 | 352쪽 | 값 16,000원

 아이들의 배움은 어떻게 깊어지는가
이시이 준지 지음 | 방지현·이창희 옮김 | 200쪽 | 값 11,000원

 자기혁신과 공동의 성장을 위한
교사들의 필리버스터
윤양수·원종희·장군·조경삼 지음 | 280쪽 | 값 14,000원

 대한민국 입시혁명
참교육연구소 입시연구팀 지음 | 220쪽 | 값 12,000원

 함께 배움 이렇게 시작한다
니시카와 준 지음 | 백경석 옮김 | 196쪽 | 값 12,000원

 교사를 세우는 교육과정
박승열 지음 | 312쪽 | 값 15,000원

 함께 배움 교사의 말하기
니시카와 준 지음 | 백경석 옮김 | 188쪽 | 값 12,000원

 전국 17명 교육감들과 나눈
교육 대담
최창의 대담·기록 | 272쪽 | 값 15,000원

 교육과정 통합, 어떻게 할 것인가?
성열관 외 지음 | 192쪽 | 값 13,000원

 들뢰즈와 가타리를 통해
유아교육 읽기
리세롯 마리엣 올슨 지음 | 이연선 외 옮김 | 328쪽 | 값 17,000원

 학교 혁신의 길, 아이들에게 묻다
남궁상운 외 지음 | 272쪽 | 값 15,000원

 학교 민주주의의 불한당들
정은균 지음 | 276쪽 | 값 14,000원

프레이리의 사상과 실천
사람대사람 지음 | 352쪽 | 값 18,000원
2018 세종도서 학술부문

교육과정, 수업, 평가의 일체화
리사 카터 지음 | 박승열 외 옮김 | 196쪽 | 값 13,000원

혁신학교, 한국 교육의 미래를 열다
송순재 외 지음 | 608쪽 | 값 30,000원

학교를 개선하는 교장
지속가능한 학교 혁신을 위한 실천 전략
마이클 풀란 지음 | 서동연·정효준 옮김 | 216쪽 | 값 13,000원

페다고지를 위하여
프레네의 『페다고지 불변요소』 읽기
박찬영 지음 | 296쪽 | 값 15,000원

공자던, 논어는 이것이다
유문상 지음 | 392쪽 | 값 18,000원

노자와 탈현대 문명
홍승표 지음 | 284쪽 | 값 15,000원

교사와 부모를 위한
발달교육이란 무엇인가?
현광일 지음 | 380쪽 | 값 18,000원

선생님, 민주시민교육이 뭐예요?
염경미 지음 | 244쪽 | 값 15,000원

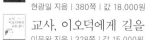
교사, 이오덕에게 길을 묻다
이무완 지음 | 328쪽 | 값 15,000원

어쩌다 혁신학교
유우석 외 지음 | 380쪽 | 값 17,000원

낙오자 없는 스웨덴 교육
레이프 스트란드베리 지음 | 변광수 옮김 | 208쪽 | 값 13,000원

미래, 교육을 묻다
정광필 지음 | 232쪽 | 값 15,000원

끝나지 않은 마지막 수업
장석웅 지음 | 328쪽 | 값 20,000원

대학, 협동조합으로 교육하라
박주희 외 지음 | 252쪽 | 값 15,000원

경기꿈의학교
진흥섭 외 지음 | 360쪽 | 값 17,000원

입시, 어떻게 바꿀 것인가?
노기원 지음 | 306쪽 | 값 15,000원

학교를 말한다
이성우 지음 | 292쪽 | 값 15,000원

촛불시대, 혁신교육을 말하다
이용관 지음 | 240쪽 | 값 15,000원

행복도시 세종, 혁신교육으로 디자인하다
곽순일 외 지음 | 392쪽 | 값 18,000원

라운드 스터디
이시이 데루마사 외 엮음 | 224쪽 | 값 15,000원

나는 거꾸로 교실 거꾸로 교사
류광모·임정훈 지음 | 212쪽 | 값 13,000원

미래교육을 디자인하는 학교교육과정
박승열 외 지음 | 348쪽 | 값 18,000원

교실 속으로 간 이해중심 교육과정
온정덕 외 지음 | 224쪽 | 값 13,000원

흥미진진한 아일랜드 전환학년 이야기
제리 제퍼스 지음 | 최상덕·김호원 옮김 | 508쪽 | 값 27,000원

교실, 평화를 말하다
따돌림사회연구모임 초등우정팀 지음 | 268쪽 | 값 15,000원

폭력 교실에 맞서는 용기
따돌림사회연구모임 학급운영팀 지음 | 272쪽 | 값 15,000원

학교자율운영 2.0
김용 지음 | 240쪽 | 값 15,000원

그래도 혁신학교
박은혜 외 지음 | 248쪽 | 값 15,000원

학교자치를 부탁해
유우석 외 지음 | 252쪽 | 값 15,000원

학교는 어떤 공동체인가?
성열관 외 지음 | 228쪽 | 값 15,000원

국제이해교육 페다고지
강순원 외 지음 | 256쪽 | 값 15,000원

교사 전쟁
다나 골드스타인 지음 | 유성상 외 옮김 | 468쪽 | 값 23,000원

미래교육, 어떻게 만들어갈 것인가?
송기상·김성천 지음 | 300쪽 | 값 16,000원

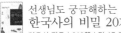
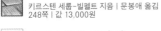
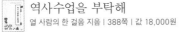

▶ 더불어 사는 정의로운 세상을 여는 인문사회과학

사람의 존엄과 평등의 가치를 배운다

 밥상혁명
강양구·강이현 지음 | 298쪽 | 값 13,800원

 좌우지간 인권이다
안경환 지음 | 288쪽 | 값 13,000원

 도덕 교과서 무엇이 문제인가?
김대용 지음 | 272쪽 | 값 14,000원

 민주시민교육
심성보 지음 | 544쪽 | 값 25,000원

 자율주의와 진보교육
조엘 스프링 지음 | 심성보 옮김 | 320쪽 | 값 15,000원

 민주시민을 위한 도덕교육
심성보 지음 | 500쪽 | 값 25,000원
2015 세종도서 학술부문

 민주화 이후의 공동체 교육
심성보 지음 | 392쪽 | 값 15,000원
2009 문화체육관광부 우수학술도서

 교과서 밖에서 배우는 인문학 공부
정은교 지음 | 280쪽 | 값 13,000원

 갈등을 넘어 협력 사회로
이창언·오수길·유문종·신윤관 지음 | 280쪽 | 값 15,000원

 오래된 미래교육
정재걸 지음 | 392쪽 | 값 18,000원

 동양사상과 마음교육
정재걸 외 지음 | 356쪽 | 값 16,000원
2015 세종도서 학술부문

 대한민국 의료혁명
전국보건의료산업노동조합 엮음 | 548쪽 | 값 25,000원

 교과서 밖에서 배우는 철학 공부
정은교 지음 | 280쪽 | 값 14,000원

 교과서 밖에서 배우는 고전 공부
정은교 지음 | 288쪽 | 값 14,000원

 교과서 밖에서 배우는 사회 공부
정은교 지음 | 304쪽 | 값 15,000원

 전체 안의 전체 사고 속의 사고
김우창의 인문학을 읽다
현광일 지음 | 320쪽 | 값 15,000원

 **교과서 밖에서 배우는 윤리 공부**
정은교 지음 | 292쪽 | 값 15,000원

 카스트로, 종교를 말하다
피델 카스트로·프레이 베토 대담 | 조세종 옮김
420쪽 | 값 21,000원

 한글 혁명
김슬옹 지음 | 388쪽 | 값 18,000원

 일제강점기 한국철학
이태우 지음 | 448쪽 | 값 25,000원

 우리 안의 미래교육
정재걸 지음 | 484쪽 | 값 25,000원

 한국 교육 제4의 길을 찾다
이길상 지음 | 400쪽 | 값 21,000원

 비판적 실천을 위한 교육학
이윤미 외 지음 | 448쪽 | 값 23,000원

 왜 그는 한국으로 돌아왔는가?
황선준 지음 | 364쪽 | 값 17,000원

▶ 남북이 하나 되는 두물머리 평화교육

분단 극복을 위한 치열한 배움과 실천을 만나다

 10년 후 통일
정동영·지승호 지음 | 328쪽 | 값 15,000원

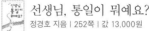 **선생님, 통일이 뭐예요?**
정경호 지음 | 252쪽 | 값 13,000원

 분단시대의 통일교육
성래운 지음 | 428쪽 | 값 18,000원

김창환 교수의 DMZ 지리 이야기
김창환 지음 | 264쪽 | 값 15,000원

 한반도 평화교육 어떻게 할 것인가
이기범 외 지음 | 252쪽 | 값 15,000원

▶ 평화샘 프로젝트 매뉴얼 시리즈
학교폭력에 대한 근본적인 예방과 대책을 찾는다

학교폭력 어떻게 만들어지는가
문재현 외 지음 | 300쪽 | 값 14,000원

아이들을 살리는 동네
문재현·신동명·김수동 지음 | 204쪽 | 값 10,000원

학교폭력, 멈춰!
문재현 외 지음 | 348쪽 | 값 15,000원

평화! 행복한 학교의 시작
문재현 외 지음 | 252쪽 | 값 12,000원

왕따, 이렇게 해결할 수 있다
문재현 외 지음 | 236쪽 | 값 12,000원

마을에 배움의 길이 있다
문재현 지음 | 208쪽 | 값 10,000원

젊은 부모를 위한 백만 년의 육아 슬기
문재현 지음 | 248쪽 | 값 13,000원

별자리, 인류의 이야기 주머니
문재현·문한 외 지음 | 444쪽 | 값 20,000원

우리는 마을에 산다
유양우·신동명·김수동·문재현 지음 | 312쪽 | 값 15,000원

동생아, 우리 뭐 하고 놀까?
문재현 외 지음 | 280쪽 | 값 15,000원

▶ 창의적인 협력 수업을 지향하는 삶이 있는 국어 교실
우리말 글을 배우며 세상을 배운다

중학교 국어 수업 어떻게 할 것인가?
김미경 지음 | 340쪽 | 값 15,000원

토론의 숲에서 나를 만나다
명혜정 엮음 | 312쪽 | 값 15,000원

토닥토닥 토론해요
명혜정·이명선·조선미 엮음 | 288쪽 | 값 15,000원

인문학의 숲을 거니는 토론 수업
순천국어교사모임 엮음 | 308쪽 | 값 15,000원

어린이와 시
오인태 지음 | 192쪽 | 값 12,000원

수업, 슬로리딩과 함께
박경숙 외 지음 | 268쪽 | 값 15,000원

언어던
정은균 지음 | 268쪽 | 값 15,000원

▶ 출간 예정

참된 삶과 교육에 관한
생각 줍기